显式计算方法
在交通岩土工程中的应用

APPLICATION OF EXPLICIT COMPUTATIONAL METHODS IN TRANSPORTATION GEOTECHNICS

马宗源　著

人民交通出版社
北京

内 容 提 要

本书介绍了数值计算方法中的显式计算方法（如显式有限差分、显式有限元、显式离散元方法等）的基本概念、理论与特点及其在岩土力学和交通岩土工程中的应用，主要涉及数学建模、计算程序及其实现、算法验证及工程案例计算分析等内容；详细探讨了显式计算方法在地基承载力、边坡稳定性、路基路面、桥梁基础稳定性等问题中的应用。

本书适合土木工程特别是交通工程领域的科技工作者阅读，也可作为相关学科研究生的学习用书，此外，还能为那些有兴趣探究复杂岩土力学及工程问题（如非线性及动力学问题）的读者提供参考。

图书在版编目（CIP）数据

显式计算方法在交通岩土工程中的应用 / 马宗源著.
北京：人民交通出版社股份有限公司，2025. 8.
ISBN 978-7-114-20387-9

Ⅰ. U416

中国国家版本馆 CIP 数据核字第 2025MN5492 号

Xianshi Jisuan Fangfa zai Jiaotong Yantu Gongcheng zhong de Yingyong

书　　名：**显式计算方法在交通岩土工程中的应用**
著 作 者：马宗源
责任编辑：陈虹宇
责任校对：赵媛媛　武　琳
责任印制：张　凯
出版发行：人民交通出版社
地　　址：（100011）北京市朝阳区安定门外外馆斜街 3 号
网　　址：http://www.ccpcl.com.cn
销售电话：（010）85285911
总 经 销：人民交通出版社发行部
经　　销：各地新华书店
印　　刷：北京科印技术咨询服务有限公司数码印刷分部
开　　本：787 × 1092　1/16
印　　张：11.75
字　　数：286 千
版　　次：2025 年 8 月　第 1 版
印　　次：2025 年 8 月　第 1 次印刷
书　　号：ISBN 978-7-114-20387-9
定　　价：69.00 元
（有印刷、装订质量问题的图书，由本社负责调换）

PREFACE | 前言

改革开放以来,我国基础设施建设发展迅速,其中交通基础设施在我国国民经济中占据越来越重要的地位,这也对交通基础设施的服役性能与耐久性提出了更高的要求。岩土工程对交通基础设施的建设与运维影响重大。近年来,在我国交通基础设施的建设与运营中出现了一系列亟待解决的岩土工程问题,如若处理不当极易导致交通基础设施的劣化与灾变,不仅会影响交通基础设施的正常使用,还可能造成重大安全事故。鉴于岩土工程问题给交通基础设施建设与运营带来的困难与挑战,有必要对其展开专门的研究与分析,逐渐推动交通岩土工程新兴学科的发展。

本书基于作者十几年来的研究成果撰写而成,重点介绍了显式计算方法(如显式有限差分方法、显式有限元方法及显式离散元方法等)的概念、相关理论及特点,以及这些方法在岩土力学基本问题及交通岩土工程中的应用。本书兼顾理论知识和工程实践,内容主要涉及数学建模、计算程序及其实现、算法验证和工程案例的计算分析,详细探讨了显式计算方法的各种应用案例,如地基承载力计算、边坡稳定性分析、路基路面处理以及桥梁稳定性分析等。本书对复杂的岩土力学及工程问题的计算编程及应用方面进行了全面和系统的阐述。本书为有兴趣探究复杂岩土力学及工程问题(例如非线性及动力学问题)的读者提供参考,适合土木工程领域(特别是交通工程方向)的科技工作者阅读,也可作为相关学科研究生的学习用书。

本书作者依托贵州省道路检监测养护技术工程研究中心及贵州省山区桥隧工程智能建造与运维全省重点实验室开展了相关工作,本书的撰写和出版得到了贵州省交通运输厅重大科技攻关项目(2023-122-001)及贵州交通投资集团有限公司科技项目山区公路煤矸石边坡生态修复及绿化技术研究的资助。本书作者谨向西安交通大学俞茂宏教授和廖红建教授、西安理工大学党发宁教授致以崇高的敬意与真挚的谢意，感谢他们在本书撰写的过程中给予的大力支持与悉心指导。

马宗源

2025 年 3 月

于贵阳

CONTENTS | 目录

1 绪 论

1.1 交通岩土工程问题

改革开放以来,我国交通基础设施建设飞速发展,兴建了大量高速公路、铁路、机场等交通基础设施。根据交通运输部《2024 年交通运输行业发展统计公报》,截至 2024 年末,我国铁路营业里程 16.2 万 km,其中高铁营业里程 4.8 万 km;公路里程 549.04 万 km,其中高速公路里程 19.07 万 km。与此同时,我国主要城市都修建了一定规模的城市轨道交通系统,极大地满足了我国经济发展与居民出行的需求。随着我国交通运输事业的发展,交通岩土工程逐渐成为一门新兴学科,其主要以与交通基础设施相关的岩土体为分析对象,研究岩土体及组成结构(路基、地基及边坡等)的力学特性及相关问题。交通基础设施在我国国民经济中占据越来越重要的地位,同时也对交通基础设施的承载特性与耐久性提出了更高的要求。近年来,在交通基础设施的建设与运营过程中出现了一系列亟待解决的岩土工程问题。

我国幅员辽阔,广泛分布着软土、黄土、膨胀土与红黏土等多种特殊土,修建交通基础设施往往须穿越特殊土地区,其特殊的工程特性将对交通基础设施造成危害。此外,随着港珠澳大桥、川藏公路及铁路等大型交通工程建设的推进,交通基础设施建设会遇到新的岩土工程及交叉学科问题。交通基础设施建设与运营过程中的岩土工程问题若处理不当,易导致交通基础设施的劣化与灾变,影响交通基础设施的正常使用,甚至造成重大安全事故。交通基础设施建设中的岩土工程问题涵盖范围极广且内涵丰富,因此,有必要对其进行专门的研究与分析,以应对建设与运营过程中不断出现的难题与挑战。

1.2 岩土材料强度理论

早在文艺复兴时期,许多科学家就已开展材料强度理论的研究工作。欧洲著名物理学家、天文学家伽利略就曾做过铁棍受拉和木材受弯试验,著名画家、科学家达·芬奇测量了绳子的拉伸强度。之后,特雷斯卡屈服准则和米泽斯屈服准则的提出初步确立了金属类材料的强度理论,莫尔-库仑强度准则则进一步确立了摩擦型材料的强度理论体系。进入 20 世纪,科学技术飞速发展,许多学者对材料的强度进行了深入研究。普朗特在弗普尔的指导下研究了固体材料的开裂及剪切破坏,哈尔-冯·卡门开展航空航天气动力学研究之前一直在普朗特的指导下从事围压状态下岩石的强度试验研究工作。随着岩土材料测试技术的发展,大量复杂应力试验结果证实中间主应力对金属、混凝土及岩土等固体材料的强度及力学行为存在一定程度的影响,这被称为岩土材料的中间主应力效应。针对三维应力状态下材料的强度问题,许多学者进行了深入的研究。东京大学茂木清夫教授进行了大量的岩石真三轴试验[图 1-1a)],高延法等人的真三轴试验[图 1-1b)],均说明中间主应力对岩土材料的屈服和破坏存在一定的影响,并且莫尔-库仑强度准则忽略中间主应力的影响在一定程度上低估了材料的强度。

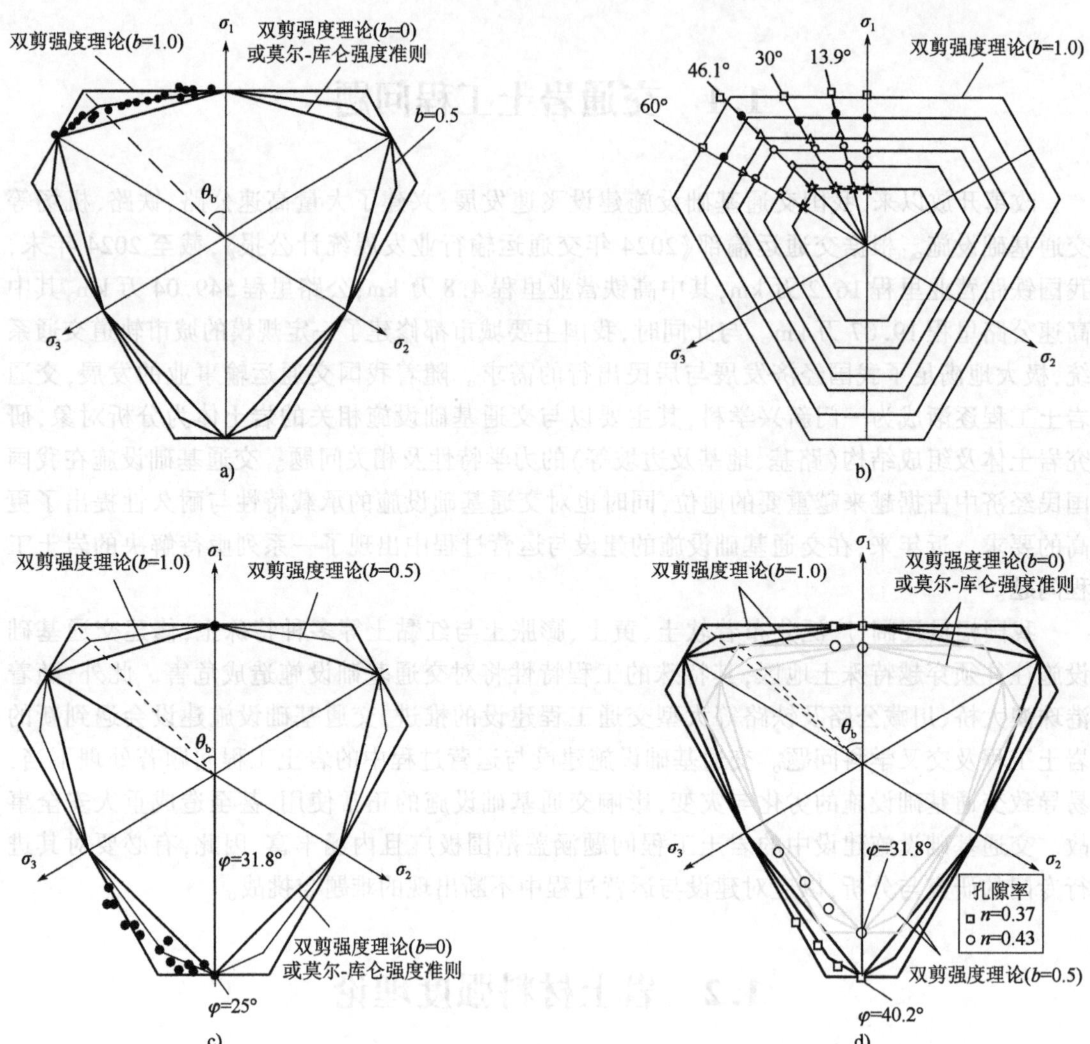

图 1-1 岩石和土在 π 平面上的极限线比较

a)大理石;b)花岗岩;c)击实黄土;d)苏格兰洛哈林细砂

忽略或不能合理考虑中间主应力效应对岩土材料强度的影响将产生以下两种问题:①忽略中间主应力效应的理论分析结果,将会低估岩土材料在复杂应力状态下的强度特性,导致实际应用中出现过于保守的工程设计,造成时间及资源的浪费。②扩大中间主应力效应的理论分析结果,将会高估岩土材料在复杂应力状态下的强度特性,导致偏于危险的工程设计,降低了工程施工及后期运营的安全性及可靠性。然而,特雷斯卡屈服准则和莫尔-库仑强度准则只考虑了最大剪应力对材料屈服破坏的影响,即忽略了中间主应力的影响。米泽斯屈服准则和德鲁克-普拉格(Drucker-Prager)准则基于正八面体应力能够考虑中间主应力的影响。然而,金属类材料的复合应力试验结果说明,特雷斯卡屈服准则和米泽斯屈服准则的材料适用范围存在一定的局限。对岩土类材料而言,德鲁克-普拉格准则不符合试验结果和工程实际,著名计算力学家辛科维奇已多次指出该问题。

针对复杂应力状态下岩土材料的强度问题,学者们考虑中间主应力的影响提出了诸多强度准则,如威廉姆斯-沃恩克(Williams-Warnke)、拉德-邓肯(Lade-Duncan)及松岗-中井(Matsuoka-Nakai)等曲线形屈服面准则。但是这些强度准则仅适用于某些特定的材料,如威廉姆斯-沃恩克准则适用于混凝土材料,拉德-邓肯准则和松岗-中井准则更适用于砂土。为了更好地解决莫尔-库仑强度准则线性屈服面的角点奇异性问题,辛科维奇和潘德采用古德豪斯和阿基里斯建议的形状函数提出了一种莫尔-库仑强度准则角隅化模型,并应用于许多大型数值计算软件。然而,非线性的屈服函数并不利于解析计算公式的推导及数值计算程序的编制,给理论及数值分析带来了诸多不便。俞茂宏等基于双剪应力单元体,考虑中间主应力的影响提出了双剪强度理论(后均简称双剪理论),其屈服面能够覆盖外凸极限面下限(双剪理论 $b=0$ 或莫尔-库仑强度准则)及上限(双剪理论 $b=1.0$)之间的所有范围,能够系统描述岩土材料强度的中间主应力效应,并且具有分段线性的数学表达式,有利于解析及数值计算分析。从现有的复杂应力试验结果可知,岩土材料在主应力空间中的强度包线都介于莫尔-库仑强度准则以及双剪理论 $b=1.0$ 之间(图 1-1 和图 1-2),并且不同材料的中间主应力效应也不相同。因此,复杂应力状态下莫尔-库仑强度准则低估了岩土材料的强度,而使用德鲁克-普拉格准则有可能高估岩土材料的强度。此外,拉德等学者的试验结果证实,砂土等岩土材料在复杂应力状态下的强度呈现各向异性的特点,与莫尔-库仑强度准则三轴拉伸试验点的预测强度不一致,如图 1-3及图 1-4 所示。

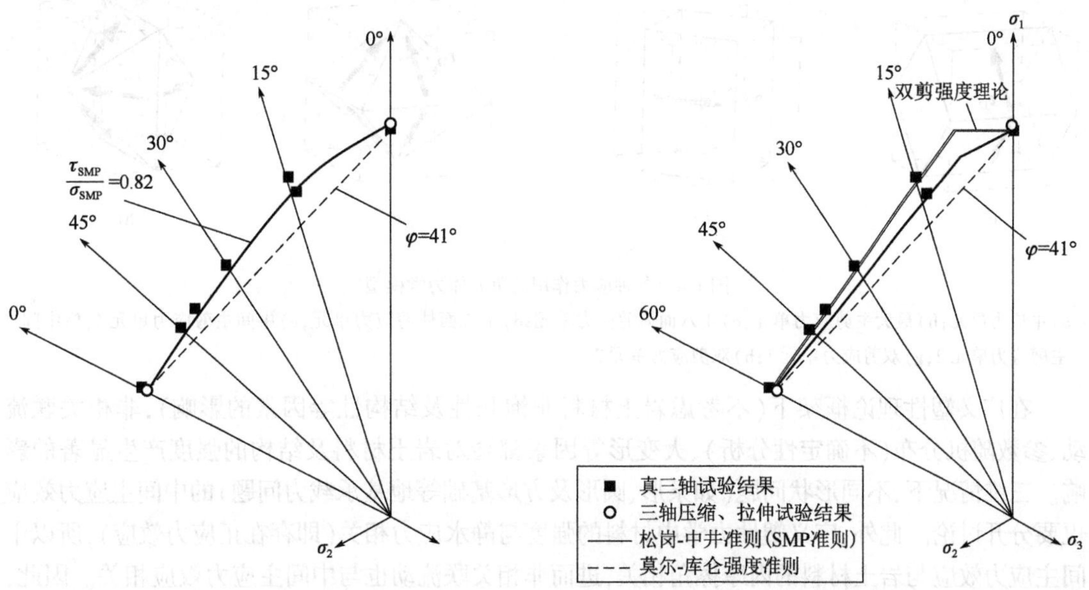

图 1-2 丰浦砂(Toyoura sand)试验结果的曲线准则与双剪强度理论的比较

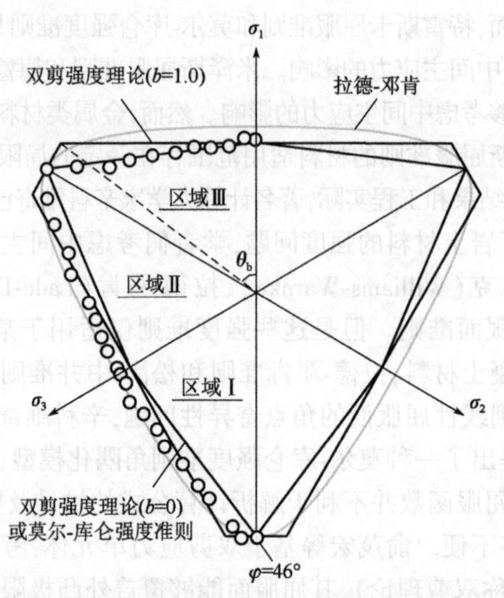

图 1-3　美国圣塔莫尼卡海滩砂复杂应力试验结果与双剪强度理论的比较

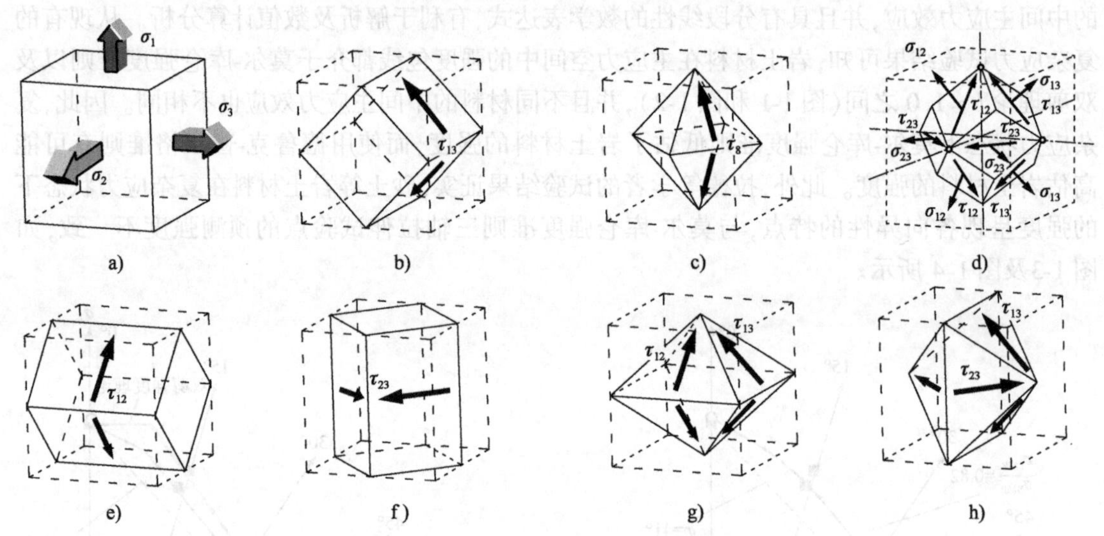

图 1-4　各种应力作用的单元体力学模型

a) 主应力单元；b) 最大主剪应力单元；c) 正八面体剪应力单元；d) 十二面体剪应力单元；e) 中间主剪应力单元 1；f) 中间主剪应力单元 2；g) 双剪应力单元 1；h) 双剪应力单元 2

在广义塑性理论框架下(不考虑岩土材料非饱和性及结构性等因素的影响)，非相关联流动、参数随机分布(不确定性分析)、大变形等因素都会对岩土材料及结构的强度产生显著的影响。三维情况下，不同形状问题(如条形、圆形及方形基础等地基承载力问题)的中间主应力效应也要分开讨论。此外，广义塑性力学中材料的强度与静水应力相关(即存在正应力效应)，所以中间主应力效应与岩土材料的内摩擦角相关，进而非相关联流动也与中间主应力效应相关。因此，中间主应力效应并不是一个独立的影响因素，而是与静水应力效应、非相关联流动以及大变形等因素相关联并对地基承载力问题产生交互影响。现阶段,使用解析方法分析中间主应力效应对结构强度的影响时,未考虑非相关联流动、大变形、三维效应及应变软化等因素,因而得出的结果不够全面和系统。使用数值方法可以综合以上影响因素对岩土材料及结构强度的中间主应力效应进行系统研究。研究中间主应力效应与岩土材料其他力学特性之间的关系以及在岩土材料及结构中的影响程度及规律,有助于合理预测复杂应力状态下岩土工程及结构工程的强度及稳定性,进而优化工程设计及施工,最终产生一定的经济及社会效益。研究成果有利于进一步揭示复杂应力状态下岩土工程具体问题的客观规律,促进复杂应力状态岩土材料强度理论的进一步发展。

俞茂宏等提出了双剪八面体力学模型,并基于此模型进一步提出了双剪理论。双剪理论的力学模型如图 1-4 所示。其中τ_{13}为最大主剪应力,τ_8为正八面体剪应力,τ_{12}和τ_{23}为中间主剪应力,τ_{13}为最大剪应力,σ_{12}、σ_{23}、σ_{13}为τ_{12}、τ_{23}、τ_{13}作用面上的正应力,σ_1、σ_2、σ_3 为最大主应力、中间主应力及最小主应力。τ_{12}和τ_{23}两个主剪应力大小可能转换(其一为中间主剪应力,另一个则为最小主剪应力),故中间主剪应力单元体有两种可能的形式。基于最大主剪应力及正八面体剪应力模型,可分别推导得出特雷斯卡屈服准则、莫尔-库仑强度准则、米泽斯屈服准则和德鲁克-普拉格屈服准则。

基于双剪八面体模型可推出双剪理论,其中拉压强度相等材料双剪理论表达式为

$$\begin{cases} f=\tau_{13}+b\tau_{12}=C, 当\tau_{12}\geqslant b\tau_{23} \\ f'=\tau_{13}+b\tau_{23}=C, 当\tau_{12}\leqslant b\tau_{23} \end{cases} \tag{1-1}$$

式中,f和f'为双剪理论的两个分段屈服面的函数,当$\tau_{12}=b\tau_{23}$时,$f=f'$,即在三维应力空间中f与f'这两个强度包络面相交于一条线;C 为材料强度参数;b 为反映中间主剪应力及其相应面上的正应力影响的参数,简称中间主应力影响系数。τ_{13}、τ_{12}和τ_{23}可以由主应力表示。

$$\tau_{13}=\frac{1}{2}(\sigma_1-\sigma_3),\tau_{12}=\frac{1}{2}(\sigma_1-\sigma_2),\tau_{23}=\frac{1}{2}(\sigma_2-\sigma_3) \tag{1-2}$$

将式(1-2)代入式(1-1)就可以推出双剪理论的主应力的表达式。

$$\begin{cases} f=\sigma_1-\dfrac{1}{1+b}(b\sigma_2+\sigma_3)=\sigma_s, 当\ \sigma_2\leqslant\dfrac{1}{2}(\sigma_1+\sigma_3) \\ f'=\dfrac{1}{1+b}(\sigma_1+b\sigma_2)-\sigma_3=\sigma_s, 当\ \sigma_2\geqslant\dfrac{1}{2}(\sigma_1+\sigma_3) \end{cases} \tag{1-3}$$

式中,σ_s 为材料的拉伸屈服极限;主应力 $\sigma_1\geqslant\sigma_2\geqslant\sigma_3$,且受拉为正,受压为负。

拉压强度不等(Strength Different, SD)材料双剪理论表达式为

$$\begin{cases} f=\tau_{13}+b\tau_{12}+\beta(\sigma_{13}+b\sigma_{12})=C, 当\tau_{12}+\beta\sigma_{12}\geqslant b\tau_{23}+\beta\sigma_{23} \\ f'=\tau_{13}+b\tau_{23}+\beta(\sigma_{13}+b\sigma_{23})=C, 当\tau_{12}+\beta\sigma_{12}\leqslant b\tau_{23}+\beta\sigma_{23} \end{cases} \tag{1-4}$$

式中,β 为反映正应力对材料破坏影响的参数。同样根据式(1-2)可将式(1-4)写为主应力的形式。

$$\begin{cases} f=\sigma_1-\dfrac{\alpha}{1+b}(b\sigma_2+\sigma_3)=\sigma_t, 当\ \sigma_2\leqslant\dfrac{\sigma_1+\alpha\sigma_3}{1+\alpha} \\ f'=\dfrac{1}{1+b}(\sigma_1+b\sigma_2)-\alpha\sigma_3=\sigma_t, 当\ \sigma_2\geqslant\dfrac{\sigma_1+\alpha\sigma_3}{1+\alpha} \end{cases} \tag{1-5}$$

式中,σ_t 为材料的拉伸强度;α 为材料拉压强度比(σ_t/σ_c);当 $f<0$ 或 $f'<0$ 时材料发生屈服;当 $\sigma_2=\dfrac{\sigma_1+\alpha\sigma_3}{1+\alpha}$ 时,$f=f'$,即在三维空间中 f 与 f' 这两个强度包络面相交于一条线。强度参数 β、α、C 及 θ_b 之间相互关系为

$$\beta=\frac{\sigma_c-\sigma_t}{\sigma_c+\sigma_t}=\frac{1-\alpha}{1+\alpha}, C=\frac{2\sigma_c\sigma_t}{\sigma_c+\sigma_t}=\frac{2}{1+\alpha}\sigma_t, \theta_b=\arctan\frac{\sqrt{3}(1+\beta)}{3-\beta} \tag{1-6}$$

双剪理论屈服面在 π 平面和三维应力空间中的投影如图 1-5 所示,其中 σ_m 为平均应力。可以看出,双剪理论的屈服面为分段线性,并且随参数 b 值的不同呈现一系列屈服面。当参数 $b=0$ 时,退化为特雷斯卡屈服准则或莫尔-库仑强度准则;当参数 $b=1.0$ 时,双剪理论屈服面达到外凸极限面的最外边界;此外,当参数 $b<0$ 或 $b>1.0$ 时屈服面则为非凸情况。对于拉压强度不等材料,图 1-5 中的 θ_b 为拉压不等材料双剪理论两个线性屈服面交接处的应力角,当材料的拉伸强度和压缩强度确定时,θ_b 就随之确定[见式(1-6)]。大量常规三轴及真三轴试验表明,在应力水平较低的情况下,应力空间中土的屈服面在子午面上的投影可近似为一条倾斜的直线(与莫尔-库仑强度准则相似),而在 π 平面上,真三轴试验结果则与莫尔-库仑强度准则的屈服面极限线不符,说明中间主应力对土体的强度存在一定的影响。

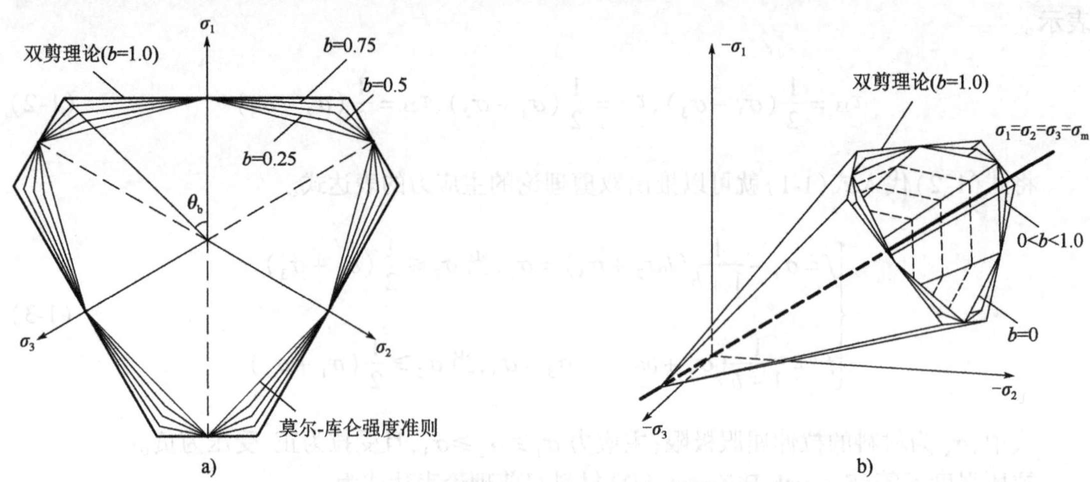

图 1-5 双剪理论屈服面在 π 平面和三维应力空间中的投影

a) π 平面;b) 三维应力空间

1.3 显式有限差分方法

有限差分方法最初于 1911 年由理查德森提出,之后被广泛应用于流体及固体力学问题的求解。有限差分方法将求解域划分为有限个差分网格,代替连续的求解域。有限差分法用网格节点上函数值的差商代替偏微分方程中的导数,从而建立以网格节点上的函数值为未知量的代数方程组。因此,有限差分法是一种直接将微分问题转换为代数问题的近似数值求解方法。按有限差分格式的精度可以分为一阶格式、二阶格式及高阶格式;按差分的空间格式可分为中心差分格式和向后差分格式等;考虑计算过程中时间增量的处理方式,还可分为显格式、隐格式及显隐交替格式等。FLAC(Fast Lagrangian Analysis of Continua)是美国依泰斯卡(Itasca)公司利用 C ++ 语言开发的一款快速拉格朗日有限差分计算程序,采用显式有限差分方法(Explicit Finite Difference Method,EFDM)进行计算。该方法无须求解整体刚度矩阵,而是通过时间增量的差分方式将计算显式推进到下一个计算时步。

依泰斯卡公司成立于 1981 年,由美国明尼苏达州立大学土木和采矿工程系的查尔斯·菲尔赫斯特、彼得·坎德尔、巴里·布雷迪、托尼·斯塔菲尔德和雷·斯特林博士共同组建,总部设在美国明尼苏达州的明尼阿波利斯市(Minneapolis),主要提供岩石力学、环境岩土工程及地下空间工程数值分析方面的服务。1984 年,依泰斯卡公司发布了第一款计算软件 UDEC[基于非连续变形分析(Discontinuous Deformation Analysis,DDA)方法的离散元软件];1986 年,二维有限差分计算软件 FLAC 正式发布;1988 年,UDEC 的三维扩展程序 3DEC 正式发布;1994 年,FLAC 的三维扩展程序 FLAC3D 正式发布;同年,颗粒流离散元分析软件 PFC2D 和 PFC3D 正式发布。虽然 UDEC、3DEC、PFC2D 和 PFC3D 是离散元分析软件,但其变形体计算方案仍采用显式有限差分方案。离散元分析软件最初作为依泰斯卡公司的主打产品进行销售,然而作为衍生产品的连续介质力学计算软件 FLAC/FLAC3D 却备受青睐,在岩土、采矿及地质等领域得到了广泛应用。

1.3.1 离散方式及显式计算方案

1963 年威尔金斯根据偏导数的积分定义,提出了一种差分格式:

$$\frac{\partial \boldsymbol{F}}{\partial \boldsymbol{x}_i} = \lim_{A\to 0}\left(\frac{1}{A}\int_S \boldsymbol{F}\boldsymbol{n}_i \mathrm{d}s\right) \tag{1-7}$$

式中,$\boldsymbol{F}$ 为某个矢量或张量;$\boldsymbol{x}_i$ 为位置矢量分量;A 为积分区域;ds 为弧长增量;$\boldsymbol{n}_i$ 为垂直于 ds 的单位法线分量。式(1-7)的面积分是连续的,沿一个有限多边形进行积分时,可以写为如下等效的表达式:

$$\frac{\partial \boldsymbol{F}}{\partial \boldsymbol{x}_i} = \frac{1}{A}\sum_{n=1}^{N}\overset{n}{\boldsymbol{F}}\boldsymbol{\varepsilon}_{ik}\Delta \overset{n}{\boldsymbol{x}}_k \tag{1-8}$$

式中,n 为边数;$\overset{n}{\boldsymbol{F}}$ 为边 n 上 $\boldsymbol{F}$ 的平均值;$\Delta \overset{n}{\boldsymbol{x}}_k$ 为边 n 的矢量长度分量;$\boldsymbol{\varepsilon}_{ik}$ 为二维置换张量。基于四面体单元说明空间差分格式,如图 1-6b)所示,对四面体使用高斯定理有:

$$\int_V v_{i,j}\mathrm{d}V = \int_S v_i \boldsymbol{n}_j \mathrm{d}S \tag{1-9}$$

式中,V 为单元体积;S 为单元各面的面积;v_i 为速度分量;$v_{i,j}$ 为速度分量对坐标的偏导数;$\boldsymbol{n}_j$ 为单元各面的法向矢量。

对于常应变率单元来说,速度场是线性的,则每个面的单位法线向量 $\boldsymbol{n}$ 是常数。因此式(1-9)的积分可以写成

$$Vv_{i,j} = \sum_{f=1}^{4} \overline{v_i}^{(f)} \boldsymbol{n}_j^{(f)} S^{(f)} \tag{1-10}$$

式中,f 为每个表面的编号;$\overline{v_i}^{(f)}$ 为 f 面上的速度分量的平均值。对于线性速度场,式(1-10)可写为

$$Vv_{i,j} = \frac{1}{3}\sum_{l=1}^{4} v_i^{(l)} \sum_{f=1,f\neq l}^{4} \boldsymbol{n}_j^{(f)} S^{(f)} \tag{1-11}$$

式中,l 为节点编号;$v_i^{(l)}$ 为节点上的速度分量。注意到 v_i 为常量时有 $Vv_{i,j}=0$,故$\sum_{f=1}^{4}\boldsymbol{n}_j^{(f)} S^{(f)}=0$,则式(1-11)可写为

$$Vv_{i,j} = \frac{1}{3}\left(\sum_{l=1}^{4} v_i^{(l)} \sum_{f=1}^{4} \boldsymbol{n}_j^{(f)} S^{(f)} - \sum_{l=1}^{4} v_i^{(l)} \sum_{f=1,f\neq l}^{4} \boldsymbol{n}_j^{(f)} S^{(f)}\right) = -\frac{1}{3}\sum_{l=1}^{4} v_i^{(l)}\ \boldsymbol{n}_j^{(l)} S^{(l)} \tag{1-12}$$

根据式(1-12),应变率分量可以写成

$$\dot{\varepsilon}_{ij} = -\frac{1}{6V}\sum_{l=1}^{4}\left(v_i^{(l)}\ \boldsymbol{n}_j^{(l)} + v_j^{l}\ \boldsymbol{n}_i^{(l)}\right)S^{(l)} \tag{1-13}$$

式(1-13)就是应变率分量的有限差分离散格式。显式计算中通过周期和假设的节点质量确定时间增量步。二维及三维有限差分混合离散单元如图 1-6 所示。巴斯和威尔森提出了一种显式计算的系统时间周期。

$$T = 2\pi\sqrt{\frac{m}{k}} \tag{1-14}$$

根据式(1-14),时间增量步为

$$\Delta t = \frac{T}{\pi} = 2\sqrt{\frac{m}{k}} \tag{1-15}$$

式中,k 为单元节点间的刚度。节点质量通过下式确定:

$$m^{(l)} = \frac{3K+4G}{27V}\max\left[\boldsymbol{n}_i^{(l)} S^{(l)}\right]^2, i=1,2,3 \tag{1-16}$$

式中,K 为弹性体积模量;G 为弹性剪切模量。式(1-16)可保证数值计算的稳定性。即使系统是静态的,FLAC 仍采用动态运动方程求解,这种计算方案使得 FLAC 分析材料非线性即大变形问题具有一定优势。

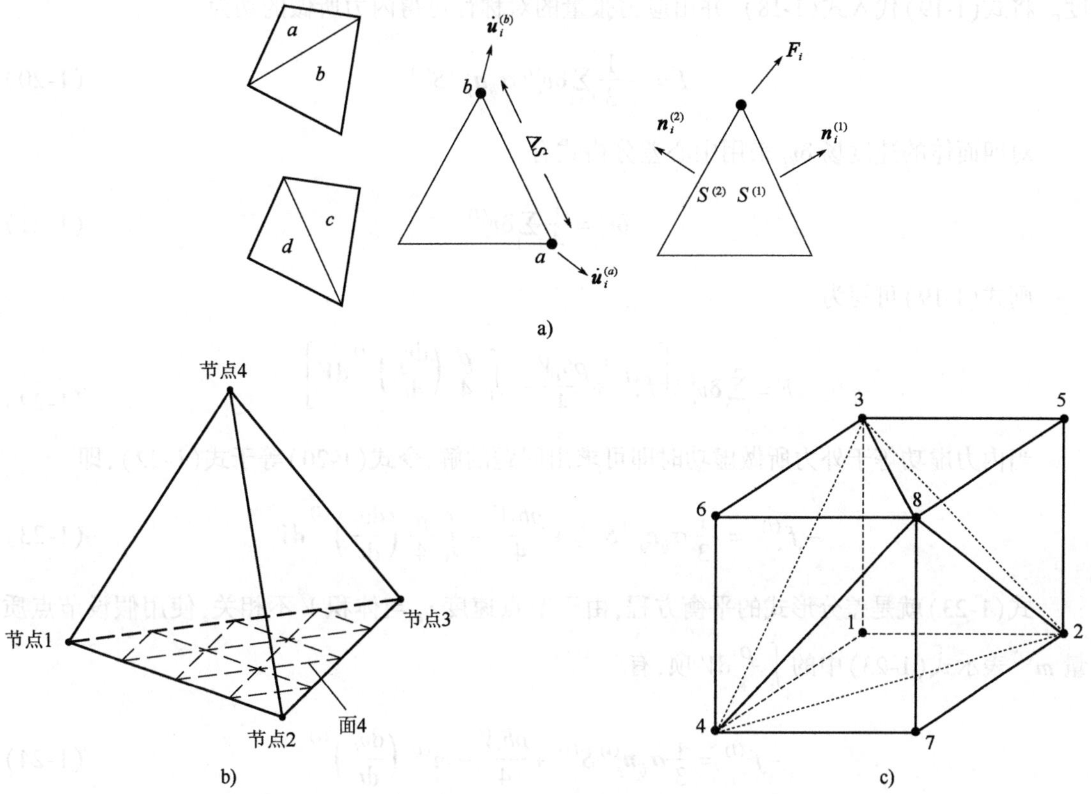

图 1-6 有限差分混合离散单元

a)三角形及其组成的四边形单元;b)四面体常应变单元;c)四面体及其组成的八节点六面体单元

1.3.2 基本控制方程

(1)平衡方程

连续介质的平衡方程可以写为

$$\sigma_{ij,j} + \rho\left(b_i - \frac{\mathrm{d}v_i}{\mathrm{d}t}\right) = 0 \tag{1-17}$$

式中,b_i 为作用在物体单位质量上的体力;ρ 为物质的密度;$\mathrm{d}v_i/\mathrm{d}t$ 为物体的加速度。根据虚功原理,内力所做的功为

$$I = \int_V \delta\,\dot{\varepsilon}_i \sigma_{ij} \mathrm{d}V \tag{1-18}$$

外力所做的功为

$$E = \sum_{l=1}^{4} \delta v_i^{(l)} \left(f_i^{(l)} + \frac{\rho b_i V}{4} + \int_V \delta v_i \rho \frac{\mathrm{d}v_i}{\mathrm{d}t} \mathrm{d}V\right) \tag{1-19}$$

式中,$f_i^{(l)}$ 为四面体单元的节点所受的外力;$\delta\,\dot{\varepsilon}_i$ 和 δv_i 分别为虚位移引起的应变率和速

度。将式(1-19)代入式(1-18),并由应力张量的对称性可得内力所做的功为

$$I=-\frac{1}{3}\sum_{l=1}^{4}\delta v_i^{(l)}\boldsymbol{\sigma}_{ij}\boldsymbol{n}_j^{(l)}S^{(l)} \tag{1-20}$$

对四面体的速度场 δv_i 采用中心差分格式有

$$\delta v_i=\frac{1}{4}\sum_{l=1}^{4}\delta v_i^{(l)} \tag{1-21}$$

则式(1-19)可写为

$$E=\sum_{l=1}^{4}\delta v_i^{(l)}\left[f_i^{(l)}+\frac{\rho b_i V}{4}-\int_V\frac{\rho}{4}\left(\frac{\mathrm{d}v_i}{\mathrm{d}t}\right)^{(l)}\mathrm{d}V\right] \tag{1-22}$$

当内力虚功等于外力所做虚功时即可求出问题的解,令式(1-20)等于式(1-22),即

$$-f_i^{(l)}=\frac{1}{3}\boldsymbol{\sigma}_{ij}\boldsymbol{n}_j^{(l)}S^{(l)}+\frac{\rho b_i V}{4}-\int_V\frac{\rho}{4}\left(\frac{\mathrm{d}v_i}{\mathrm{d}t}\right)^{(l)}\mathrm{d}V \tag{1-23}$$

式(1-23)就是差分形式的平衡方程,由于节点速度 v_i 与体积 V 不相关,使用假设节点质量 $m^{(l)}$ 表示式(1-23)中的 $\int_V\frac{\rho}{4}\mathrm{d}V$ 项,有

$$-f_i^{(l)}=\frac{1}{3}\boldsymbol{\sigma}_{ij}\boldsymbol{n}_j^{(l)}S^{(l)}+\frac{\rho b_i V}{4}-m^{(l)}\left(\frac{\mathrm{d}v_i}{\mathrm{d}t}\right)^{(l)} \tag{1-24}$$

对于整个物体,所有节点的不平衡力为

$$\boldsymbol{F}=\frac{1}{3}\boldsymbol{\sigma}_{ij}\boldsymbol{n}_j S+\frac{\rho b_i V}{4}-P_i \tag{1-25}$$

式中,P_i 为物体所有节点所受的外力和惯性力的合力。当不平衡力 $\boldsymbol{F}$ 低于一定值时认为物体达到平衡状态,计算即收敛。

(2)本构方程

根据增量弹塑性理论,总应变可表示为

$$\Delta\varepsilon_i=\Delta\varepsilon_i^{\mathrm{e}}+\Delta\varepsilon_i^{\mathrm{p}},i=1,2,3 \tag{1-26}$$

式中,$\Delta\varepsilon_i^{\mathrm{e}}$ 为弹性主应变;$\Delta\varepsilon_i^{\mathrm{p}}$ 为塑性主应变。弹性部分,根据增量型广义胡克定律

$$\begin{cases}\Delta\sigma_1=\alpha_1\Delta\varepsilon_1^{\mathrm{e}}+\alpha_2(\Delta\varepsilon_2^{\mathrm{e}}+\Delta\varepsilon_3^{\mathrm{e}})\\ \Delta\sigma_2=\alpha_1\Delta\varepsilon_2^{\mathrm{e}}+\alpha_2(\Delta\varepsilon_1^{\mathrm{e}}+\Delta\varepsilon_3^{\mathrm{e}})\\ \Delta\sigma_3=\alpha_1\Delta\varepsilon_3^{\mathrm{e}}+\alpha_2(\Delta\varepsilon_1^{\mathrm{e}}+\Delta\varepsilon_2^{\mathrm{e}})\end{cases} \tag{1-27}$$

式中,$\alpha_1=K+4G/3$;$\alpha_2=K-2G/3$;K 为弹性体积模量;G 为弹性剪切模量。式(1-27)写为张量形式:

$$\Delta\sigma_i=S_i(\Delta\varepsilon_k^{\mathrm{e}}),i=1,2,3;k=1,2,3 \tag{1-28}$$

式中，i 为函数因变量下标；k 为自变量下标。根据塑性流动法则，塑性主应变为

$$\Delta\varepsilon_i^{\mathrm{p}} = \lambda \frac{\partial g}{\partial \sigma_i} \tag{1-29}$$

式中，g 为塑性势函数；λ 为塑性因子。为了推导式(1-29)中塑性因子 λ 的表达式，假设塑性临界状态 $f(\sigma_n)=f(\sigma_1,\sigma_2,\sigma_3)=0$ 时增加一个高阶小应力增量 $\Delta\sigma_n=(\Delta\sigma_1,\Delta\sigma_2,\Delta\sigma_3)$，使 $f(\sigma_n+\Delta\sigma_n)=0$，应力增量的分量 $\Delta\sigma_i$ 可以写为

$$\Delta\sigma_i = S_i(\Delta\varepsilon_n - \Delta\varepsilon_n^{\mathrm{p}}) \tag{1-30}$$

将式(1-29)代入式(1-30)有

$$\Delta\sigma_i = S_i\left(\Delta\varepsilon_n - \lambda\frac{\partial g}{\partial \sigma_n}\right) = S_i(\Delta\varepsilon_n) - \lambda\cdot S_i\left(\frac{\partial g}{\partial \sigma_n}\right) \tag{1-31}$$

式中，$\lambda\cdot S_i(\partial g/\partial\sigma_n)$ 为塑性变形对应的应力。$f(\sigma_n+\Delta\sigma_n)$ 又可表示为

$$f(\sigma_n+\Delta\sigma_n) = f(\sigma_n) + f(\Delta\sigma_n) - f(0) \tag{1-32}$$

以 $f^*(\Delta\sigma_n)$ 表示 $f(\Delta\sigma_n)-f(0)$ 且 $f(\sigma_n)=0$，并将式(1-31)代入式(1-32)，得

$$f(\sigma_n+\Delta\sigma_n) = f^*(S_n(\Delta\varepsilon_n)) - \lambda\cdot f^*\left(S_n\left(\frac{\partial g}{\partial \sigma_n}\right)\right) = 0 \tag{1-33}$$

为了处理材料非线性，定义了如下两个应力张量 σ_i^{N} 和 σ_i^{I}，其表达式分别为

$$\sigma_i^{\mathrm{N}} = \sigma_i + \Delta\sigma_i = \sigma_i + S_i(\Delta\varepsilon_n) - S_i(\Delta\varepsilon_n^{\mathrm{p}}) \tag{1-34}$$

$$\sigma_i^{\mathrm{I}} = \sigma_i + S_i(\Delta\varepsilon_n) \tag{1-35}$$

式中，$\Delta\varepsilon_n$ 为弹性阶段的总应变；σ_i^{I} 是按弹性状态计算出的一个试探应力张量；σ_i^{N} 为进入塑性状态之后的实际应力张量。因此

$$f(\sigma_n^{\mathrm{I}}) = f(\sigma_n + S_n(\Delta\varepsilon_n)) = f^*(S_n(\Delta\varepsilon_n)) \tag{1-36}$$

将式(1-36)代入式(1-33)，便得 λ 的表达式：

$$\lambda = \frac{f(\sigma_n^{\mathrm{I}})}{f^*\left(S_n\left(\frac{\partial g}{\partial \sigma_n}\right)\right)} \tag{1-37}$$

结合式(1-29)、式(1-34)和式(1-35)可得 σ_i^{N} 表达式为

$$\sigma_i^{\mathrm{N}} = \sigma_i^{\mathrm{I}} - \lambda\cdot S_i\left(\frac{\partial g}{\partial \sigma_n}\right) \tag{1-38}$$

式(1-38)即为弹塑性有限差分的本构方程，其材料非线性处理方式通过 σ_i^{N} 和 σ_i^{I} 两个应力张量实现。FLAC 在每一个应力增量 $\Delta\sigma$ 作用之后计算都不进行迭代，而是由应力增量步直接计算出来。对于几何非线性问题，采用更新的拉格朗日方法进行计算。此时有大位移、位移梯度及刚体转动发生，节点坐标和单元的应力不能完全由初始构型确定，所以每一步计算之后

节点坐标和单元应力都要更新,并且单元应力要加入转动产生的分量。节点坐标及单元应力更新表达式见式(1-39)和式(1-40)。

$$x_i^{(l)}(t+\Delta t)=x_i^{(l)}(t)+\Delta t\cdot v_i^{(l)}\left(t+\frac{\Delta t}{2}\right) \tag{1-39}$$

$$\Delta\sigma_{ij}=\Delta\sigma_{ij}^{*}+\Delta\sigma_{ij}^{C},\Delta\sigma_{ij}^{C}=(\omega_{ik}\sigma_{kj}-\sigma_{ik}\omega_{kj})\Delta t \tag{1-40}$$

式中,ω_{ik}、ω_{kj}为单元发生的刚体转动。

1.4 双剪弹塑性本构模型的显式有限差分形式

1.4.1 双剪弹塑性本构模型

将式(1-5)写为黏聚力 c 和内摩擦角 φ 形式:

$$\begin{cases} f=\dfrac{b\sigma_2+\sigma_3}{(1+b)N_\varphi}-\sigma_1+\dfrac{2c}{\sqrt{N_\varphi}},\text{当 }\sigma_2\leqslant\dfrac{1+\sin\varphi}{2}\sigma_1+\dfrac{1-\sin\varphi}{2}\sigma_3 \\ f'=\dfrac{\sigma_3}{N_\varphi}-\dfrac{\sigma_1+b\sigma_2}{1+b}+\dfrac{2c}{\sqrt{N_\varphi}},\text{当 }\sigma_2\geqslant\dfrac{1+\sin\varphi}{2}\sigma_1+\dfrac{1-\sin\varphi}{2}\sigma_3 \end{cases} \tag{1-41}$$

式中,$N_\varphi=(1+\sin\varphi)/(1-\sin\varphi)$。计算中使用非相关联流动法则,将式(1-41)屈服函数中的内摩擦角 φ 用剪胀角 ψ 表示,塑性势函数可写为

$$\begin{cases} g=\dfrac{b\sigma_2+\sigma_3}{(1+b)N_\psi}-\sigma_1,\text{当 }\sigma_2\leqslant\dfrac{1+\sin\varphi}{2}\sigma_1+\dfrac{1-\sin\varphi}{2}\sigma_3 \\ g'=\dfrac{\sigma_3}{N_\psi}-\dfrac{\sigma_1+b\sigma_2}{1+b},\text{当 }\sigma_2\geqslant\dfrac{1+\sin\varphi}{2}\sigma_1+\dfrac{1-\sin\varphi}{2}\sigma_3 \end{cases} \tag{1-42}$$

式中,$N_\psi=(1+\sin\psi)/(1-\sin\psi)$,$\lambda\cdot S_i(\delta g/\delta\sigma_n)$确定如下:

$$\text{当 }\sigma_2<\frac{1+\sin\varphi}{2}\sigma_1+\frac{1-\sin\varphi}{2}\sigma_3,\begin{cases} S_1\left(\lambda\dfrac{\partial g}{\partial\sigma_1},\lambda\dfrac{\partial g}{\partial\sigma_2},\lambda\dfrac{\partial g}{\partial\sigma_3}\right)=\lambda\left(\dfrac{\alpha_2}{N_\psi}-\alpha_1\right) \\ S_2\left(\lambda\dfrac{\partial g}{\partial\sigma_1},\lambda\dfrac{\partial g}{\partial\sigma_2},\lambda\dfrac{\partial g}{\partial\sigma_3}\right)=\lambda\left\{\dfrac{b\alpha_1}{(1+b)N_\psi}+\alpha_2\left[\dfrac{1}{(1+b)N_\psi}-1\right]\right\} \\ S_3\left(\lambda\dfrac{\partial g}{\partial\sigma_1},\lambda\dfrac{\partial g}{\partial\sigma_2},\lambda\dfrac{\partial g}{\partial\sigma_3}\right)=\lambda\left\{\dfrac{\alpha_1}{(1+b)N_\psi}+\alpha_2\left[\dfrac{b}{(1+b)N_\psi}-1\right]\right\} \end{cases} \tag{1-43}$$

$$\text{当 } \sigma_2 > \frac{1+\sin\varphi}{2}\sigma_1 + \frac{1-\sin\varphi}{2}\sigma_3,\begin{cases} S_1\left(\lambda\dfrac{\partial g'}{\partial\sigma_1},\lambda\dfrac{\partial g'}{\partial\sigma_2},\lambda\dfrac{\partial g'}{\partial\sigma_3}\right)=\lambda\left[\alpha_2\left(\dfrac{1}{N_\psi}-\dfrac{b}{1+b}\right)-\dfrac{\alpha_1}{1+b}\right] \\ S_2\left(\lambda\dfrac{\partial g'}{\partial\sigma_1},\lambda\dfrac{\partial g'}{\partial\sigma_2},\lambda\dfrac{\partial g'}{\partial\sigma_3}\right)=\lambda\left[\alpha_2\left(\dfrac{1}{N_\psi}-\dfrac{1}{1+b}\right)-\dfrac{b\alpha_1}{1+b}\right] \\ S_3\left(\lambda\dfrac{\partial g'}{\partial\sigma_1},\lambda\dfrac{\partial g'}{\partial\sigma_2},\lambda\dfrac{\partial g'}{\partial\sigma_3}\right)=\lambda\left(\alpha_1\dfrac{1}{N_\psi}-\alpha_2\right) \end{cases} \tag{1-44}$$

将上述结果代入式(1-38)有

$$\begin{cases} \sigma_1^{\mathrm{N}}=\sigma_1^{\mathrm{I}}-\lambda\left(\alpha_2\dfrac{1}{N_\psi}-\alpha_1\right) \\ \sigma_2^{\mathrm{N}}=\sigma_2^{\mathrm{I}}-\lambda\left\{\alpha_1\dfrac{b}{(1+b)N_\psi}+\alpha_2\left[\dfrac{1}{(1+b)N_\psi}-1\right]\right\} \\ \sigma_3^{\mathrm{N}}=\sigma_3^{\mathrm{I}}-\lambda\left\{\alpha_1\dfrac{1}{(1+b)N_\psi}+\alpha_2\left[\dfrac{b}{(1+b)N_\psi}-1\right]\right\} \end{cases} \tag{1-45}$$

式中，λ 的表达式为

$$\lambda=\begin{cases} \dfrac{f\left(\sigma_1^{\mathrm{I}},\sigma_2^{\mathrm{I}},\sigma_3^{\mathrm{I}}\right)}{f\left(S_1\left(\dfrac{\partial g}{\partial\sigma_1},\dfrac{\partial g}{\partial\sigma_2},\dfrac{\partial g}{\partial\sigma_3}\right),S_2\left(\dfrac{\partial g}{\partial\sigma_1},\dfrac{\partial g}{\partial\sigma_2},\dfrac{\partial g}{\partial\sigma_3}\right),S_3\left(\dfrac{\partial g}{\partial\sigma_1},\dfrac{\partial g}{\partial\sigma_2},\dfrac{\partial g}{\partial\sigma_3}\right)\right)-f(0)},\text{当 }\sigma_2<\dfrac{1+\sin\varphi}{2}\sigma_1+\dfrac{1-\sin\varphi}{2}\sigma_3 \\ \dfrac{f'\left(\sigma_1^{\mathrm{I}},\sigma_2^{\mathrm{I}},\sigma_3^{\mathrm{I}}\right)}{f'\left(S_1\left(\dfrac{\partial g'}{\partial\sigma_1},\dfrac{\partial g'}{\partial\sigma_2},\dfrac{\partial g'}{\partial\sigma_3}\right),S_2\left(\dfrac{\partial g'}{\partial\sigma_1},\dfrac{\partial g'}{\partial\sigma_2},\dfrac{\partial g'}{\partial\sigma_3}\right),S_3\left(\dfrac{\partial g'}{\partial\sigma_1},\dfrac{\partial g'}{\partial\sigma_2},\dfrac{\partial g'}{\partial\sigma_3}\right)\right)-f'(0)},\text{当 }\sigma_2>\dfrac{1+\sin\varphi}{2}\sigma_1+\dfrac{1-\sin\varphi}{2}\sigma_3 \end{cases} \tag{1-46}$$

1.4.2 硬化条件

对于强化材料，塑性理论认为材料进入强化阶段之后的后继屈服面的变化由塑性功或塑性应变两个变量决定。等向强化材料的强化条件可写为

$$f(\sigma_n)+C(q)=0 \tag{1-47}$$

式中，$f(\sigma_n)$ 为屈服函数；q 为强化参数。若将 q 取为积累的塑性应变，则

$$q=\int(\mathrm{d}\varepsilon^{\mathrm{p}})_i=\sqrt{\frac{2}{3}}\int\sqrt{\mathrm{d}\varepsilon_n^{\mathrm{p}}\mathrm{d}\varepsilon_n^{\mathrm{p}}} \tag{1-48}$$

式中，$\mathrm{d}\varepsilon^{\mathrm{p}}$ 为塑性应变增量的强度，也称为等效塑性应变。线性等向强化材料的强化条件为

$$f(\sigma_n)+H\int\mathrm{d}\varepsilon_n^{\mathrm{p}}=0 \tag{1-49}$$

式中,H 为等向塑性模量。随动强化条件为

$$f(\sigma_n - C\int \mathrm{d}\varepsilon_n^{\mathrm{p}}) = 0 \tag{1-50}$$

式中,C 为随动塑性模量。对于混合强化条件,即同时具有等向和随动两种强化,强化条件可写为

$$f(\sigma_n - C\int \mathrm{d}\varepsilon_n^{\mathrm{p}}) + H\int \mathrm{d}\varepsilon_n^{\mathrm{p}} = 0 \tag{1-51}$$

根据塑性流动法则,统一弹塑性模型三个塑性主应变分量分别为

$$\text{当 } \sigma_2 < \frac{1+\sin\varphi}{2}\sigma_1 + \frac{1-\sin\varphi}{2}\sigma_3, \begin{cases} \Delta\varepsilon_1^{\mathrm{p}} = \lambda \dfrac{\partial g}{\partial \sigma_1} = -\lambda \\ \Delta\varepsilon_2^{\mathrm{p}} = \lambda \dfrac{\partial g}{\partial \sigma_2} = \dfrac{\lambda b}{(1+b)N_\varphi} = \dfrac{\lambda b(1-\sin\varphi)}{(1+b)(1+\sin\varphi)} \\ \Delta\varepsilon_3^{\mathrm{p}} = \lambda \dfrac{\partial g}{\partial \sigma_3} = \dfrac{\lambda}{(1+b)N_\varphi} = \dfrac{\lambda(1-\sin\varphi)}{(1+b)(1+\sin\varphi)} \end{cases}$$

$$\text{当 } \sigma_2 > \frac{1+\sin\varphi}{2}\sigma_1 + \frac{1-\sin\varphi}{2}\sigma_3, \begin{cases} \Delta\varepsilon_1^{\mathrm{p}} = \lambda \dfrac{\partial g'}{\partial \sigma_1} = -\dfrac{\lambda}{1+b} \\ \Delta\varepsilon_2^{\mathrm{p}} = \lambda \dfrac{\partial g'}{\partial \sigma_2} = \dfrac{\lambda b}{1+b} \\ \Delta\varepsilon_3^{\mathrm{p}} = \lambda \dfrac{\partial g'}{\partial \sigma_3} = \dfrac{\lambda}{N_\varphi} = \dfrac{\lambda(1-\sin\varphi)}{1+\sin\varphi} \end{cases} \tag{1-52}$$

通过式(1-29)和式(1-48)可以确定等效塑性应变增量$(\mathrm{d}\varepsilon^{\mathrm{p}})_i$,将每一计算时步的$(\mathrm{d}\varepsilon^{\mathrm{p}})_i$累加便可求得累积的塑性应变强度,代入式(1-49)即可进行等向强化模型的运算,代入式(1-50)就可以进行随动强化模型的计算分析。计算中同时考虑等向和随动硬化条件即为混合强化模型。

1.4.3 角点奇异性处理

FLAC/FLAC3D 计算软件对具有角点的屈服面采用应力空间划分方法,在角点处划分区间处理材料非线性问题,可以直接使用屈服面分段线性的屈服准则,从而避免使用表达式烦琐的光滑角隅模型。分段线性的双剪理论屈服面区间划分见图 1-7。计算过程中,当应力进入很小的容差范围内时($\pm 10^{-6}$),计算程序认为应力状态刚好落在角点处,为了保证理论及程序设计的完整性,仍然加入角点奇异性的处理。由图 1-7 中的角点奇异性处理方式可看出,屈服面存在角点,如 A、B 和 C 点,流动法则中塑性流动矢量$\partial f/\partial\sigma_{ij}$在角点处方向不唯一。具体处理方法为:$B$ 点即 $\sigma_2 = (\sigma_1+\sigma_3)/2$ 时的流动矢量取左右两个屈服面流动矢量的平均值,A 和 C 点的流动矢量取 $b=1$ 时的形式。FLAC 软件中的本构模型均使用 C ++ 语言编写,输出的为 dll 动态链接库文件,将动态链接库文件载入程序进行计算。使用 Microsoft Visual C ++ 6.0 编程平台进行编译。图 1-8 为双剪统一弹塑性本构程序编译流程图,FLAC 本构开发平台为 VC ++ 工作空间格式文件 udm. dsw,其中包括头文件(. h)、源程序文件(. cpp)及库文件(. lib)三部分。头文件定义了本构模型的类、成员函数和对象,源程序文件则对头文件中定义的类及其成员函数和对象进行引用和说明,库文件能够引导创建 FLAC 所支持的动态链接库

文件。工作空间 udm. dsw 文件中含有定义通用的本构模型类的头文件 Conmodel. h、定义本构关系图表类的头文件 Contable. h、定义张量类的头文件 Stensor. h 以及用户自定义添加的本构模型的头文件。Conmodel. h 文件定义了 ConstitutiveModel 类。其中强度理论本构模型的源程序文件通过调用指针 ∗ UserModel 中的 Run( )函数定义塑性指示函数及屈服准则与流动法则并计算 σ_i^{I} 和 σ_i^{N}，调用 Initialize( )函数定义并初始化屈服准则及流动法则中的各系数。

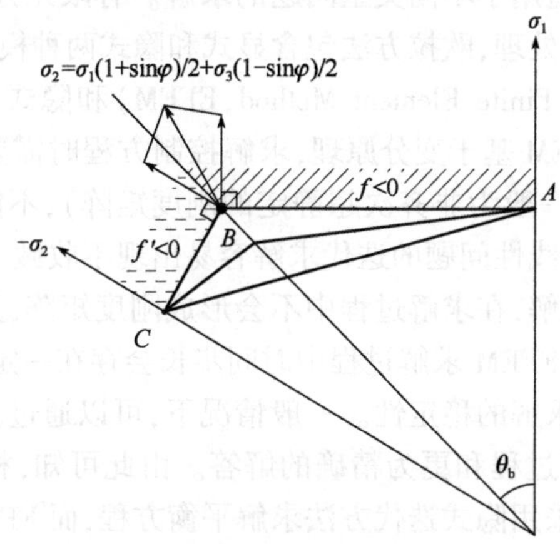

图 1-7　分段线性屈服面的划分区间示意图

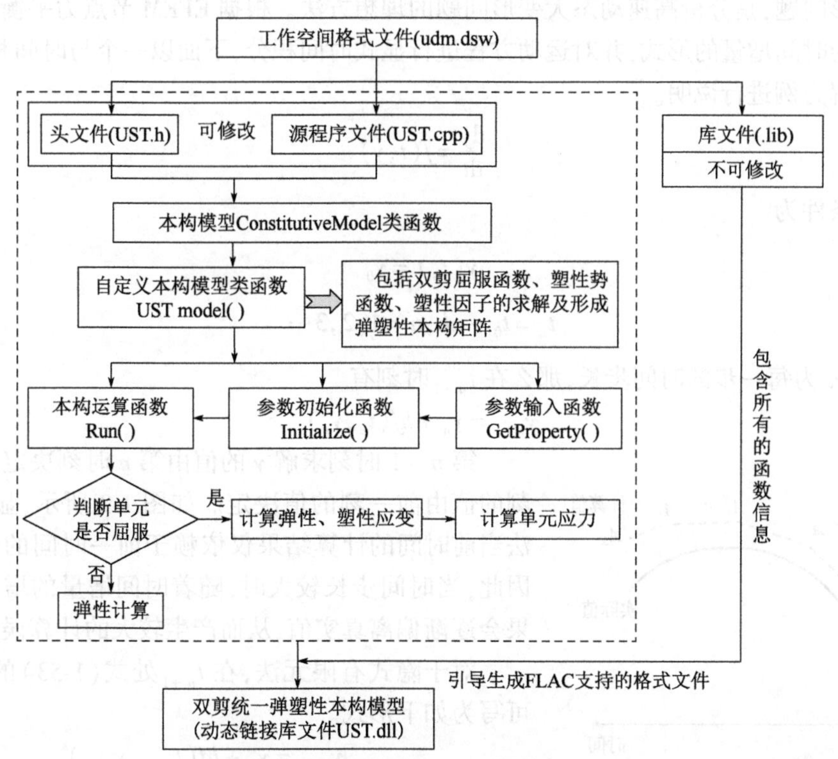

图 1-8　双剪统一弹塑性本构程序编译流程图

1.5 显式有限元方法

显式(Explicit)模式和隐式(Implicit)模式是有限元方法中的两种不同的算法,在求解过程上具有一定区别,使得它们适用于不同类型问题的求解。有限元方法中的数值离散化及积分算法一般采用欧拉方法进行处理,欧拉方法包含显式和隐式两种模式,据此将有限元方法划分为显式有限元方法(Explicit Finite Element Method,EFEM)和隐式有限元方法(Implicit Finite Element Method,IFEM)。IFEM 基于变分原理,求解控制方程时需要形成刚度矩阵(也称雅可比矩阵),对于非线性问题(一般为非齐次超静定的刚度矩阵),不能直接求解,需要采用迭代算法进行求解,然而,高度非线性问题的迭代求解容易出现不收敛。EFEM 依靠时间积分对离散后的控制方程直接进行求解,在求解过程中不会形成刚度矩阵,无须迭代,因此求解高度非线性问题具有一定的优势。EFEM 求解过程中时间步长会存在一定的波动从而引起求解的误差,需要控制时间步长保证求解的稳定性。一般情况下,可以通过减小时间增量步、使用较为均匀的网格得到稳定的计算过程和更为精确的解答。由此可知,相比 IFEM,EFEM 的求解过程是有条件稳定的。IFEM 采用隐式迭代方法求解平衡方程,而 EFEM 则采用显式时间积分法求解。对于运动方程,EFEM 采用显式差分方法的时间积分方案进行求解,非常适合求解动力学及大变形问题,是分析高速动态大变形问题的理想方法。根据 EFEM 节点力平衡方程,加速度可表示为时间增量的形式,并对运动方程进行显式时间积分,下面以一个与时间相关的常微分方程求解为例进行说明。

$$\frac{\mathrm{d}y}{\mathrm{d}t}=f(t,y) \tag{1-53}$$

初始条件为

$$y(t_0)=y_0 \tag{1-54}$$

$$t_n=t_0+nh,n=1,2,3\cdots \tag{1-55}$$

式中,h 为每一步的时间步长,那么在 t_{n+1} 时刻有

$$y_{n+1}=y_n+hf(t_n,y_n) \tag{1-56}$$

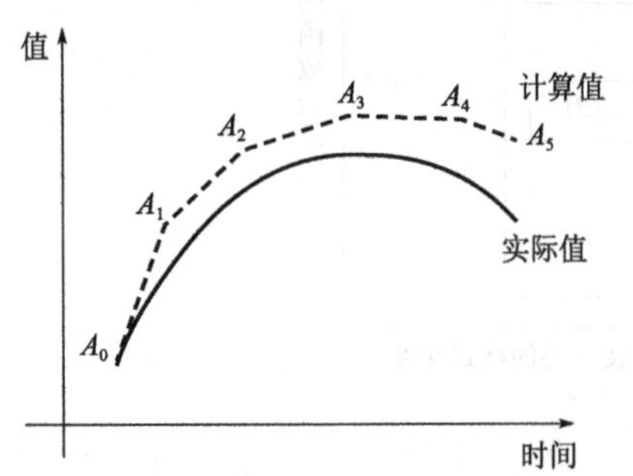

图 1-9 显式有限元法(EFEM)计算步骤示意图

第 $n+1$ 时刻求解 y 的值由第 n 时刻决定,即当前时刻的值由前一刻的值决定。如图 1-9 所示,显式有限元法当前时间的计算结果仅依赖于前一时间的计算结果。因此,当时间步长较大时,随着时间增量的增加,计算结果会逐渐偏离真实值,从而产生较大的计算误差。

对于隐式有限元法,在 t_{n+1} 处式(1-53)的微分方程可写为如下形式。

$$y_{n+1}=y_n+hf(t_{n+1},y_{n+1}) \tag{1-57}$$

IFEM 的求解过程中,一般将荷载划分为若干荷载步,每一个荷载步内采用迭代方法(线性近似)求解控制方程。如式(1-57)所示,每一时刻下

每一个荷载步的计算相对独立，计算结果的精度主要取决于荷载步的大小及有限元网格的划分，如图1-10所示。

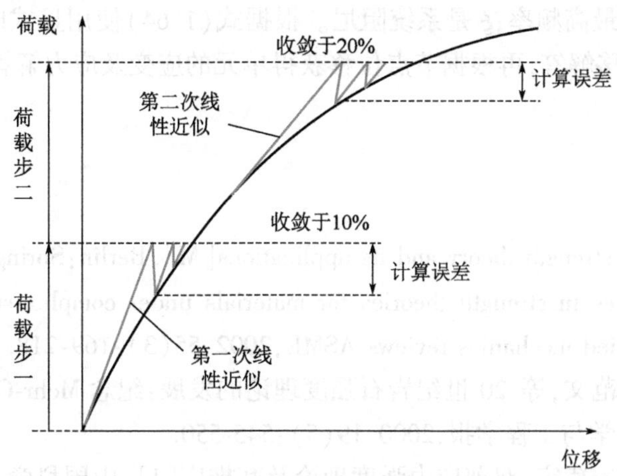

图1-10　隐式有限元法（IFEM）计算步骤示意图

使用EFEM求解时，尤其在动力问题的分析中，需要考虑阻尼和时间的变化，如动力反应分析、反应谱分析等。动力问题的时域往往很短，为了获得较精确的计算结果，需要较短的时间步长来捕捉结构的瞬时响应。EFEM的计算流程如下。

首先需对控制方程进行离散化，动力学平衡方程可写为位移的形式：

$$\ddot{\boldsymbol{u}}_{(t)} = \boldsymbol{M}^{-1}(\boldsymbol{P}_{(t)} - \boldsymbol{I}_{(t)}) \tag{1-58}$$

动力学平衡方程的显式积分形式：

$$\dot{\boldsymbol{u}}_{\left(t+\frac{\Delta t}{2}\right)} = \dot{\boldsymbol{u}}_{\left(t-\frac{\Delta t}{2}\right)} + \frac{\Delta t_{(t+\Delta t)} + \Delta t_{(t)}}{2}\ddot{\boldsymbol{u}}_{\left(t+\frac{\Delta t}{2}\right)} \tag{1-59}$$

$$\boldsymbol{u}_{(t+\Delta t)} = \boldsymbol{u}_{(t)} + \Delta t_{(t+\Delta t)}\dot{\boldsymbol{u}}_{\left(t+\frac{\Delta t}{2}\right)} \tag{1-60}$$

根据平衡方程求解单元的应变增量和应变速率$\dot{\varepsilon}$，然后根据本构关系计算应力。

$$\boldsymbol{\sigma}_{(t+\Delta t)} = f(\boldsymbol{\sigma}_{(t)}, \mathrm{d}\boldsymbol{\varepsilon}) \tag{1-61}$$

将$t+\Delta t$时刻的节点的内力重新代入平衡方程，调整时间增量，重复式(1-58)的步骤进行下一轮计算。根据节点力平衡方程，加速度可表示为：

$$\ddot{\boldsymbol{u}}_{(t)} = \boldsymbol{M}^{-1} \cdot (\boldsymbol{P} - \boldsymbol{I})_{(t)} \tag{1-62}$$

式中，$\boldsymbol{M}$为节点的质量矩阵；$\boldsymbol{P}$和$\boldsymbol{I}$分别为节点外力和单元内力矩阵。位移及速度的显式积分形式可写为：

速度：

$$\dot{\boldsymbol{u}}_{\left(t+\frac{\Delta t}{2}\right)} = \dot{\boldsymbol{u}}_{\left(t-\frac{\Delta t}{2}\right)} + \frac{\Delta t_{(t+\Delta t)} + \Delta t_{(t)}}{2}\ddot{\boldsymbol{u}}_{(t)} \tag{1-63}$$

位移：

$$\boldsymbol{u}_{(t+\Delta t)} = \dot{\boldsymbol{u}}_{(t)} + \Delta t_{(t+\Delta t)}\dot{\boldsymbol{u}}_{\left(t+\frac{\Delta t}{2}\right)} \tag{1-64}$$

式中，t为时间；Δt为时间增量。保证解稳定性的时间步长由系统最高频率和系统阻尼确定，稳定步长计算式为

$$\Delta t_{\text{stable}} = \frac{2}{\omega_{\max}(\sqrt{1+\xi^2}-\xi)} \tag{1-65}$$

式中，$\omega_{\max}$是系统最高频率；ξ 是系统阻尼。根据式(1-64)使用显式时间积分求解出当前时间步单元节点的位移解答，再根据节点位移获得单元的应变及应力解答。

本章参考文献

[1] YU M H. Unified strength theory and its applications[M]. Berlin:Springer,2004.

[2] YU M H. Advances in strength theories for materials under complex stress state in the 20th Century[J]. Applied mechanics reviews ASME,2002,55(3):169-218.

[3] 俞茂宏,昝月稳,范文,等. 20 世纪岩石强度理论的发展:纪念 Mohr-Coulomb 强度理论 100 周年[J]. 岩石力学与工程学报,2000,19(5):545-550.

[4] 俞茂鋐,何丽南,宋凌宇. 双剪应力强度理论及其推广[J]. 中国科学:A 辑,1985,35(12):1113-1120.

[5] KARMAN T V. Festigkeitsversuche unter allseitigem Druck[J]. Zeitschrift verein deut ingr, 1911,55:1749-1759.

[6] MOGI K. Fracture and flow of rocks[J]. Tectonophysics,1972,13(11):541-568.

[7] 高延法,陶振宇. 岩石强度准则的真三轴压力试验检验与分析[J]. 岩土工程学报,1993,15(4):26-32.

[8] LADE P V. Assessment of test data for selection of 3-D failure criterion for sand[J]. International journal for numerical and analytical methods in geomechanics,2006,30(4):307-333.

[9] MESDARY M S,SUTHERLAND H B. The influence of the intermediate principal stress on the strength of sand[C]. Proceedings of 7th International Conference on Soil Mechanics and Foundation Engineering,Mexico City,1969,1:391-399.

[10] 邢义川,刘祖典,郑颖人. 黄土的破坏条件[J]. 水利学报,1992(1):12-19.

[11] 张建民,邵生俊. 三维应力条件下饱和砂土的动有效强度准则[J]. 水利学报,1989(3):54-59.

[12] MATSUOKA H,NAKAI T. Relationship among Tresca,Mises,Mohr-Coulomb and Matsuoka-Nakai failure criteria[J]. Soils and foundations,1985,25(4):123-128.

[13] LODE W. Versuche ueber den Einlfuss der mittleren Hauptspannung auf dsa fliessen der metals eisen,kupfer und nickel[J]. Zeitschrift für physik,1926,36:913-939.

[14] TAYLOR G I,QUINNEY H. The plastic distortion of metals[J]. Philosophical transactions of the royal society a,1931,230:323-362.

[15] IVEY H J. Plastic stress-strain relations and yield surfaces for aluminium alloys[J]. Journal of mechanical engineering science,1961,3:15-31.

[16] MAIR W M,PUGH H L D. Effect of pre-strain on yield surfaces in copper[J]. Journal of mechanical engineering science,1964,6:150-163.

[17] ZIENKIEWICZ O C, PANDE G N. Some useful forms of isotropic yield surfaces for soil and rock mechanics[C] // GUDEHVS G. Finite Elements in Geomechanics, New York: John Wiley & sons, Inc. ,1977:179-190.

[18] LADE P V. Elasto-plastic stress-strain theory for cohesionless soil with curved yield surfaces [J]. International journal of solids and structures, 1977, 13(11):1019-1035.

[19] WILLAM K J, WARNKE E P. Constitutive model for the triaxial behavior of concrete[C] // Proceedings of Seminar on Concrete Structures Subjected to Triaxial Stresses, Bergamo, Italy, 1974:1-30.

[20] MATSUOKA H, SUN D A. The SMP concept-based 3D constitutive models for geomaterials [M]. London: Taylor & Francis, 2006.

[21] YU M H, YANG S Y, FAN S C, et al. Unifiedelasto-plastic associated and non-associated constitutive model and its engineering applications[J]. Computers and structures, 1999, 71(6): 627-636.

[22] CUNDALL P A, BOARD M. A microcomputer program for modelling large-strain plasticity problems[C] // 6th International Conference on Numerical Methods in Geomechanics, Rotterdam, 1988:2101-2108.

[23] Itasca Consulting Group. Fast lagrangian analysis of continua in 3 dimensions, version 2.0, user's manual[M]. Minneapolis: Itasca Consulting Group, Inc. ,1997.

[24] Itasca Consulting Group. FLAC-fast lagrangian analysis of continua, version 5.0, user's manual[M]. Minneapolis: Itasca Consulting Group, Inc. ,2005.

[25] BATHE K J, WILSON E L. Numerical methods in finite element analysis[M]. Englewood Cliffs: Prentice-Hall, 1976.

[26] JOHNSON G R. Numerical algorithms and material models for high velocity impact computations[J]. International journal of impact engineering, 2011, 38(6):456-472.

[27] 马宗源,廖红建,谢永利. 基于统一弹塑性有限差分法的真三轴数值模拟[J]. 岩土工程学报,2010,32(9):1368-1373.

[28] 马宗源,廖红建. 双剪统一弹塑性有限差分方法研究[J]. 计算力学学报,2012,29(1): 43-48,80.

2 显式有限差分方法在地基承载力问题中的应用

地基承载力计算是岩土工程中的一个重要问题,许多研究人员对此问题进行了深入的研究。地基承载力的计算方法大体可分为解析和数值两种。其中,解析方法主要有极限平衡方法、特征线方法(滑移线方法)及极限分析方法,数值方法主要有有限元方法和有限差分方法等。近年来,越来越多的研究者利用有限元方法和有限差分方法来计算条形和圆形基础的承载力问题。这些研究成果大多基于莫尔-库仑强度准则来计算条形基础的承载力,然而,莫尔-库仑强度准则不能考虑中间主应力的影响,致使极限承载力的计算结果可能会偏于保守,且难以充分发挥地基土体自身的强度。本节基于双剪理论及有限差分计算软件FLAC,充分考虑中间主应力的影响,确定各条形基础极限承载力因子。许多研究人员使用FLAC来分析条形和圆形基础的极限承载力问题。圆形基础的地基承载力问题,可以简化为空间轴对称情况下半无限空间表面受压问题进行分析。对于轴对称情况下半无限空间表面受压问题,其解析方法一般为特征线方法。在平面应变问题中,特征线与最大剪应力的迹线(滑移线)相重合,因此平面应变的特征线为滑移线。不过,采用理想刚塑性假设使得速度场的解答不唯一,进而导致滑移线场存在多种解答,其中,希尔和普朗特提出的两种典型的滑移线场已被广泛应用于工程实际。希尔和普朗特正交滑移线场如图2-1所示。现有的平面应变及空间轴对称问题特征线场理论大多建立在特雷斯卡屈服准则或莫尔-库仑强度准则以及哈尔-冯·卡门完全塑性假设的基础上。这些理论假定中间主应力等于其余两个主应力之一,从而忽略了中间主应力的影响。有文献基于莫尔-库仑强度准则,分别利用有限单元和滑移线场方法计算平面应变情况下条形基础的地基极限承载力,证明了两种方法的一致性。俞茂宏等基于双剪理论考虑中间主应力的影响,提出了无重材料空间轴对称统一特征线场理论。

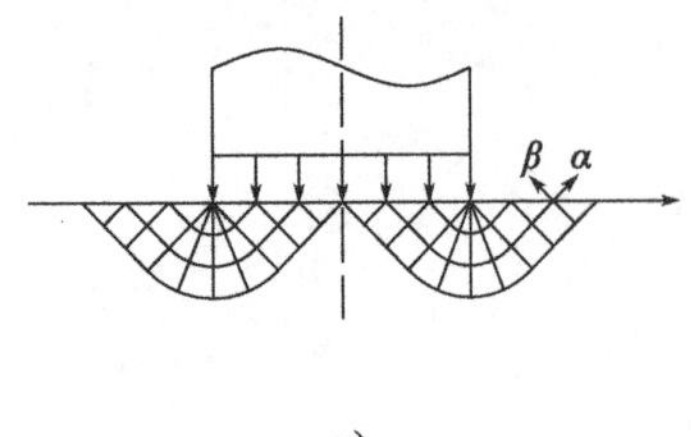

a)

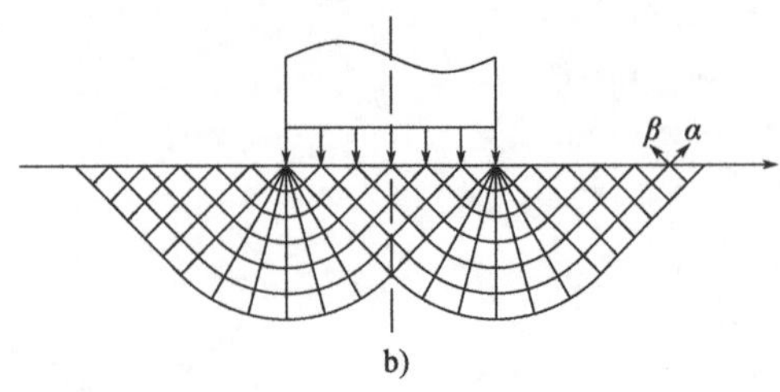

b)

图2-1 希尔和普朗特正交滑移线场示意图

a)希尔;b)普朗特

2.1 地基承载力解析解及半解析解

普朗特通过对无重的半无限空间表面竖向受压问题进行研究，给出了条形基础极限承载力的滑移线场理论解答，其表达式为

$$q_u = cN_c + qN_q \tag{2-1}$$

式中，q 为基础埋深的等效超载荷；N_c 和 N_q 分别为地基土体的黏聚力和超载荷承载力因子，表达式为

$$N_c = \cot\varphi\left[\frac{1+\sin\varphi}{1-\sin\varphi}\exp(\pi\tan\varphi) - 1\right], N_q = \frac{1+\sin\varphi}{1-\sin\varphi}\exp(\pi\tan\varphi) \tag{2-2}$$

魏西克提出了以下承载力计算公式

$$q_u = c \cdot N_c + q \cdot N_q + \frac{\gamma w}{2}N_\gamma \tag{2-3}$$

式中，γ 为地基土的重度；w 为地基宽度；N_c 和 N_q 表达式同普朗特公式；N_γ 为土体自重的地基承载力因子，其表达式为

$$N_\gamma = 2(N_q + 1)\tan\varphi \tag{2-4}$$

太沙基针对刚性且基底粗糙的条形基础也提出了地基承载力因子 N_c、N_q 及 N_γ 半解析计算公式。

$$N_c = (N_q - 1)\cot\varphi, N_q = \frac{e^{\left(\frac{3\pi}{2}-\varphi\right)\tan\varphi}}{2\cos^2\left(\frac{\pi}{4}+\frac{\varphi}{2}\right)}, N_\gamma = 1.8(N_q - 1)\tan\varphi \tag{2-5}$$

无重土的非正交滑移线场地基破坏模式如图 2-2 所示。梅耶尔霍夫及汉森分别提出地基承载力因子 N_γ 半经验公式并得到了广泛应用。米哈洛夫斯基根据塑性理论极限分析方法，给出了各个地基承载力因子的表达式，但使用该公式计算出的地基承载力因子的数值较梅耶尔霍夫及汉森公式偏大，说明该公式的计算精度偏低。马丁使用数值积分方法求解地基的滑移线(平面应变条形基础)及特征线(空间轴对称圆形基础)场方程，从而能够计算条形和圆形基础的地基承载力，其精度与利用梅耶尔霍夫及汉森公式求解相当。

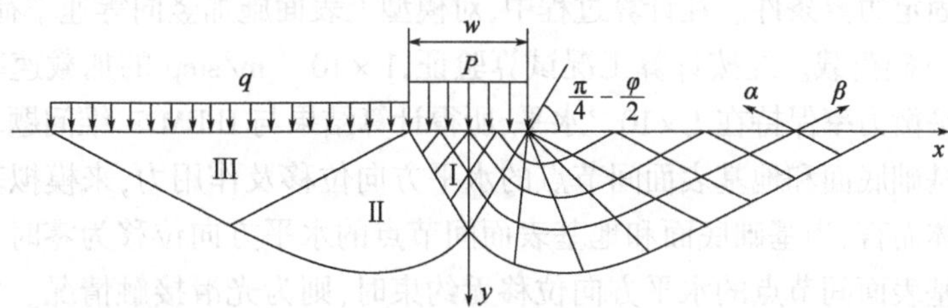

图 2-2 普朗特非正交滑移线场的地基破坏模式(无重土)

2.2 地基承载力数值解

弗莱德曼和伯德使用 EFDM 研究了网格单元密度对地基承载力的影响，发现在地基边缘加密

网格及采用较小的竖向加载速率时，计算得出的承载力值偏低。格里菲斯使用黏塑性有限元方法计算了三个地基承载力因子 N_c、N_q 和 N_γ，结果显示当内摩擦角大于35°时，数值方法就不适合求解地基承载力，博斯特和维米尔也得到了相似的结果。卢凯蒂丝和萨尔加多使用IFEM及相关联/非相关联流动法则计算条形及圆形基础的地基承载力，结果显示非相关联流动法则会导致计算过程的不稳定，当内摩擦角较大并且剪胀角 $\psi=0$ 时，很难获得极限承载力的准确数值。殷建华等人采用有限差分方法，分析了非相关联流动法则对条形基础承载力的影响，研究结果显示地基极限承载力随剪胀角 ψ 的减小而降低。斯隆等人将有限元方法及塑性力学极限分析方法相结合，采用二维极限分析有限元法计算分析地基承载力问题，随后又将此方法拓展到了三维问题的求解。但是，当内摩擦角大于45°时，数值计算方法不适用于地基承载力问题的求解。数值方法计算分析中均使用相关联流动法则，即剪胀角 ψ 与内摩擦角 φ 取值相同。在子午平面上，塑性流动矢量遵循正交性法则，即服从经典塑性理论中的德鲁克公设。在数值计算中，使用相关联流动法则的计算结果可直接和解析方法计算结果进行比较，且计算过程较非相关联流动稳定。相关联流动法则计算出的塑性体应变较实际情况可能偏大。数值方法可分别计算各地基承载力因子。计算因子 N_c 时不考虑重力及上覆土层的超载 q 的作用，计算出极限荷载 q_u 后除以黏聚力 c 即得因子 N_c 的数值。同理计算因子 N_q 时不考虑重力并令黏聚力 c 为零，计算出极限荷载 q_u 后除以超载 q 即得因子 N_q 的数值。计算因子 N_γ 时令黏聚力 c 及上覆土层的超载 q 为零，在重力作用下计算出极限荷载 q_u 后除以土体重度 γ 和一半地基宽度 $w/2$ 即得因子 N_γ 的数值，如下式所示。

$$\begin{cases} N_c=\dfrac{q_u}{c}, 当\ \gamma=q=0 \\ N_q=\dfrac{q_u}{q}, 当\ \gamma=c=0 \\ N_\gamma=2\dfrac{q_u}{\gamma w}, 当\ q=c=0 \end{cases} \tag{2-6}$$

将地基土体视为均质各向同性材料，使用线弹性理想弹塑性模型计算确定各地基承载力因子。现有研究表明，弹性参数（弹性模量及泊松比）不会对地基极限承载力数值产生影响。鉴于问题的对称性，建立一半地基模型进行分析，地基宽度 w 为10 m，模型网格划分及边界条件设置如图2-3所示。模型左边界为对称边界条件，固定水平方向位移，竖向位移自由；模型底面水平和竖直方向均为固定边界条件。在计算过程中，对模型上表面施加竖向等速率荷载（1×10^{-7} m/step）来模拟刚性基础荷载。经按计算工况试算验证，1×10^{-7} m/step的加载速率可以保证计算过程中的系统不平衡力率保持在 1×10^{-3} 水平，所得计算结果与IFEM二维问题求解的计算精度相当。通过设置基础底面和地基表面间节点的水平方向位移及作用力，来模拟基础和地基之间的接触条件。具体而言，当基础底面和地基表面间节点的水平方向位移为零时，代表粗糙接触，而基础底面和地基表面间节点的水平方向位移无约束时，则为光滑接触情况。条形基础的荷载通过基础底面和地基表面间节点的反力求得，具体为将基础底面下所有节点的反力求和，再除以基础宽度从而得到基础作用的荷载，该基础荷载求解过程通过FLAC程序自带的Fish语言实现。当荷载-位移曲线趋近破坏荷载时，曲线形态由倾斜逐渐变为水平，此时水平段的纵坐标即为所求承载力因子数值。图2-4为采用莫尔-库仑强度准则计算的 N_c、N_q 和 N_γ 的数值解和解析解及其他研究者计算结果的比较。图2-5为使用FLAC按照莫尔-库仑强度准则计算出的粗糙基础三种承载力因子的地基荷载-位移曲线。计算参数取值及边界条件设置如表2-1所示。

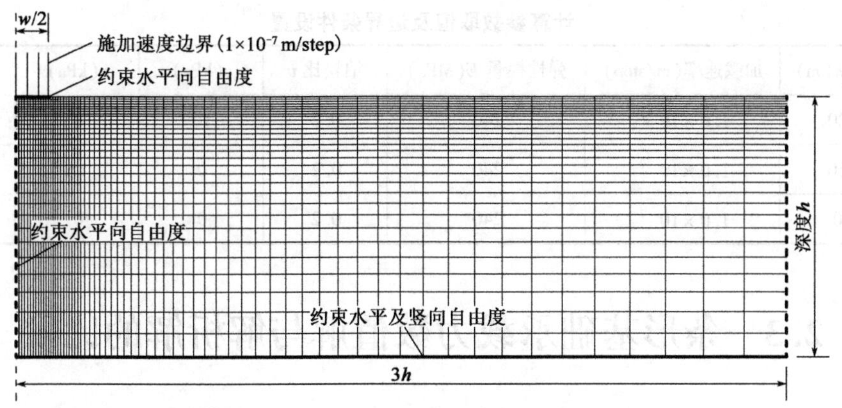

图 2-3 地基承载力问题的有限差分网格划分及边界条件设置

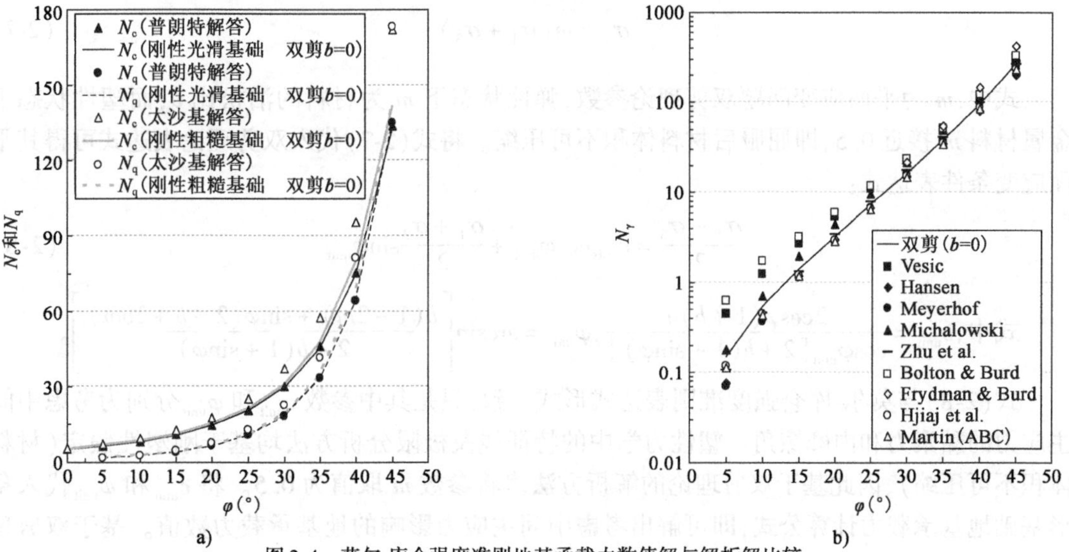

图 2-4 莫尔-库仑强度准则地基承载力数值解与解析解比较

a) N_c 和 N_q; b) N_γ

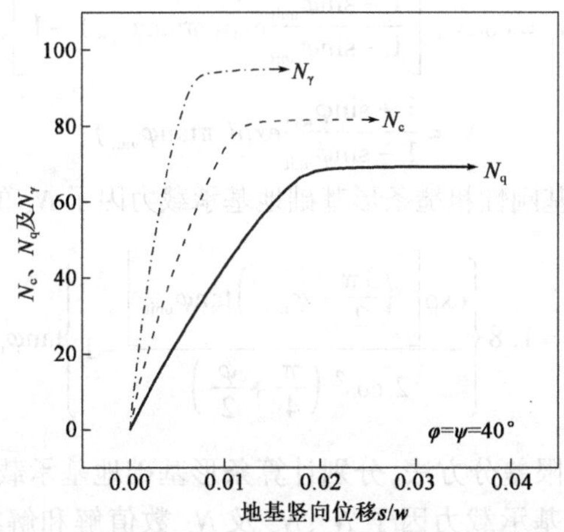

图 2-5 莫尔-库仑强度准则粗糙基础地基荷载-位移曲线

计算参数取值及边界条件设置 表 2-1

因子	尺寸 h(m)	加载速率(m/step)	弹性模量 E(MPa)	泊松比 v	c(kPa)	q(kPa)	γ(kN/m^3)
N_c	120	1.0×10^{-7}	240	0.2	10	0	0
N_q	160	1.0×10^{-7}	240	0.2	0	15	0
N_γ	80	1.0×10^{-7}	240	0.2	0	0	20

2.3 条形基础承载力数值解与解析解的比较

基于双剪理论的塑性力学平面应变问题的中间主应力大小由大主应力和小主应力决定

$$\sigma_2 = m(\sigma_1 + \sigma_3) \tag{2-7}$$

式中,m 为平面应变问题双剪理论参数,弹性状态下 m 为材料的泊松比 v,而塑性状态下金属材料 m 接近 0.5,即屈服后材料体积不可压缩。将式(2-7)代入双剪理论表达式可得其平面应变条件表达式:

$$\frac{\sigma_1 - \sigma_3}{2} = c_{\text{unit}}\cos\varphi_{\text{unit}} + \frac{\sigma_1 + \sigma_3}{2}\sin\varphi_{\text{unit}} \tag{2-8}$$

式中,$c_{\text{unit}} = \dfrac{2\cos\varphi(1+b)c}{\cos\varphi_{\text{unit}}[2+b(1+\sin\varphi)]}$,$\varphi_{\text{unit}} = \arcsin\left[\dfrac{b(1-2m)+\sin\varphi(2+b+2bm)}{2+b(1+\sin\varphi)}\right]$。

式(2-8)与莫尔-库仑强度准则表达式形式一致,只是其中参数 c_{unit} 和 φ_{unit} 分别为考虑中间主应力的黏聚力和内摩擦角。塑性力学中的特征线及极限分析方法均基于刚塑性假定(材料体积不可压缩),因此基于双剪理论的解析方法多将参数 m 取值为 0.5。将 c_{unit} 和 φ_{unit} 代入条形基础地基承载力计算公式,即可解出考虑中间主应力影响的地基承载力数值。基于双剪理论的普朗特刚性光滑条形基础承载力因子 N_c 和 N_q 的解析计算公式为

$$N_c = \cot\varphi_{\text{unit}}\left[\frac{1+\sin\varphi_{\text{unit}}}{1-\sin\varphi_{\text{unit}}}\exp(\pi\tan\varphi_{\text{unit}}) - 1\right],$$

$$N_q = \frac{1+\sin\varphi_{\text{unit}}}{1-\sin\varphi_{\text{unit}}}\exp(\pi\tan\varphi_{\text{unit}}) \tag{2-9}$$

基于双剪理论的太沙基刚性粗糙条形基础地基承载力因子 N_γ 的半解析计算公式为

$$N_\gamma = 1.8\left\{\frac{\exp\left[\left(\frac{3\pi}{2} - \varphi_{\text{unit}}\right)\tan\varphi_{\text{unit}}\right]}{2\cos^2\left(\frac{\pi}{4} + \frac{\varphi}{2}\right)} - 1\right\}\tan\varphi_{\text{unit}} \tag{2-10}$$

采用双剪理论使用有限差分方法,分别计算条形基础地基承载力因子 N_c、N_q 及 N_γ。基于双剪理论的条形基础地基承载力因子 N_c、N_q 及 N_γ 数值解和解析解对比如图 2-6 所示。其中,N_c 和 N_q 使用普朗特刚性光滑基础计算公式,N_γ 采用太沙基刚性粗糙基础计算公式

作为对比。图2-6a)为基于双剪理论使用FLAC计算出的地基承载力因子与平面应变参数$m=0.5$时双剪理论解析解计算结果对比;图2-6b)为参数$m=0.25$时双剪理论数值解与解析解计算结果对比;图2-6c)为参数$m=[\cos(3\varphi/2)]/2$时双剪理论数值解与解析解计算结果对比。在忽略中间主应力影响情况下,基于莫尔-库仑强度准则的光滑基础地基承载力因子N_c和N_q的数值解与普朗特解析解一致;粗糙基础承载力因子N_c和N_q的数值解小于太沙基半解析解。在考虑中间主应力影响情况下,基于双剪理论的光滑基础地基承载力因子N_c、N_q及粗糙基础承载力因子N_γ的数值解及解析解存在一定差异。具体表现为:数值解随内摩擦角的增大而逐渐大于解析解,当$m<0.5$时数值解随内摩擦角的减小而逐渐小于解析解。在平面应变情况下,地基侧向为刚性约束条件,所以考虑中间主应力影响的条形地基承载力与地基土体侧向膨胀引起的中间主应力变化相关。虽然可认为金属材料体积不可压缩,但是岩土材料具有一定的体积压缩性,使得平面应变情况下岩土材料的侧向膨胀性要弱于金属材料。因此平面应变参数m的数值不能简单假定为一常数(如$m=0.5$)。当内摩擦角为零时,数值解等于平面应变情况的中间主应力参数$m=0.5$时的解析解;当内摩擦角大于零且$m=0.5$时,数值解与解析解不一致,解析解随内摩擦角的增大而逐渐小于数值解;当$m=[\cos(3\varphi/2)]/2$时,解析解与数值解相吻合。采用数值方法计算地基承载力时,无须对中间主应力的大小进行假定,相关联流动情况下地基承载力的数值解计算结果表明,中间主应力对地基承载力的影响与地基土体内摩擦角相关,而非解析解假定的常数倍关系。

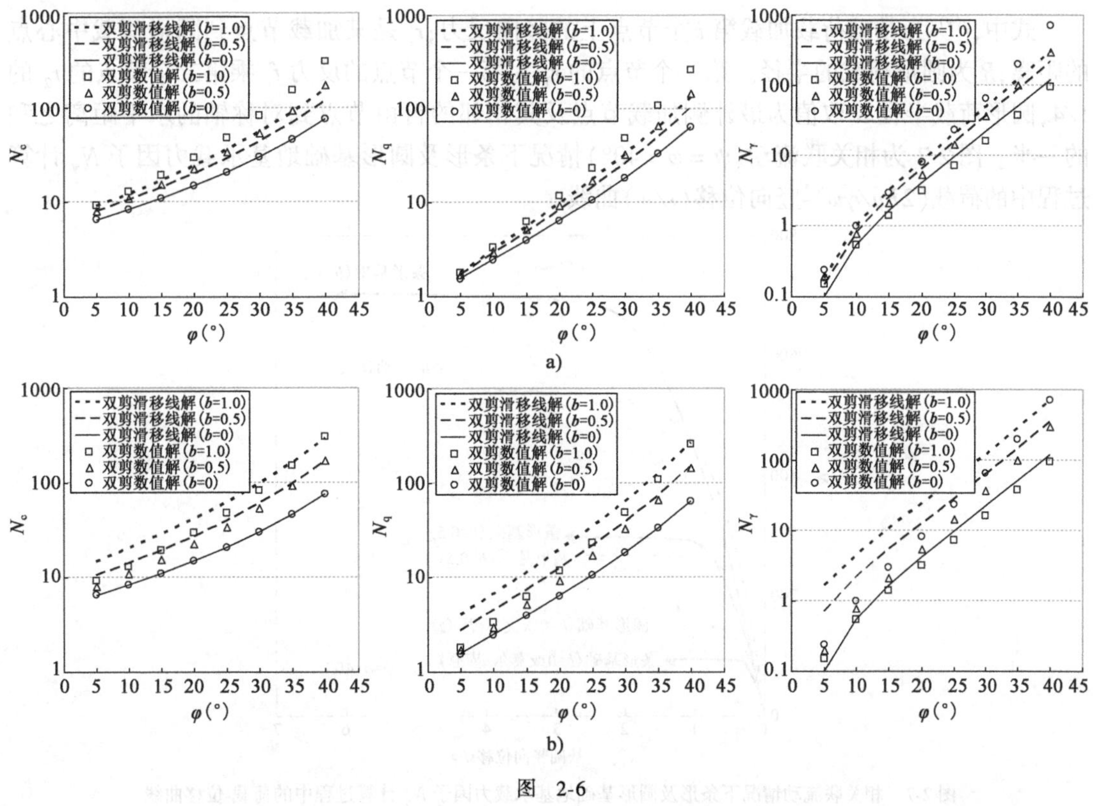

图 2-6

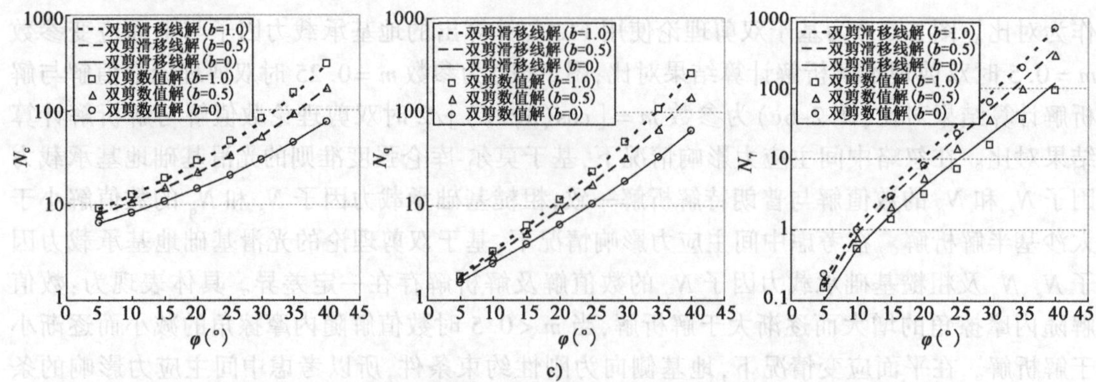

图2-6　有限差分方法确定的地基承载力因子数值与不同 m 值的双剪理论解析方法计算结果

a) $m=0.5$；b) $m=0.25$；c) $m=[\cos(3\varphi/2)]/2$

2.4　中间主应力效应对条形及圆形基础地基承载力的影响

许多学者基于空间轴对称问题的特征线理论确定无重地基的极限承载力。同样可通过有限差分方法计算圆形基础地基承载力，这里使用显式有限差分计算程序 FLAC 计算圆形基础地基承载力因子 N_c、N_q 及 N_γ。该问题可简化为空间轴对称问题进行计算分析。圆形基础的荷载通过地基表面节点的反力除以基础的面积得到，如式(2-11)所示。

$$q=\frac{2\pi\sum f_i^{(y)}r_i}{\pi R^2} \tag{2-11}$$

式中，$f_i^{(y)}$ 为基础荷载加载第 i 个节点上的竖向反力；r_i 是某加载节点到圆形荷载中心点的距离；R 为圆形荷载的半径。第一个节点的 r_1 为第一个节点的反力 f_1 乘第二个节点的 r_2 的1/4，圆形荷载半径 R 取值为最外侧加载节点及其相邻的自由节点到对称轴的水平距离之和的一半。图2-7为相关联流动（$\psi=\varphi=40°$）情况下条形及圆形基础地基承载力因子 N_γ 计算过程中的荷载（$2Pu/\gamma w$）-竖向位移（s/w）曲线。

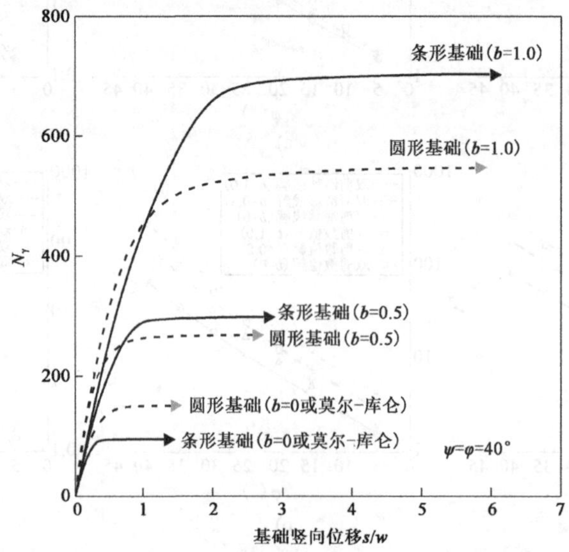

图2-7　相关联流动情况下条形及圆形基础地基承载力因子 N_γ 计算过程中的荷载-位移曲线

根据双剪理论,使用显式有限差分程序 FLAC 计算出的条形及圆形粗糙基础地基承载力因子 N_c、N_q 及 N_γ 的数值如图 2-8 所示,其中承载力因子的纵坐标以对数坐标显示。分析可知,考虑中间主应力影响的条形及圆形基础地基承载力数值的范围不尽相同,按照双剪理论($1.0 \geqslant b > 0$)及莫尔-库仑强度准则计算出的条形基础地基承载力范围要大于圆形基础。此外,按照莫尔-库仑强度准则计算出的条形基础因子 N_γ 数值小于圆形基础,而按照双剪理论($b=1.0$)计算出的条形基础承载力因子 N_γ 数值要大于圆形基础。定义三个参数 ξ_c、ξ_q 以及 ξ_γ 来描述中间主应力对各地基承载力因子的影响程度。

$$\xi_c = \frac{N_c(b \geqslant 0)}{N_c(b=0)}, \xi_q = \frac{N_q(b \geqslant 0)}{N_q(b=0)}, \xi_\gamma = \frac{N_\gamma(b \geqslant 0)}{N_\gamma(b=0)} \tag{2-12}$$

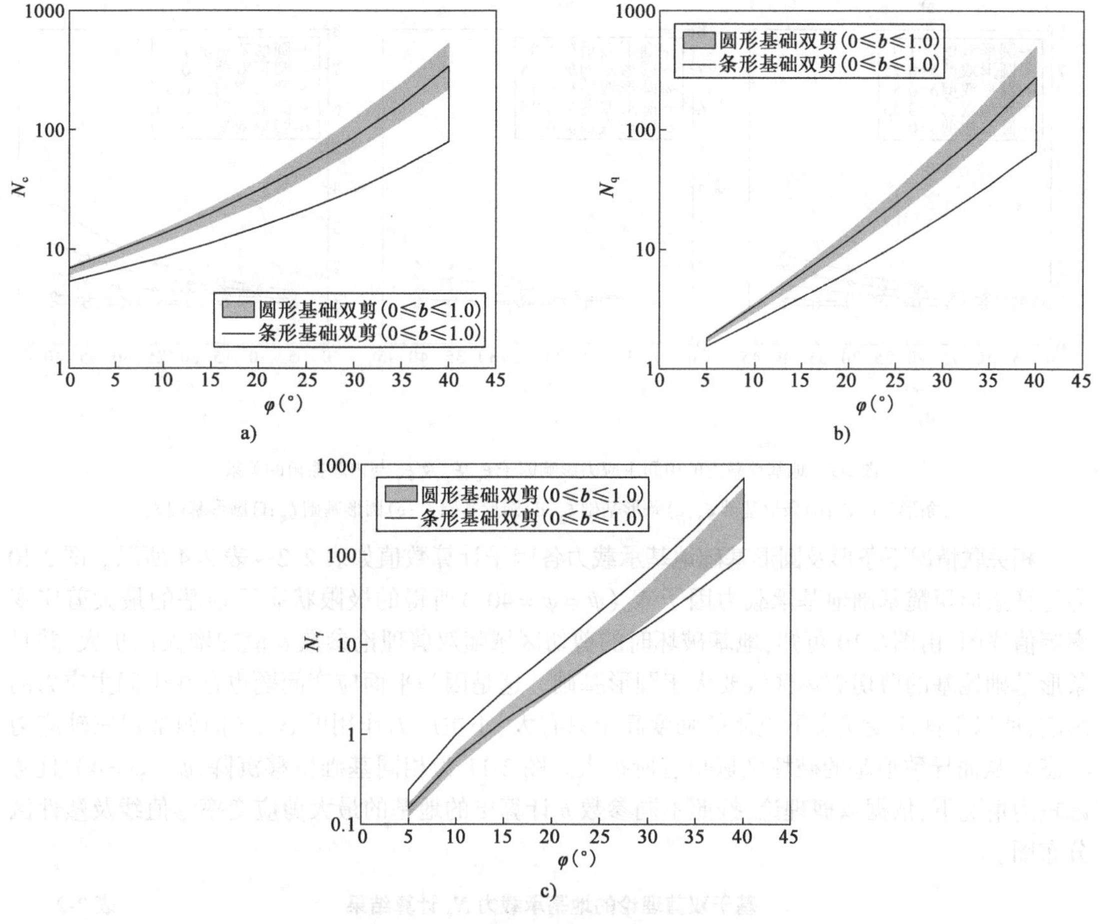

图 2-8 条形及圆形粗糙基础地基承载力因子 N_c、N_q 及 N_γ 的数值

a) N_c; b) N_q; c) N_γ

图 2-9 为条形及圆形粗糙基础地基承载力的中间主应力影响因子 ξ_c、ξ_q 及 ξ_γ 与内摩擦角的关系,可以看出中间主应力效应对地基承载力的影响随着内摩擦角增大而增加,并且中间主应力对条形基础地基承载力的影响大于圆形基础。因此,对于内摩擦角较大及平面应变情况的地基承载力问题,须考虑中间主应力的影响,进行计算分析。

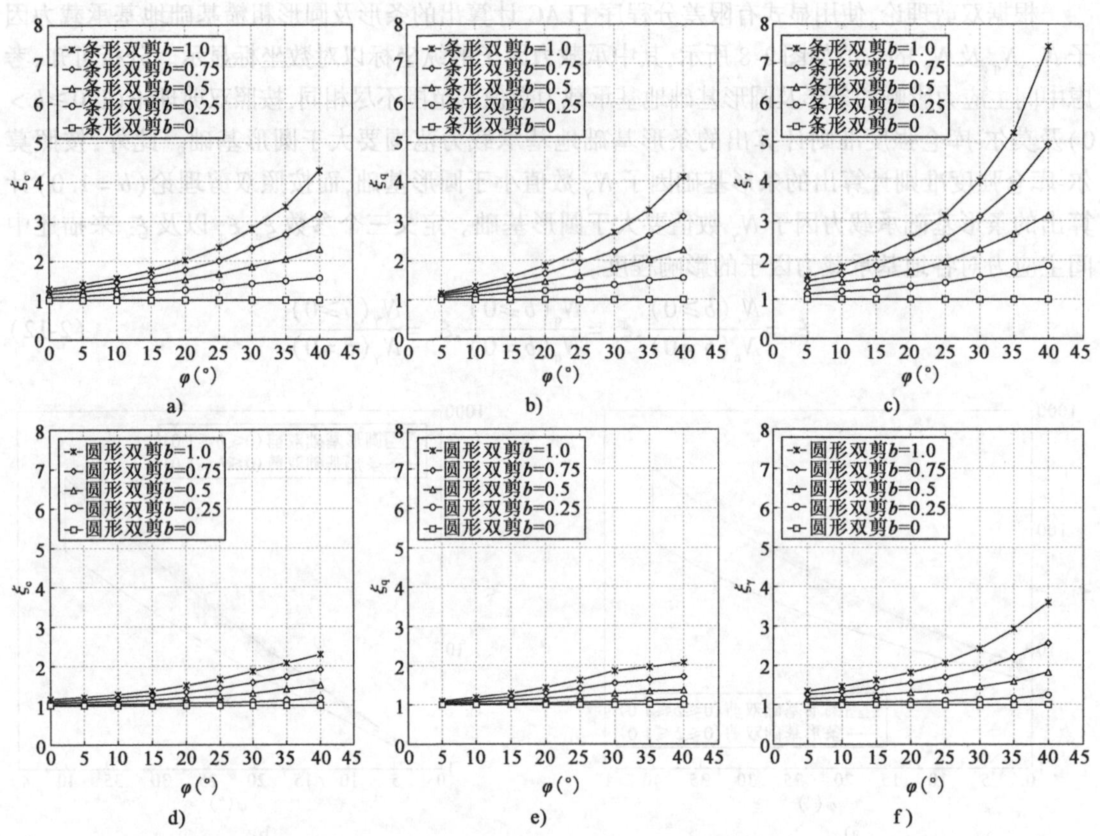

图 2-9　地基承载力的中间主应力影响因子 ξ_c、ξ_q 及 ξ_γ 与内摩擦角的关系

a) 条形基础 ξ_c；b) 条形基础 ξ_q；c) 条形基础 ξ_γ；d) 圆形基础 ξ_c；e) 圆形基础 ξ_q；f) 圆形基础 ξ_γ

相关联情况下条形及圆形基础地基承载力各因子计算数值如表 2-2 ~ 表 2-4 所示。图 2-10 为计算条形粗糙基础地基承载力因子 $N_\gamma(\psi=\varphi=40°)$ 所得的极限状态下地基的最大剪应变率等值线图，由图 2-10 可知，地基破坏时的剪切区域随双剪理论参数 b 值的增大而扩大，并且条形基础地基的剪切破坏区域要大于圆形基础。这是因为平面应变问题也存在中间主应力的影响，所以平面应变状态下土体的强度高于只有大、小主应力作用的状态（例如常规三轴应力状态），从而导致地基的破坏区域也有所扩大。图 2-11 为相同基础位移沉降、$\psi=\varphi=40°$ 且考虑重力情况下，依据双剪理论，按照不同参数 b 计算出的地基的最大剪应变率等值线及塑性区分布图。

基于双剪理论的地基承载力 N_c 计算结果　　表 2-2

φ (°)	条形基础					圆形基础				
	$b=0$	$b=0.25$	$b=0.5$	$b=0.75$	$b=1.0$	$b=0$	$b=0.25$	$b=0.5$	$b=0.75$	$b=1.0$
0	5.36	5.75	6.21	6.59	6.91	6.09	6.17	6.45	6.73	7.02
5	6.74	7.49	8.26	8.92	9.49	8.12	8.33	8.77	9.30	9.82

续上表

φ(°)	条形基础					圆形基础				
	b=0	b=0.25	b=0.5	b=0.75	b=1.0	b=0	b=0.25	b=0.5	b=0.75	b=1.0
10	8.57	9.96	11.27	12.43	13.46	11.22	11.61	12.41	13.38	14.39
15	11.23	13.58	15.94	17.98	19.86	16.17	16.74	18.37	20.24	22.26
20	15.24	19.16	23.24	27.05	30.89	23.60	25.04	28.13	31.81	35.79
25	21.28	28.33	35.55	42.58	49.95	38.73	41.17	47.97	55.94	64.79
30	30.91	43.78	57.31	71.73	86.80	65.95	71.78	86.26	104.6	123.4
35	47.91	71.18	97.95	127.8	161.7	117.60	135.3	167.1	203.7	244.1
40	79.40	124.3	182.0	252.9	340.3	220.40	265.2	342.3	421.9	526.8

基于双剪理论的地基承载力 N_q 计算结果 表 2-3

φ(°)	条形基础					圆形基础				
	b=0	b=0.25	b=0.5	b=0.75	b=1.0	b=0	b=0.25	b=0.5	b=0.75	b=1.0
5	1.55	1.63	1.70	1.76	1.81	1.67	1.69	1.72	1.77	1.82
10	2.48	2.73	2.97	3.17	3.36	2.95	3.00	3.15	3.32	3.50
15	3.97	4.62	5.23	5.79	6.32	5.32	5.46	5.89	6.39	6.91
20	6.49	7.97	9.46	10.85	12.14	9.85	10.26	11.40	12.79	14.24
25	10.87	14.09	17.49	21.11	24.34	19.04	20.17	23.28	27.03	31.12
30	18.98	26.15	34.29	42.21	51.49	39.22	42.26	50.61	61.22	73.22
35	34.62	51.28	69.83	91.08	113.3	86.99	97.20	123.1	151.6	187.7
40	67.15	104.45	152.2	209.1	276.8	197.6	230.8	306.7	390.2	498.4

基于双剪理论的地基承载力 N_γ 计算结果 表 2-4

φ(°)	条形基础					圆形基础				
	b=0	b=0.25	b=0.5	b=0.75	b=1.0	b=0	b=0.25	b=0.5	b=0.75	b=1.0
5	0.15	0.17	0.2	0.22	0.24	0.122	0.128	0.139	0.153	0.165
10	0.54	0.65	0.78	0.88	0.99	0.431	0.452	0.51	0.574	0.635
15	1.4	1.75	2.14	2.62	3.01	1.16	1.24	1.44	1.67	1.90
20	3.17	4.22	5.44	6.75	8.16	2.89	3.12	3.79	4.51	5.27
25	7.34	10.49	14.38	18.55	23.02	7.17	7.88	9.87	12.24	14.82

续上表

φ (°)	条形基础					圆形基础				
	b=0	b=0.25	b=0.5	b=0.75	b=1.0	b=0	b=0.25	b=0.5	b=0.75	b=1.0
30	16.12	25.36	36.92	50.03	64.80	18.24	20.61	26.86	34.93	44.29
35	37.71	64.02	100.5	144.7	197.4	49.82	57.94	79.58	109.3	146.1
40	94.90	176.4	298.7	468.6	704.1	150.1	181.8	268.7	391.2	549.4

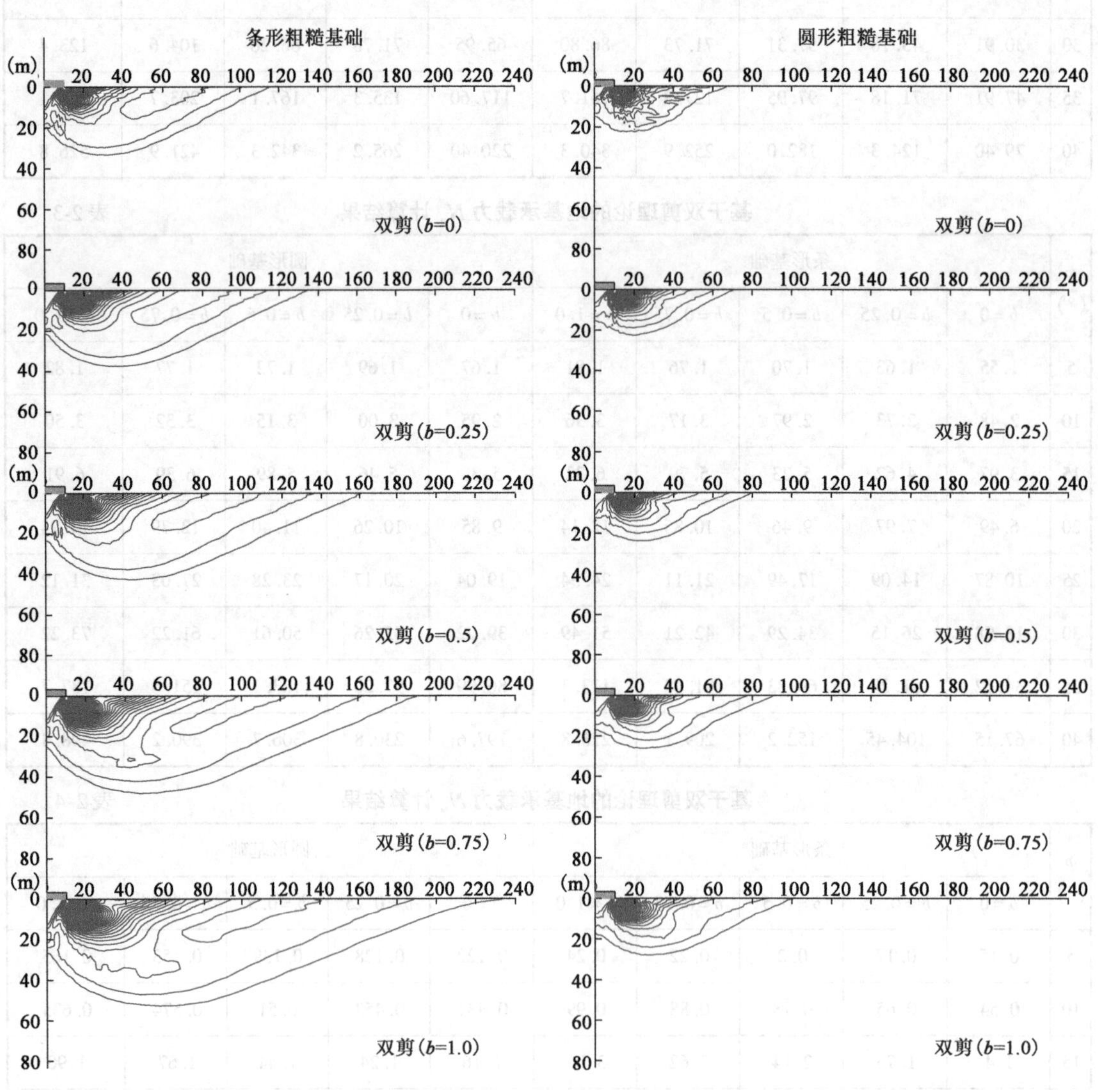

图2-10 条形粗糙基础地基承载力因子 $N_\gamma(\varphi=\psi=40°)$ 确定的地基极限状态下最大剪应变率等值线图

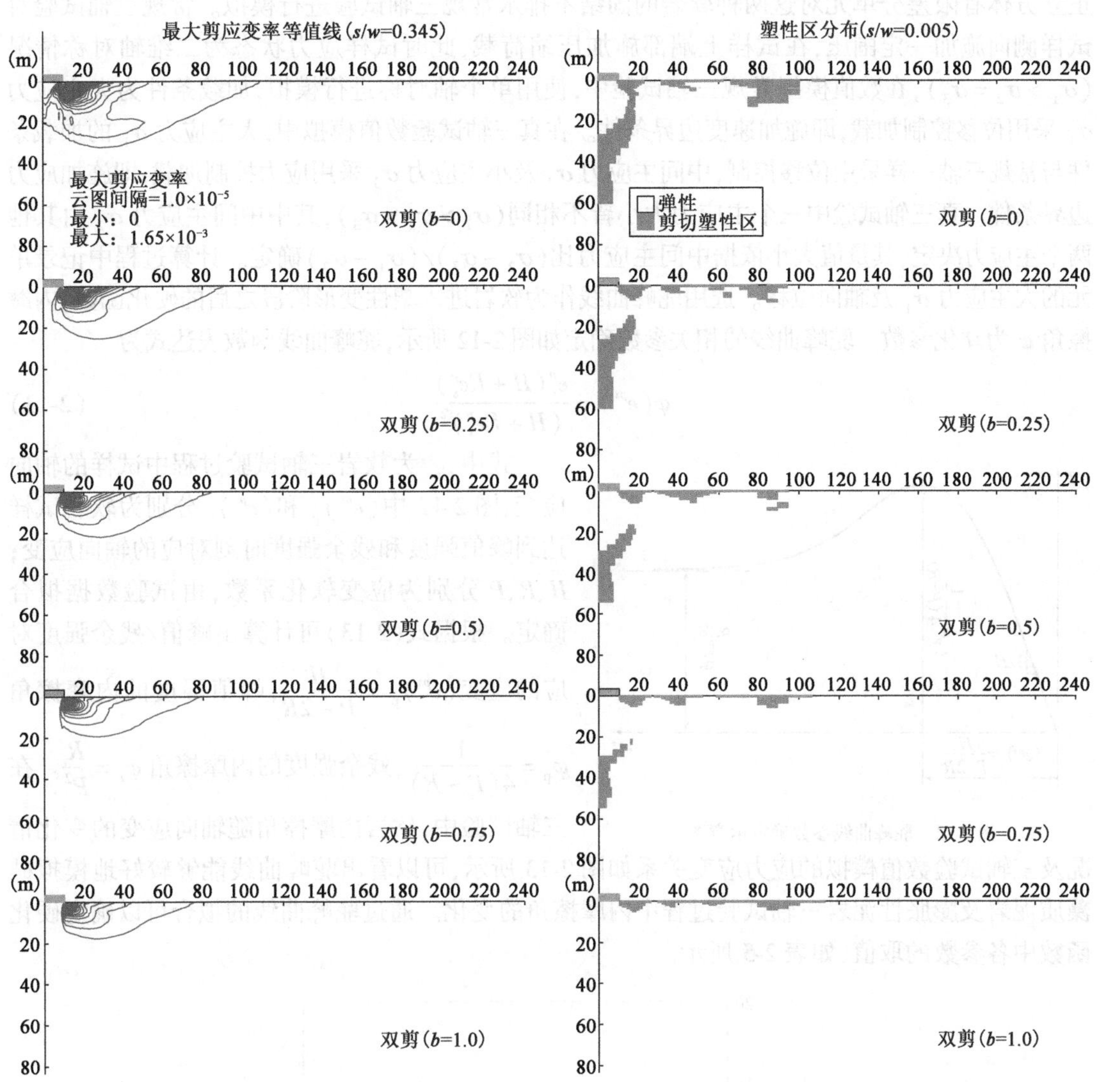

图 2-11 相同基础沉降位移情况下计算条形粗糙基础因子 $N_\gamma(\varphi=\psi=40°)$ 得出的地基的最大剪应变率等值线图及塑性区分布图

2.5 软岩三轴试验数值模拟及地基承载力问题

2.5.1 软岩常规三轴试验数值模拟

软岩是一种强度介于坚硬岩石和土之间的地质材料，国际岩石力学学会将单轴抗压强度(Uniaxial Compressive Strength，UCS)低于 20 MPa 的岩石归为软岩，如泥岩、砂岩、粉砂岩等。软岩受力变形过程中具有明显应变软化特性，应力应变曲线具有峰值和残余强度。基于膨胀性泥岩及硅藻质泥岩常规三轴不排水试验数据，采用双剪统一弹塑性模型、二维轴对称及三维正立方体有限差分单元对这两种软岩的固结不排水常规三轴试验进行模拟。常规三轴试验对试样侧向施加一定围压,在试样上端部施加压缩荷载,此时试样应力状态为二维轴对称情况($\sigma_1>\sigma_2=\sigma_3$),在数值模拟常规三轴试验中,使用单个轴对称进行模拟,加载条件为大主应力σ_1采用位移控制加载,即施加速度边界条件。在真三轴试验数值模拟中,大主应力σ_1的加载条件与常规三轴一样采用位移控制,中间主应力σ_2及小主应力σ_3采用应力控制加载,即施加应力边界条件。真三轴试验中三个主应力大小皆不相同($\sigma_1>\sigma_2>\sigma_3$),其中中间主应力$\sigma_2$由其他两个主应力决定,其量值大小依据中间主应力比$(\sigma_2-\sigma_3)/(\sigma_1-\sigma_3)$确定。计算过程中记录单元的大主应力$\sigma_1$及轴向位移。选用驼峰曲线作为软岩进入塑性变形阶段之后的硬化函数,内摩擦角φ为硬化参数。驼峰曲线的相关参数确定如图2-12所示,驼峰曲线函数表达式为

$$\varphi(e^{ps})=\frac{e_s^p(H+Re_s^p)}{(H+Pe_s^p)^2} \tag{2-13}$$

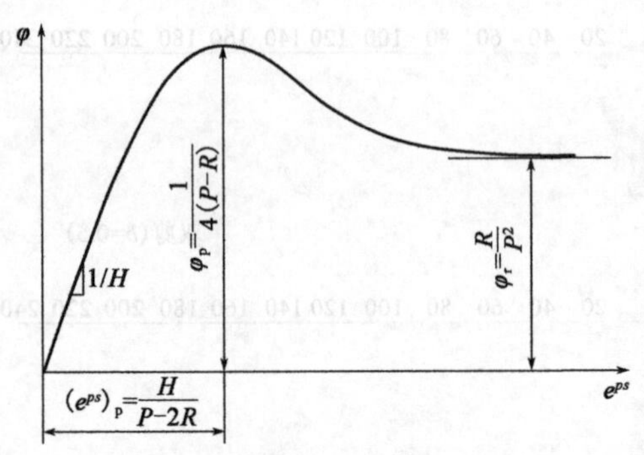

图2-12　驼峰曲线参数确定示意图

式中,e^{ps}为软岩三轴试验过程中试样的轴向应变;图2-12中$(e^{ps})_p$和$(e^{ps})_r$分别为软岩试样达到峰值强度和残余强度时刻对应的轴向应变;H、R、P分别为应变软化系数,由试验数据拟合确定。根据式(2-13)可计算出峰值/残余强度对应的应变$(e^{ps})_p=\dfrac{H}{P-2R}$,峰值强度的内摩擦角$\varphi_p=\dfrac{1}{4(P-R)}$,残余强度的内摩擦角$\varphi_r=\dfrac{R}{P^2}$。在三轴试验中,软岩内摩擦角随轴向应变的变化情况及三轴试验数值模拟的应力应变关系如图2-13所示,可以看出驼峰曲线能够较好地模拟硅藻质泥岩及膨胀性泥岩三轴试验过程中内摩擦角的变化。通过驼峰曲线的拟合可以确定硬化函数中各参数的取值,如表2-5所示。

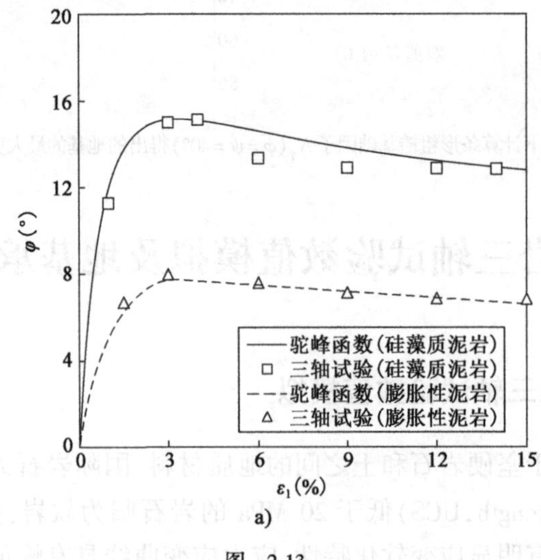

图　2-13

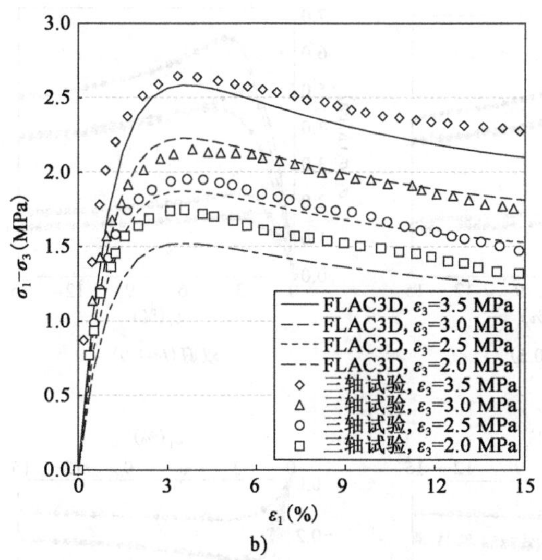

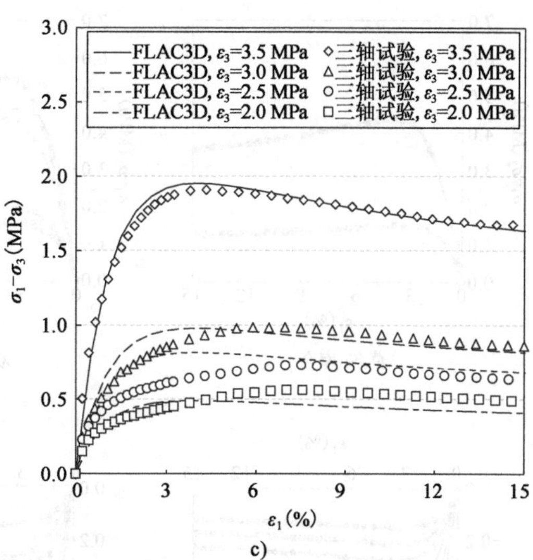

图 2-13 三轴试验结果与数值模拟结果的比较

a)内摩擦角随轴向应变的变化;b)硅藻质泥岩应力应变关系;c)膨胀性泥岩应力应变关系

驼峰曲线参数取值 表 2-5

名称	线弹性理想塑性				应变软化		
	密度 ρ(kg/m^3)	弹性模量 E(MPa)	泊松比 υ	黏聚力 c(kPa)	P	H	R
硅藻质泥岩	2183	500	0.25	40	0.021	0.04	0.0045
膨胀性泥岩	2032	500	0.25	1.2	0.039	0.09	0.0079

2.5.2 软岩的真三轴试验数值模拟

软岩常规三轴试验(应力状态 $\sigma_1>\sigma_2=\sigma_3$)的模拟结果表明驼峰曲线能够模拟软岩的应力应变关系。在此基础上,使用三维六面体单元对软岩的真三轴加载状态下(应力状态 $\sigma_1>\sigma_2>\sigma_3$)的应力应变关系进行模拟,以预测软岩在复杂应力状态下的强度特性。具体加载条件是:围压为小主应力 σ_3,大主应力方向为等速率压缩(加载速率为 1×10^{-6} m/step),中间主应力根据固定的中间主应力比$(\sigma_2-\sigma_3)/(\sigma_1-\sigma_3)$进行加载。中间主应力比$(\sigma_2-\sigma_3)/(\sigma_1-\sigma_3)$加载的真三轴试验技术,已广泛应用于岩土材料复杂应力试验研究中,其优点在于加载时容易控制 π 平面上的应力角,并且能够退化为常规围压三轴试验;缺点是不能精确控制中间主应力大小,并且应力加载量值较低。图 2-14 为按照硅藻质泥岩参数,在不同中间主应力加载条件下,使用双剪弹塑性模型及三维六面体单元计算得出的软岩应力$(\sigma_1-\sigma_3)$及体应变 ε_v 与轴向应变 ε_1 的关系曲线。图 2-15 为真三轴数值模拟计算得出的软岩的峰值强度 q_p 及残余强度 q_r 与中间主应力比的关系。

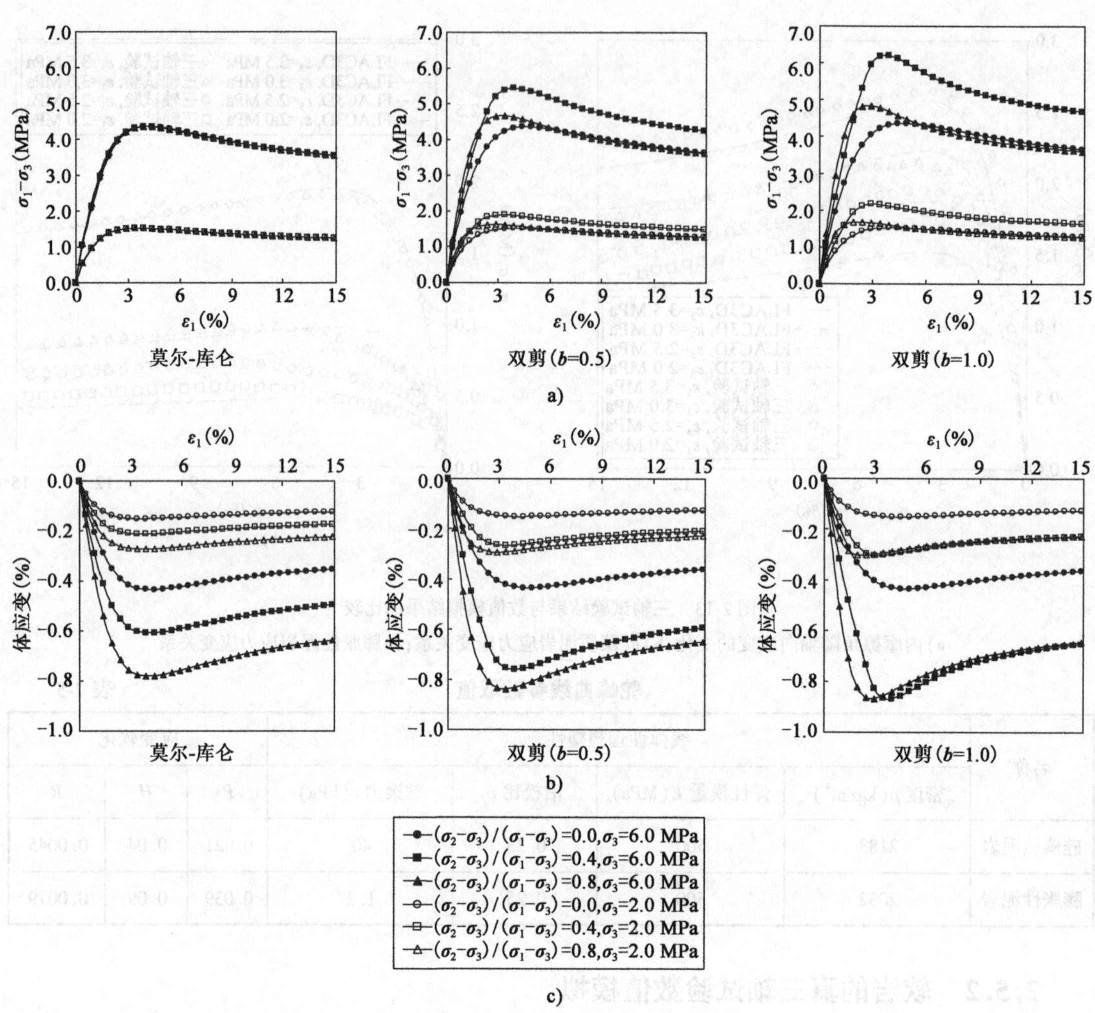

图 2-14　不同中间主应力比$(\sigma_2-\sigma_3)/(\sigma_1-\sigma_3)$加载情况下的软岩的应力应变及体应变曲线

a)应力$(\sigma_1-\sigma_3)$和轴向应变ε_1曲线;b)体应变ε_v和轴向应变ε_1曲线;c)图例

从图 2-14 可以看出,中间主应力比$(\sigma_2-\sigma_3)/(\sigma_1-\sigma_3)$对软岩的应力应变关系无影响,说明莫尔-库仑强度准则不能考虑中间主应力的影响。由图 2-15 可以看出,在中间主应力的作用下,软岩峰值强度和残余强度随中间主应力比$(\sigma_2-\sigma_3)/(\sigma_1-\sigma_3)$的增大呈先增大再减小的趋势,而莫尔-库仑强度准则计算出的软岩强度不随中间主应力比$(\sigma_2-\sigma_3)/(\sigma_1-\sigma_3)$的变化而发生改变。此外,在中间主应力的影响下,当中间主应力比$(\sigma_2-\sigma_3)/(\sigma_1-\sigma_3)=1.0$时,软岩峰值强度及残余强度要低于莫尔-库仑强度准则的计算结果。为衡量复杂应力状态下软岩强度的中间主应力效应,定义ξ_p和ξ_r两个参数。

$$\xi_p=\frac{q_p(\text{双剪},b\geqslant 0)}{q_p(\text{莫尔-库仑})},\xi_r=\frac{q_r(\text{双剪},b\geqslant 0)}{q_r(\text{莫尔-库仑})} \tag{2-14}$$

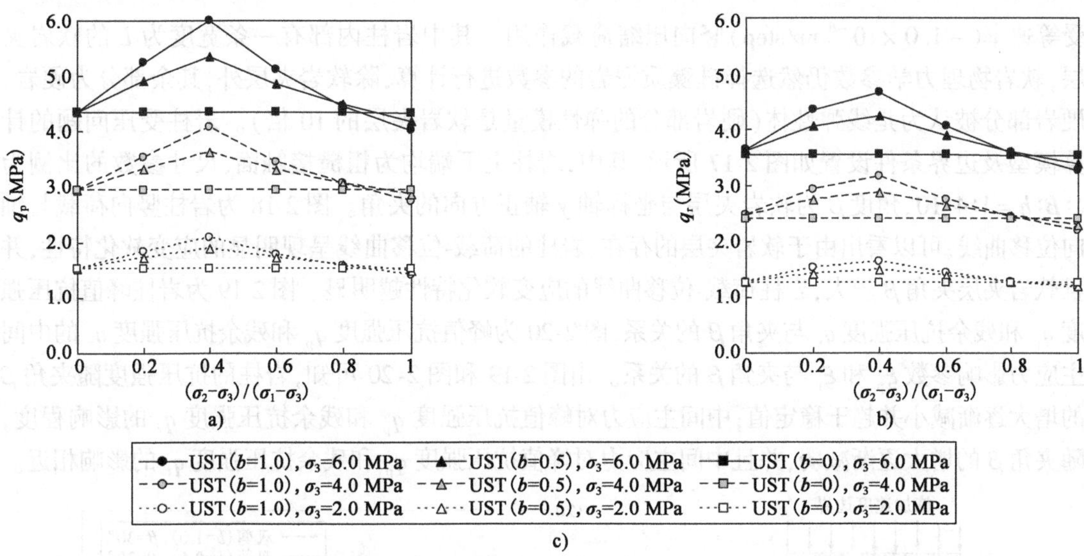

图 2-15 软岩峰值强度及残余强度与中间主应力比$(\sigma_2-\sigma_3)/(\sigma_1-\sigma_3)$的关系

a)峰值强度 q_p;b)残余强度 q_r;c)图例

式中,ξ_p 为中间主应力对软岩峰值强度 q_p 的影响参数,ξ_r 为中间主应力对软岩峰值强度 q_r 的影响参数,分别为按照双剪理论 $b\geqslant0$ 计算出的峰值强度或残余强度与按照莫尔-库仑强度准则计算结果的比值。图 2-16 为中间主应力影响参数 ξ_p 和 ξ_r 与中间主应力比$(\sigma_2-\sigma_3)/(\sigma_1-\sigma_3)$的关系。分析可知,中间主应力对软岩峰值强度的影响要略大于对残余强度的影响,并且中间主应力对软岩峰值和残余强度的影响随中间主应力比$(\sigma_2-\sigma_3)/(\sigma_1-\sigma_3)$的增大呈先增大再减弱的趋势,同时随双剪理论参数 b 值的增大而增强。

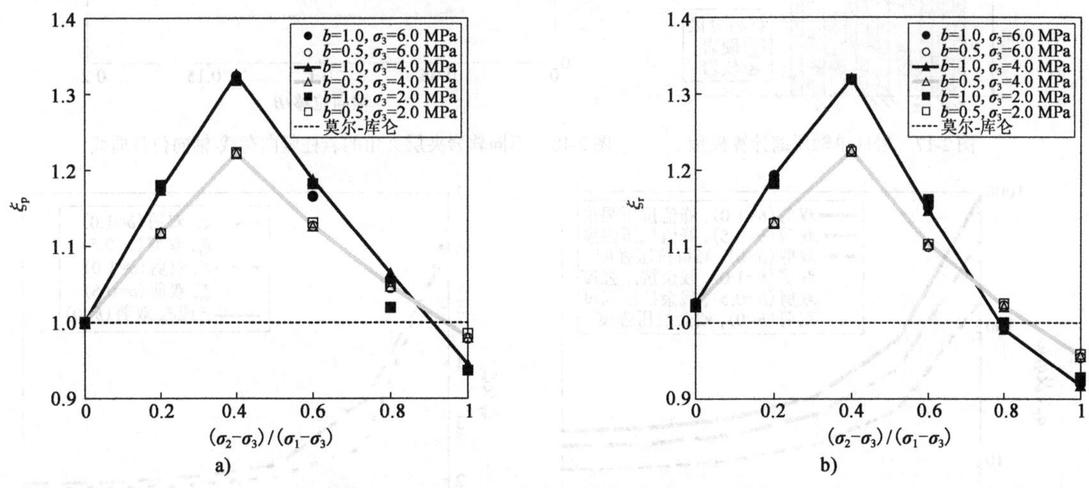

图 2-16 中间主应力影响参数 ξ_p 和 ξ_r 与中间主应力比$(\sigma_2-\sigma_3)/(\sigma_1-\sigma_3)$的关系

a)峰值强度 q_p;b)残余强度 q_r

软岩一般以夹层的形式存在于硬质岩中,并且软岩夹层对岩体的力学特性有着重要影响。在地下洞室及岩质边坡等工程中,软岩夹层的位置及形状对确保工程的稳定性起着关键作用。本节选择无侧限并且平面应变情况下的岩石柱体的单轴压缩问题进行计算分析,岩石柱体顶部受等速率(-1.0×10^{-6} m/step)竖向压缩荷载作用。其中岩柱内部有一条宽度为 L 的软岩夹层,软岩物理力学参数仍然选择硅藻质泥岩的参数进行计算,除软岩夹层外,其余部分为硬岩,硬岩部分被认为是线弹性体(硬岩部分的弹性模量是软岩夹层的 10 倍)。岩柱受压问题的计算模型及边界条件设置如图 2-17 所示,其中,岩柱上下端均为粗糙接触面,尺寸参数的比例为 $L:B:h=1:4:10$,角度 β 为软岩夹层与坐标轴 y 轴正方向的夹角。图 2-18 为岩柱竖向荷载与轴向位移曲线,可以看出由于软岩夹层的存在,岩柱的荷载-位移曲线呈现明显的应变软化特性,并且软岩夹层夹角 β 越大,岩柱荷载-位移曲线的应变软化特性越明显。图 2-19 为岩柱峰值抗压强度 q_p 和残余抗压强度 q_r 与夹角 β 的关系,图 2-20 为峰值抗压强度 q_p 和残余抗压强度 q_r 的中间主应力影响参数 ξ_p 和 ξ_r 与夹角 β 的关系。由图 2-19 和图 2-20 可知,岩柱的抗压强度随夹角 β 的增大逐渐减小并趋于稳定值;中间主应力对峰值抗压强度 q_p 和残余抗压强度 q_r 的影响程度,随夹角 β 的增大逐渐减弱,并且中间主应力对峰值抗压强度 q_p 和残余抗压强度 q_r 的影响相近。

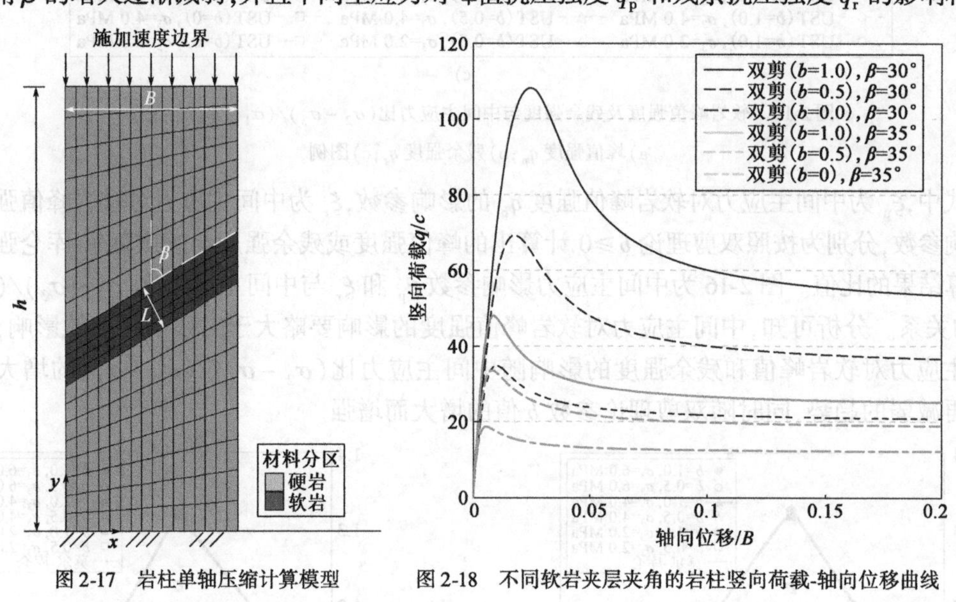

图 2-17　岩柱单轴压缩计算模型　　图 2-18　不同软岩夹层夹角的岩柱竖向荷载-轴向位移曲线

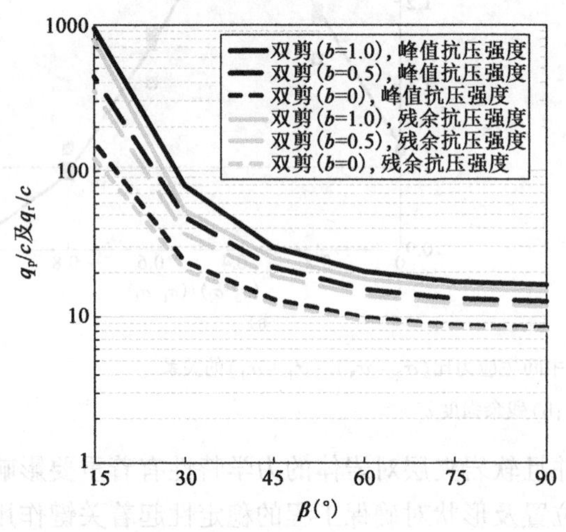

图 2-19　峰值抗压强度 q_p 和残余抗压强度 q_r 与夹角 β 的关系

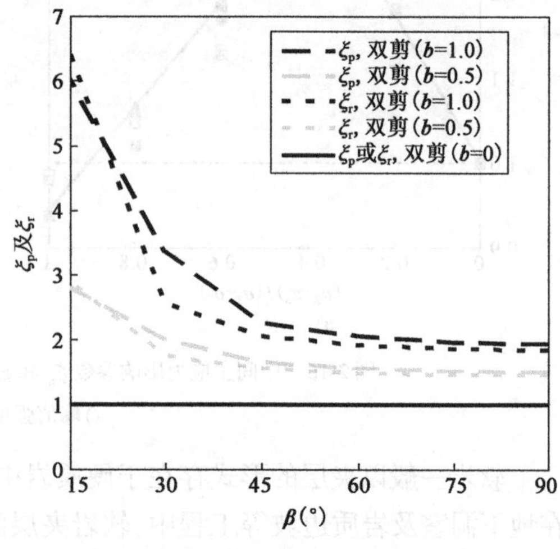

图 2-20　参数 ξ_p 和 ξ_r 与夹角 β 的关系

2.5.3 软岩地基承载力问题

目前多使用理想弹塑性材料假定来分析地基承载力问题,鲜少考虑材料应变软化特性对地基承载力的影响。本节基于软岩材料应变软化特性,使用双剪弹塑性模型及有限差分方法对地基承载力进行计算,分析中间主应力效应及材料应变软化特性对地基承载力因子 N_c 和 N_γ 的影响。地基由硅藻质泥岩构成,力学参数见硅藻质泥岩三轴试验数值模拟部分内容。基础宽度 B 为10m,基础与地基接触面设定为粗糙接触,即约束地基表面加载节点的水平方向位移。软岩地基承载力计算模型及网格划分如图2-21所示。

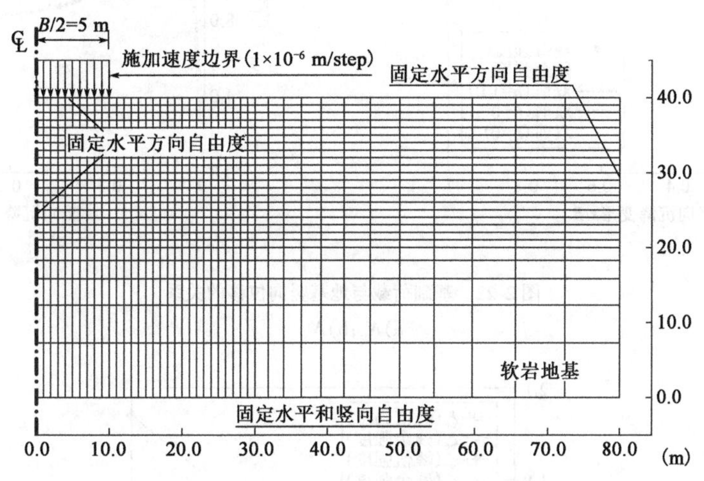

图2-21 软岩地基承载力计算模型及网格划分

图2-22为地基承载力因子 N_c 和 N_γ 的基础荷载与地基竖向位移的关系。由基础荷载与地基竖向位移曲线可以看出,地基承载力因子 N_c 和 N_γ 均有明显的应变软化特性,即具有峰值强度和残余强度,并且地基承载力因子 N_γ 的应变软化特性要比地基承载力因子 N_c 更加显著。图2-23为中间主应力对软岩地基承载力因子 N_c 和 N_γ 的影响参数 ξ_c 和 ξ_γ 与双剪理论参数 b 的关系。由图2-23可知中间主应力效应对 N_γ 和 N_c 峰值强度具有相似的影响,而对 N_γ 残余强度的影响要大于 N_c。图2-24为条形粗糙基础下软岩地基达到峰值和残余承载力时的最大剪应变率云图,通过地基剪应变率云图可知,地基的剪切破坏区域随双剪理论参数 b 值的增加而逐渐扩大,说明中间主应力效应使得地基中更多的软岩材料为地基承载力做出贡献。此外,达到峰值承载力时的软岩地基破坏区域要大于残余承载力情况,地基承载力因子 N_c 计算出的软岩地基破坏区域要大于 N_γ 的计算结果。

使用双剪弹塑性本构模型及EFDM计算了条形及圆形基础地基承载力因子 N_c、N_q 和 N_γ,计算结果表明,在忽略中间主应力影响情况下,莫尔-库仑强度准则的地基承载力解析解与数值解相吻合;在考虑中间主应力影响情况下,基于双剪理论的光滑基础地基承载力数值解与解析解存在一定差异。同时发现,中间主应力对地基承载力的影响与地基土体内摩擦角相关,而非解析解假定的常数倍关系。忽略中间主应力的条形基础极限承载力的计算将大大低估地基的强度,如条形基础根据相关联流动法则,按双剪理论 $b=1.0$ 计算出的承载力因子 N_c 和 N_q 是按照莫尔-

库仑强度准则计算结果的4倍,而承载力因子 N_γ 则有近8倍的差异。此外,双剪理论可以给出外凸极限面下限(莫尔-库仑强度准则)和上限(双剪理论 $b=1.0$)之间的所有解答,这些解答能够反映不同地基材料的强度特性,为基础工程的设计和施工提供更多的理论参考。

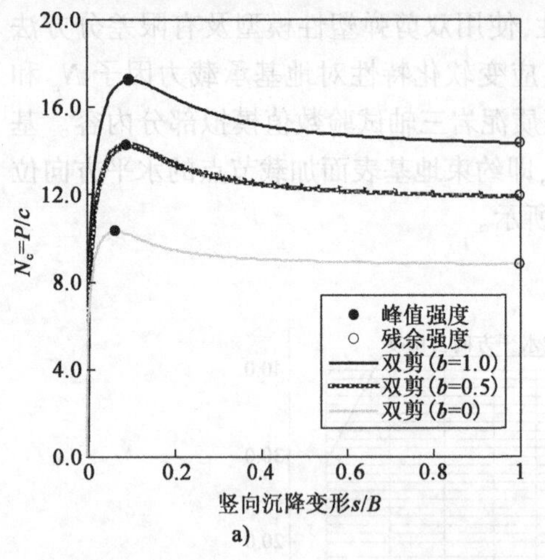

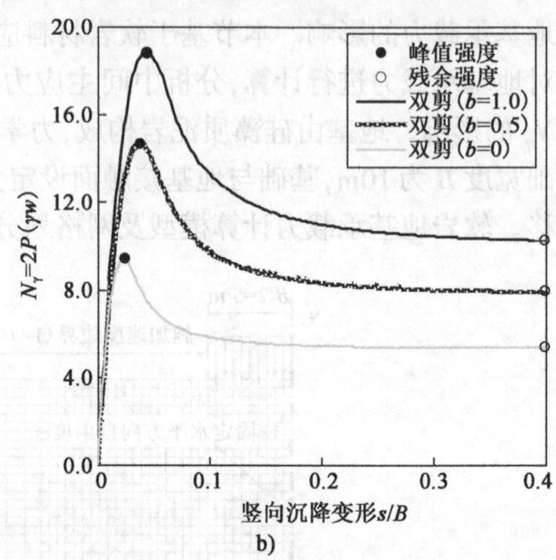

图2-22　基础荷载与地基竖向位移的关系

a) N_c;b) N_γ

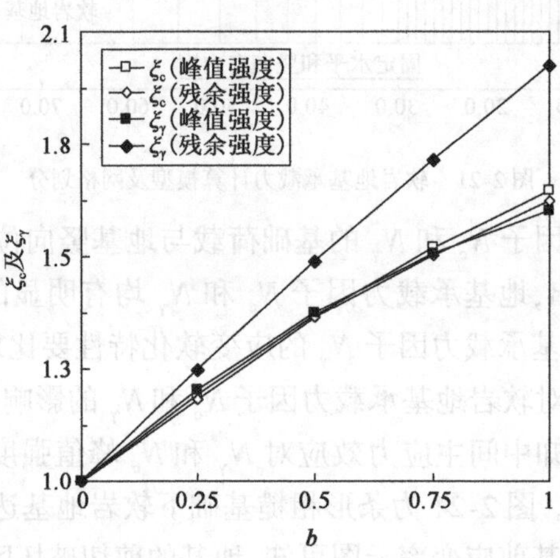

图2-23　地基承载力的中间主应力效应 ξ_c 和 ξ_γ 影响参数与双剪理论参数 b 值的关系

本章使用应变硬化/软化的双剪弹塑性模型模拟了软岩的不排水常规三轴试验及排水真三轴试验,并与膨胀性泥岩及硅藻质泥岩的不排水常规三轴试验实测结果进行了对比。硅藻质泥岩的真三轴试验数值模拟结果说明,中间主应力对软岩峰值强度的影响要略大于对残余强度的影响,并且中间主应力对软岩峰值强度和残余强度的影响,随中间主应力比$(\sigma_2-\sigma_3)/(\sigma_1-\sigma_3)$的增大呈先增强再减弱的趋势。

对软岩夹层的岩柱受压及软岩地基承载力实例进行了计算分析,软岩夹层的岩柱受压计算结果说明,岩柱的抗压强度随夹角 β 的增大逐渐减小并趋于稳定值,中间主应力对峰值抗压强度 q_p 和残余抗压强度 q_r 的影响程度随夹角 β 的增大逐渐减弱;软岩地基承载力计算结果说明，地基承载力均有明显的应变软化特性，即具有峰值强度和残余强度，并且地基承载力因子N_γ的应变软化特性要比地基承载力因子N_c更加显著，中间主应力效应对N_γ和N_c峰值强度具有相似的影响，而中间主应力效应对N_γ残余强度的影响要大于N_c。

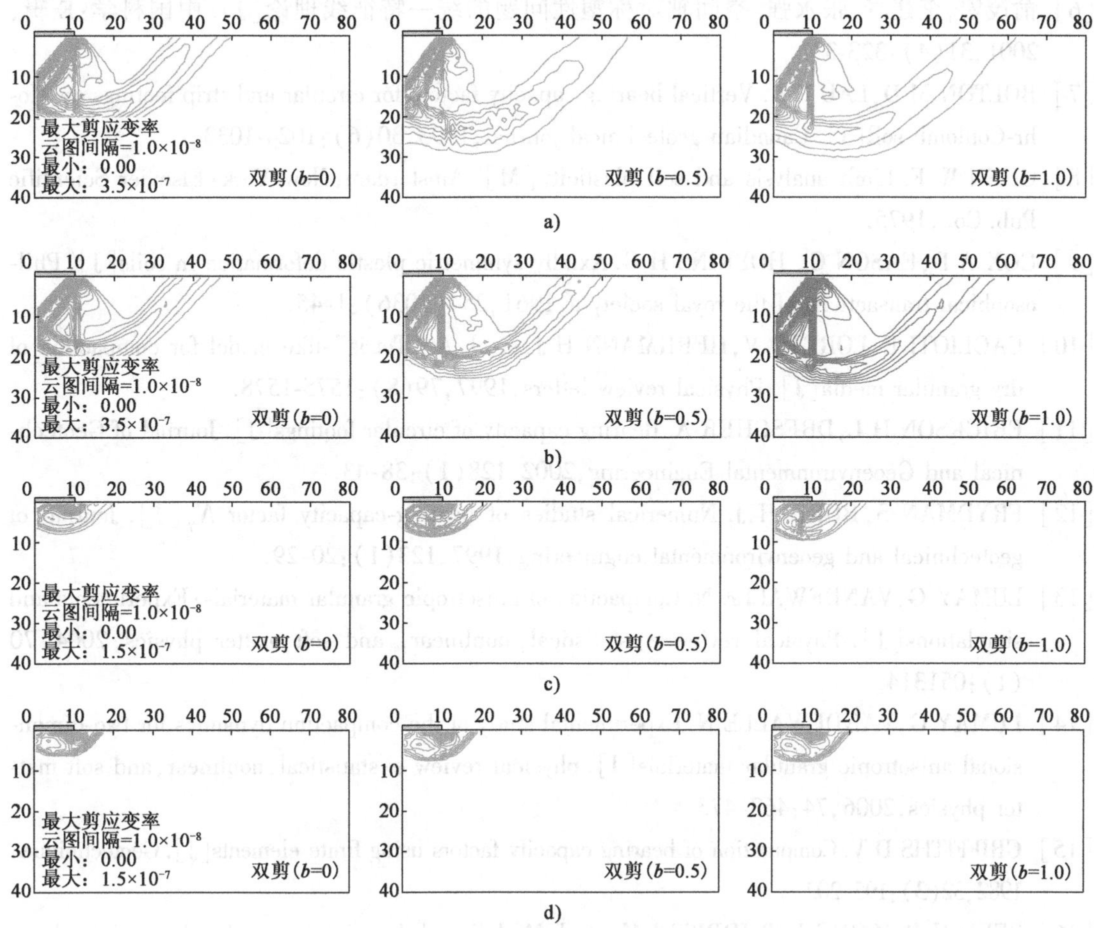

图2-24 地基剪应变率云图

a) N_c峰值；b) N_c残余；c) N_γ峰值；d) N_γ残余

本章参考文献

[1] ZIENKIEWICZ O C, PANDE G N. Some useful forms of isotropic yield surfaces for soil and rock mechanics[M] // CUDEHVS G, Finite Elements in Geomechanics, New York: John Wiley & Sons, Inc., 1977: 179-190.

[2] MA Z Y, LIAO H J, DANG F N. Unified elastoplastic finite difference and its application[J]. Applied mathematics and mechanics, 2013, 34(4): 457-474.

[3] MA Z Y, LIAO H J, DANG F N. Effect of intermediate principal stress on flat-ended punch problems[J]. Archive of applied mechanics, 2014, 84(2): 277-289.

[4] MA Z Y, LIAO H J, DANG F N. Influence of intermediate principal stress on the bearing capacity

of strip and circular footings[J]. Journal of engineering mechanics,2014,140(7):04014041.

[5] 马宗源,党发宁,廖红建. 考虑中间主应力影响的条形基础承载力数值解[J]. 岩土工程学报,2013,35(S2):253-258.

[6] 俞茂宏,李建春,张永强. 空间轴对称塑性问题的统一特征线理论[J]. 中国科学:E 辑,2001,31(4):323-331.

[7] BOLTON M D,LAU C K. Vertical bearing capacity factors for circular and strip footings on Mohr-Coulomb soil[J]. Canadian geotechnical journal,1993,30(6):1024-1033.

[8] CHEN W F. Limit analysis and soil plasticity[M]. Amsterdam,New York:Elsevier Scientific Pub. Co. ,1975.

[9] COX A D,EASON G, HOPKINS H G. Axially symmetric plastic deformation in soils[J]. Philosophical transactions of the royal society a,1961,254(1036):1-45.

[10] CAGLIOTI E,LORETO V,HERRMANN H J,et al. A "Tetris"-like model for compaction of dry granular media[J]. Physical review letters,1997,79(8):1575-1578.

[11] ERICKSON H L,DRESCHER A. Bearing capacity of circular footings[J]. Journal of Geotechnical and Geoenvironmental Engineering,2002,128(1):38-43.

[12] FRYDMAN S, BURD H J. Numerical studies of bearing-capacity factor N_γ[J]. Journal of geotechnical and geoenvironmental engineering,1997,123(1):20-29.

[13] LUMAY G,VANDEWALLE N. Compaction of anisotropic granular materials:Experiments and simulations[J]. Physical review e:statistical, nonlinear, and soft matter physics,2004,70(1):051314.

[14] LUMAY G,VANDEWALLE N. Experimental study of the compaction dynamics for two-dimensional anisotropic granular materials[J]. physical review e:statistical,nonlinear,and soft matter physics,2006,74:463-473.

[15] GRIFFITHS D V. Computation of bearing capacity factors using finite elements[J]. Géotechnique,1982,32(3):195-202.

[16] SEED H B,WONG R T,IDRISS I M,et al. Moduli and damping factors for dynamic analyses of cohesionless soils[J]. Journal of geotechnical engineering,1986,112(11):1016-1032.

[17] THILAKASIRI H S,GUNARATNE M,MULLINS G,et al. Investigation of impact stresses induced in laboratory dynamic compaction of soft soils[J]. International journal for numerical and analytical methods in geomechanics,1996,20(10):753-767.

[18] HANSEN J B. A revised and extended formula for bearing capacity[J]. Bulletin of the danish geotechnical institute,1970(28):5-11.

[19] HJIAJ M,LYAMIN A V,SLOAN S W. Numerical limit analysis solutions for the bearing capacity factor N_γ[J]. International journal of solids and structures,2005,42(5/6):1681-1704.

[20] MA Z Y,DANG F N,LIAO H J. Effect of intermediate principal stress on the bearing capacity of footings in soft rock[J]. Coatings,2021,11(9):1019.

[21] YIN J H,WANG Y J,SELVADVRAIP. Influence of nonassociativity on the bearing capacity of a strip footing [J]. Journal of geotechnical and geoenviron mental Engineering,2001,127(11):985.

3 显式有限差分方法在地震反应分析中的应用

在动荷载作用下土体的应力应变关系表现出强烈的非线性,具体体现为土体的模量随动应变幅值的增加而衰减,同时具有一定的滞回特性。土层地震动反应分析主要有解析方法、等效线性方法及非线性方法三种,其中等效线性方法和非线性方法多与数值计算方法相结合进行计算分析。由于计算原理简明且计算工作量小,等效线性方法成为现阶段土层地震动反应分析中较为成熟且广泛应用的方法。该方法将动力过程中土体的非线性行为线性化,用等效的剪切模量或阻尼比代替土体不同动应变幅值下呈非线性规律变化的剪切模量和阻尼比。然而,这种对动力非线性问题的线性处理方式无法准确反映土体滞回圈形状的应力应变关系。此外,等效线性方法没能考虑高频、小幅震动成分的影响,当土层应变较大或地震动较大时,计算出的地面反应比实测结果偏大。非线性方法是一种基于土体的动力学非线性本构模型的土层地震反应分析方法。相对于等效线性方法,非线性方法的计算原理更为复杂,尚未得到广泛应用。非线性方法能够反映土体非线性的动应力应变关系,并且可以考虑土体的残余应变进行弹塑性分析。此外,该方法还可以考虑大变形、固结及三维等因素的影响。非线性方法的计算精度主要与土体的动力本构模型的选取及数值计算方案有关。下面分别使用等效线性方法和非线性方法对不同土性的均质土层地震反应进行计算分析,地震荷载分别加载人工设计的正弦加速度时程及天然地震加速度时程,并对比计算结果分析等效线性方法和非线性方法的差别。

3.1 场地的地震反应分析

对于等效线性方法,采用 SHAKE-91 软件进行计算分析。SHAKE-91 是一款基于等效线性方法的一维土层地震反应计算软件,使用快速傅里叶变换方法(Fast Fourier Transform)将动力荷载展开为若干谐振分量项,基于波动方程的连续频域积分对问题进行求解。该方案求解的是一组线性方程组,根据给定的模量及阻尼比与动应变幅值关系,使用迭代方法确定等效的剪切模量和阻尼比。该计算方案主要包括土体动力非线性的等效线性处理和线性波动方程的求解两部分内容。非线性方法采用计算软件 FLAC 进行计算分析。FLAC 是一款使用 C++语言开发的基于 EFDM 的计算程序。选取哈丁-德内维奇(Hardin-Drnevich)模型预测土的动模量和阻尼比随动应变的衰减关系。大量土的动三轴试验数据说明哈丁-德内维奇模型更适合预测饱和黄土的动应力应变关系。根据哈丁-德内维奇模型,土的动剪切模量和阻尼比可写为动剪应变的函数,即

$$\frac{G}{G_{\max}}=\frac{1}{1+\dfrac{\gamma}{\gamma_{\mathrm{ref}}}} \tag{3-1}$$

$$\frac{D}{D_{\max}}=\frac{\dfrac{\gamma}{\gamma_{\mathrm{ref}}}}{1+\dfrac{\gamma}{\gamma_{\mathrm{ref}}}} \tag{3-2}$$

式中，$G_{\max}$为土体的初始剪切模量；$D_{\max}$为动剪切模量 G 接近零时的最大阻尼比；γ 为土体的动剪应变幅值；γ_{ref}为参考剪应变（等于极限动剪应力$\tau_{\max}$与初始剪切模量 $G_{\max}$ 的比值，即 $G/G_{\max}=0.5$ 时动剪切模量对应的动剪应变幅值 γ）。一般而言，γ_{ref}越大，土体的阻尼就越大。计算分析的直角坐标设置为土层水平向为 X 轴，竖向为 Y 轴。等效线性及非线性方法计算所用假定为：土层为水平向均质各向同性材料；忽略土体的塑性行为，即假定土体服从线弹性的应力应变关系；动力荷载只输入水平分量的加速度波，即只考虑剪切波的影响。考虑频率和峰值加速度的影响，在水平方向上加载正弦波加速度时程，震动持续时间为 20 s，分别采用等效线性方法及非线性方法计算不同土质地层的地震反应。土层为均质且各向同性，地层厚度为 50 m，土层密度取值为 1800 kg/m^3。土体的初始剪切模量 $G_{\max}$ 取值为 50 MPa，动力加载过程中剪切模量的变化分别按照软土、砂土以及黄土的动剪切模量与动剪应变幅值衰减曲线进行计算。其中，砂土的剪切模量或阻尼比与剪应变幅值衰减关系数据取自文献[15]，软土和黄土的剪切模量或阻尼比与剪应变幅值衰减关系数据分别采用天津杨柳青和陕北彬长热电厂地震安全性评价报告动三轴试验数据。土的动剪切模量和阻尼比由动三轴试验测定，试验在 W3Z-20 电液伺服动三轴试验机上进行。圆柱体试验土样直径为 39.1 mm，高为 80.0 mm，使用抽气饱和法进行饱和。图 3-1 为动三轴试验得到的消除残余应变后的陕北黄土动剪应力-动剪应变关系曲线。由动三轴试验得到的土动剪应力-动剪应变关系曲线可以进一步得到土的骨干加载曲线，进而确定土的动剪切模量。天津软土、砂土以及陕北黄土的动剪切模量与动剪应变幅值衰减曲线如图 3-2 所示。非线性方法模型动剪切模量 G 分别由图 3-2 中三种土的动三轴试验确定的剪切模量数据拟合确定，天津软土、砂土及陕北黄土的哈丁-德内维奇模型参数 γ_{ref}拟合结果分别为 0.2、0.06 和 0.021。

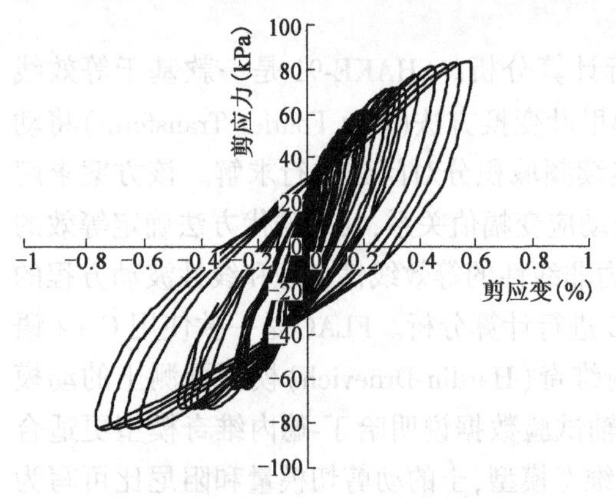

图 3-1　黄土的动剪应力-动剪应变关系曲线

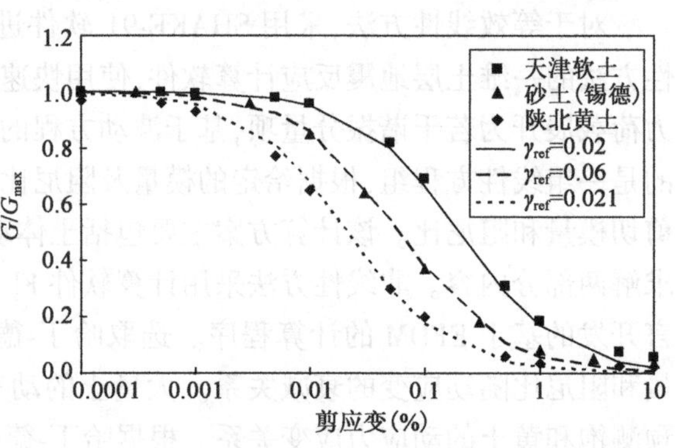

图 3-2　土的动剪切模量与动剪应变幅值衰减曲线

计算中加载的水平向正弦加速度波为：

$$\ddot{u}(t)=\sqrt{0.375e^{-2.2t}t^{8.0}}\sin(2\pi\omega t) \tag{3-3}$$

式中，ω 为正弦波频率；t 为波动时间。正弦波峰值加速度为 $0.2g$（g 为重力加速度，取值为 $9.81\ m/s^2$）。非线性方法计算分析中，将土层在竖向上划分为16个正四边形有限差分单元，在底部单元的节点上加载加速度时程。由于SHAKE-91为一维地震反应分析（假定剪切波只沿地层竖向传播），故在FLAC中约束所有单元竖向位移以模拟一维情况，计算中记录顶部和底部单元应力应变数据及节点水平分量加速度时程。将以上正弦波按照不同峰值加速度等比例缩放后作为动荷载进行计算分析。图3-3为峰值加速度 $0.2g$ 情况下不同频率的正弦波加速度时程及两种方法计算出的地表水平向加速度。可以看出，对于天津软土地层，两种方法计算结果相似；非线性方法计算出的砂土和黄土地层地表加速度峰值要滞后于等效线性方法计算结果，说明土体的阻尼越大，动力滞后效应越明显。图3-4为加载峰值加速度 $0.2g$、频率3 Hz的正弦波由两种方法计算出的土体动应力应变曲线。可以看出，非线性方法可以反映土体在震动过程中的滞回运动，应力应变曲线呈现滞回圈形状发展；而等效线性方法计算出的土体应力应变曲线则为线性变化，不能够反映土体的动力滞回特性。图3-5为采用双对数坐标显示的两种方法在不同频率及峰值加速度情况下计算出的地表峰值加速度。可以看出，等效线性方法计算出的地表峰值反应加速度随着正弦波峰值加速度的增大明显大于非线性方法的计算结果。土体阻尼越大，两种方法计算结果的差异越大，震动频率较低（1 Hz）或较高（7 Hz）时，两种方法的地表峰值反应差别较大。

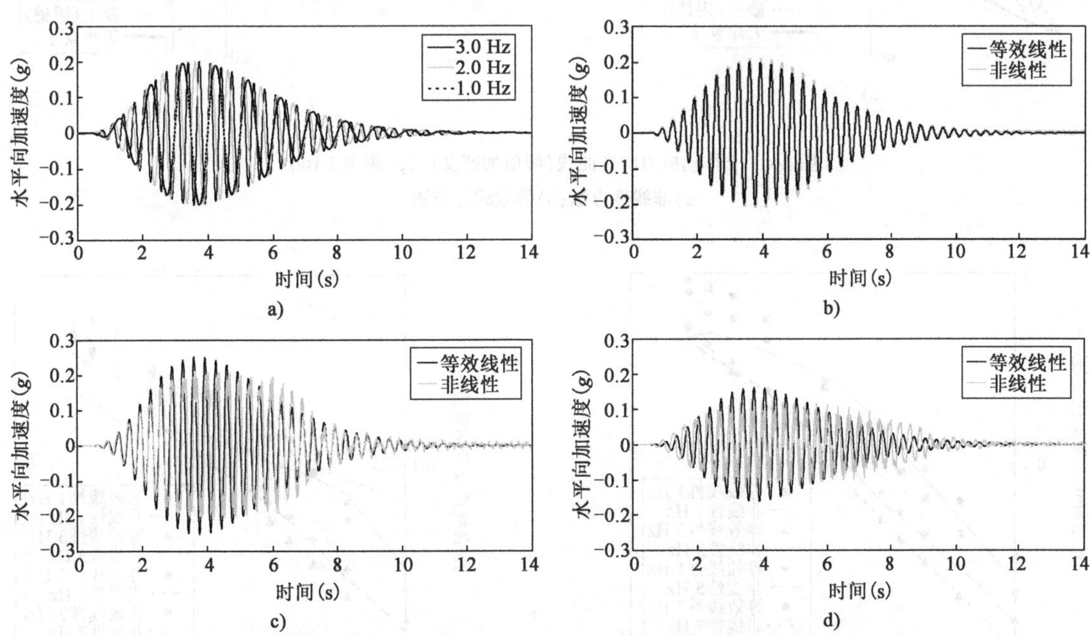

图3-3　不同加载频率下峰值加速度 $0.2g$ 正弦波时程得到的地表水平向加速度

a）不同加载频率的正弦波（峰值加速度 $0.2g$）；b）天津软土；c）砂土；d）陕北黄土

此工况下，土层厚度及计算所用参数与前部分计算工况相同。为进一步对比等效线性方法和非线性方法在实际地震荷载作用下的计算结果，选择1940年5月18日美国加利福尼亚

El Centro 地震加速度时程(南北分量),峰值加速度为 0.3417g,震动持续时间为 30 s,加速度时程如图 3-6a)所示。计算中将 El Centro 地震加速度时程等比例缩放进行不同峰值加速度的分析。图 3-6b)、c)和 d)分别为加载峰值加速度 0.1g 的地震波采用等效线性和非线性两种方法计算出的软土、砂土和黄土地表的水平向反应加速度时程。由软土、砂土和黄土地层反应加速度时程可知,非线性方法计算出的地震反应加速度滞后于等效线性方法计算结果。伪加速度是指地震中地表结构物的反应加速度与重力加速度之比的峰值,常使用这个量来度量地震时地面运动的程度,其对应的伪加速度反应谱常被用来描述地震动的强度和频率特征。按照 5%的阻尼比计算地层的伪加速度反应谱。图 3-7 为使用等效线性和非线性方法得出的软土、砂土和黄土地层的伪加速度反应谱,数据均使用双对数坐标显示。

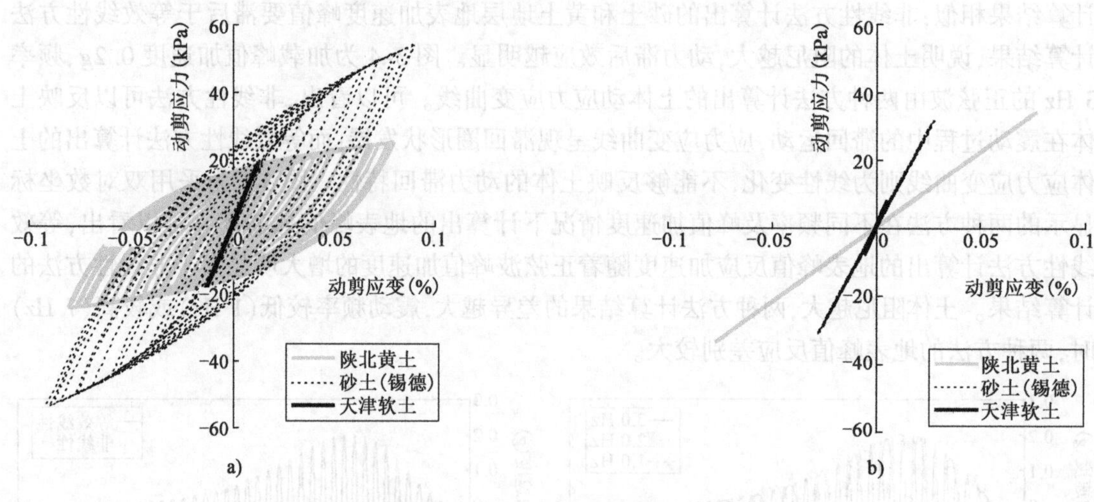

图 3-4　土体动应力应变曲线(峰值加速度 0.2g、频率 3 Hz)

a)非线性方法;b)等效线性方法

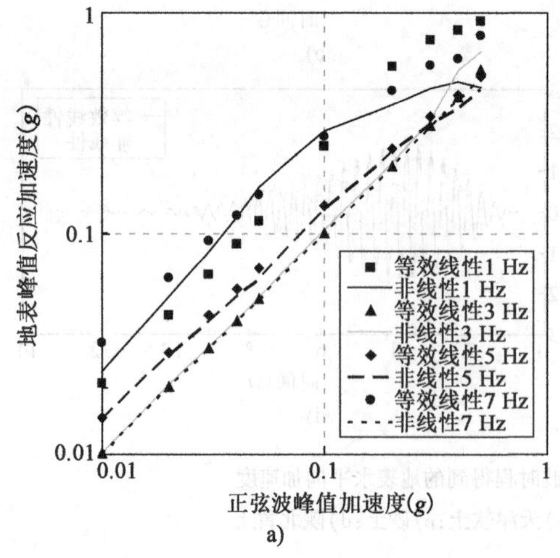

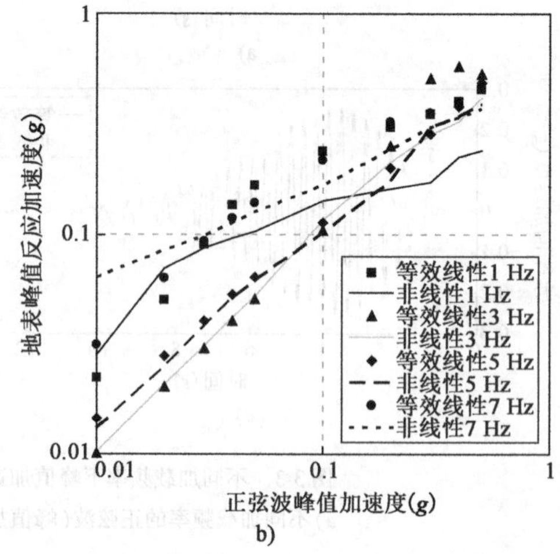

图　3-5

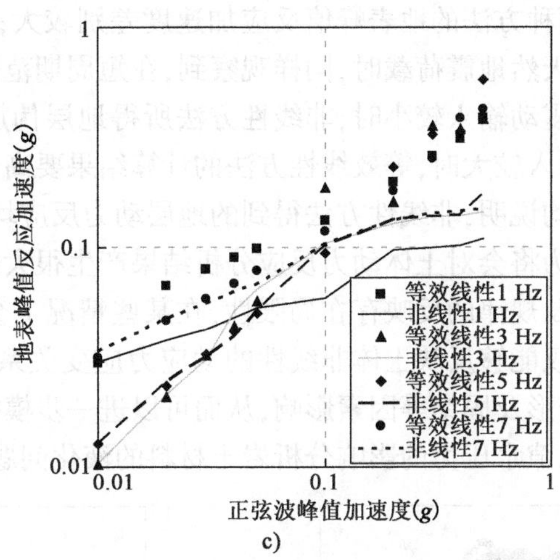

图 3-5　两种方法计算出的地表峰值反应加速度

a)天津软土;b)砂土;c)陕北黄土

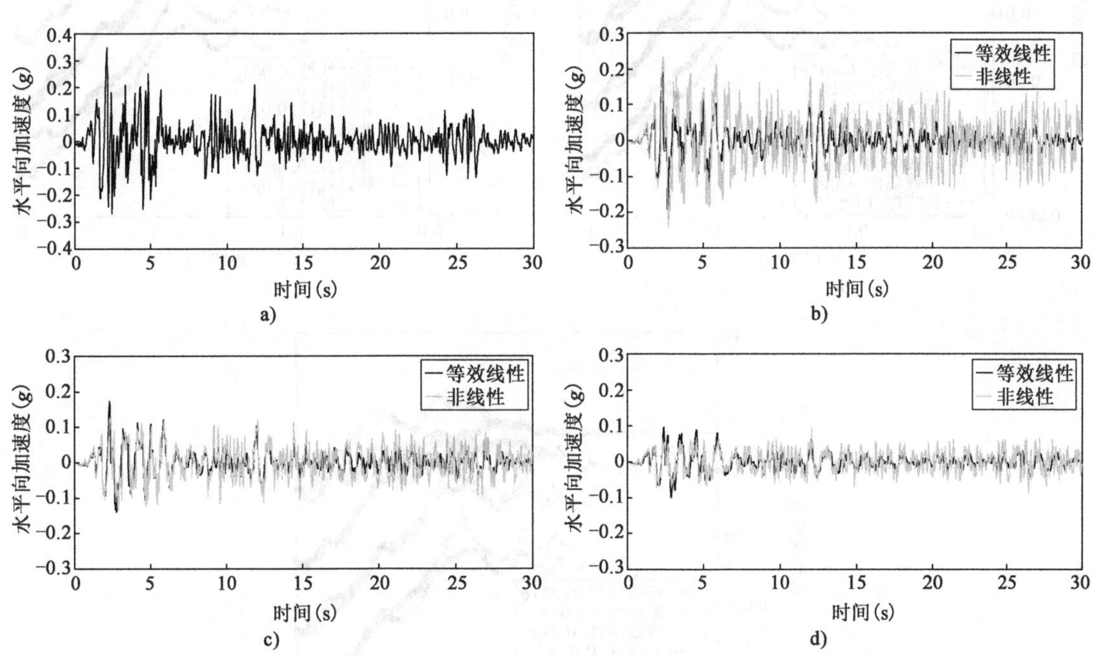

图 3-6　El Centro 地震加速度时程及地表水平向反应加速度(峰值加速度 0.1g)

a)El Centro 地震加速度时程;b)天津软土;c)砂土;d)陕北黄土

由图 3-7 中各种地层的伪加速度反应谱可以看出,在短周期范围(0.01～0.1 s)内,非线性方法未出现伪加速度反应。当地震动输入较小(峰值加速度低于 0.1g)时,非线性方法计算出的地层伪加速度反应谱要大于等效线性方法;当地震动输入较大(峰值加速度大于 0.1g)时,非线性方法计算结果低于等效线性方法。通过人工设定不同频率及峰值加速度正弦波计算分析,结果表明:峰值加速度越大,等效线性方法计算出的地层反应越强于非线性方法;正弦波的频率较低或较高时，两种方法的地表峰值反应加速度差别较大；土体的阻尼越大，两种方法的差异越大。而在输入天然地震荷载时，同样观察到，在短周期范围内非线性方法未出现土层的伪加速度反应。当地震动输入较小时，非线性方法所得地层伪加速度反应谱要高于等效线性方法结果；当地震动输入较大时，等效线性方法的计算结果要高于非线性方法。人工正弦及天然地震荷载计算结果均说明，非线性方法得到的地层动力反应均滞后于等效线性方法，这表明土体的动力非线性行为将会对土体动力反应分析结果产生很大的影响。等效线性方法对土层实际的地震反应过程及规律的反映存在局限性，在某些情况下会导致计算分析结果与实际不相符。非线性方法不仅能够反映土体非线性的动应力应变关系，还可以综合考虑土体动力过程中的塑性行为、大变形及固结等因素影响，从而可以进一步模拟边坡或地基等的动力失稳及破坏问题，以及考虑孔隙水压力的影响分析岩土材料的液化问题。

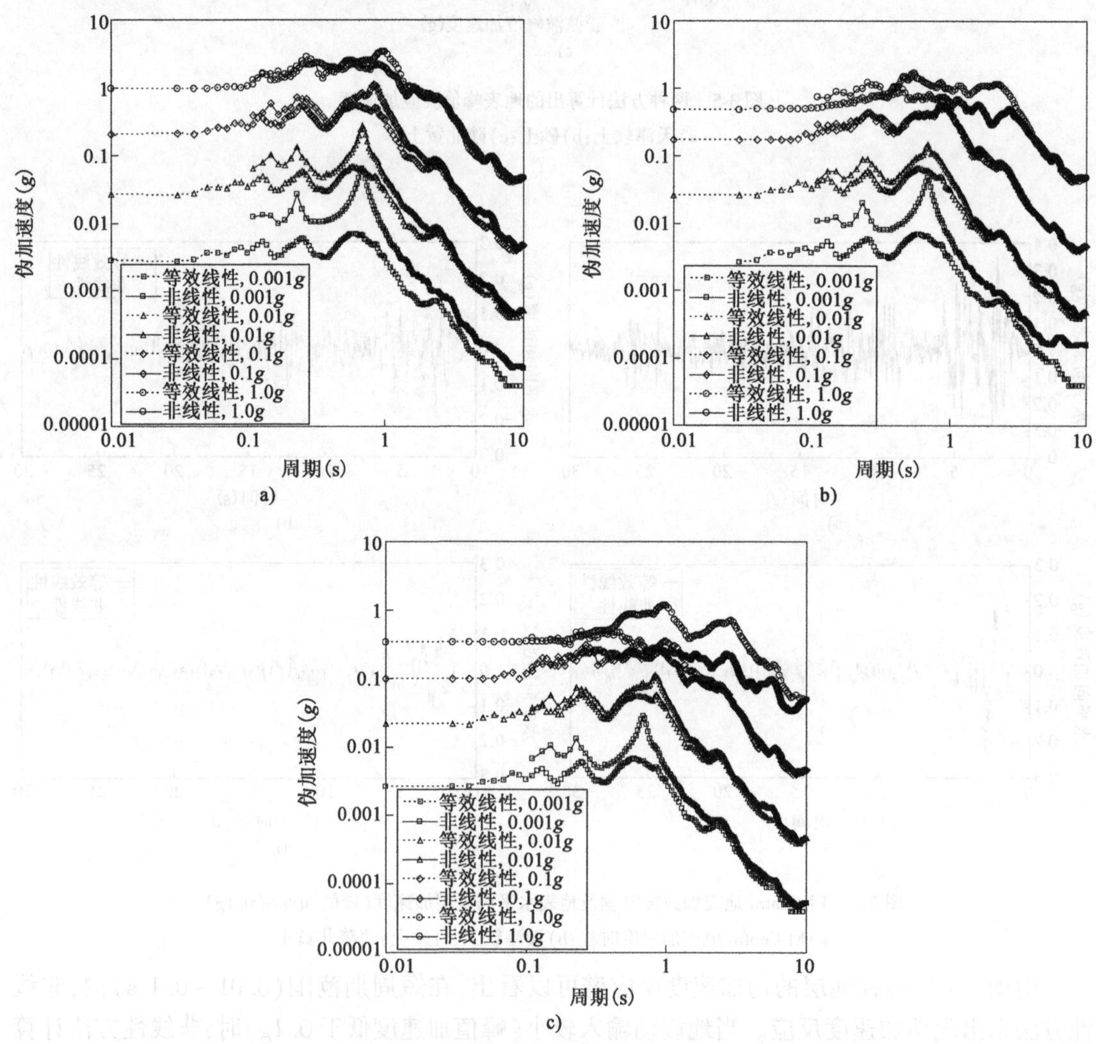

图 3-7　两种方法计算出的地层伪加速度反应谱

a)天津软土；b)砂土；c)陕北黄土

3.2 土坝地震反应分析

对土坝的地震反应进行分析时,使用岩土工程计算软件 Geo-Studio 的 QUAKE 分析模块开展等效线性方法部分的计算分析。QUAKE 是一款 IFEM 计算程序,采用 Wilson-θ 法时间积分方案求解动力方程。QUAKE 使用等效线性化模型分析土坝地震反应问题需进行迭代计算确定等效模量 G,依据计算的剪应变和指定的最大剪切模量 G_{max} 为每一个迭代步计算新的剪切模量 G,该迭代过程直到所需的剪切模量变化值在一定的容许范围为止。其中,整个迭代过程中单元,剪切模量 G 随单元最大剪切模量变化,但是单次计算过程中剪切模量 G 是一个常数。完全非线性方法的数值计算部分采用显式有限差分计算程序 FLAC 进行计算。区别于隐式方法,FLAC 不需要形成及求解整体刚度矩阵,而是通过时间增量将计算显式地推到下一个计算时步;对于材料非线性问题无须进行迭代计算,因而非常适合模拟岩土材料在静动力作用下非线性的力学行为。FLAC 显式计算方案通过假设节点质量及刚度确定时间增量步,如式(3-4)所示。

$$\Delta t = \frac{T}{\pi} = 2\sqrt{\frac{m}{k}} \tag{3-4}$$

为了保证数值计算的稳定性,即使系统是静态的,FLAC 仍采用动态运动方程求解,为有效分析物理不稳定过程问题扫除了数值方法上的障碍。对于二维动力问题的时间增量步确定如下:

$$\Delta t_{\rm d} = \frac{\min\{\Delta t\}}{2} = \frac{A_{\rm z}}{L_{\rm d}}\sqrt{\frac{\rho}{K + \frac{4G}{3}}} = \frac{A_{\rm z}}{L_{\rm d}\,C_{\rm p}} \tag{3-5}$$

式中,K 为单元刚度;A_z 为平面四边形单元的面积;L_d 为四边形单元对角线长度;C_p 为纵波的波速。对于土体的动力学本构模型,选取哈丁-德内维奇模型模拟土的模量衰减及动应力应变关系。有文献基于大量重塑饱和黄土的动三轴试验数据对比了多种土动力学本构模型,认为哈丁-德内维奇模型能够很好地预测黄土的动应力应变关系。哈丁-德内维奇模型的动剪切模量及动阻尼比与动剪应变幅值的关系可如式(3-1)和式(3-2)所示。分别利用有限元计算程序 QUAKE 的等效线性化模型和有限差分计算程序 FLAC 的完全非线性模型对均质土坝的地震反应进行计算分析。均质土坝计算模型尺寸及网格划分如图 3-8 所示,坝体为黏土,坝基为砂土,上、下游坝坡均为 1:2.75,坝顶宽度为 10 m,坝体高度为 63m,砂土地基长 1000 m,高 120 m,地基底部加载水平方向地震波,模型侧向约束水平方向位移,地震荷载选择 El Centro地震加速度南北分量时程(地震时间为 30 s,峰值加速度为 0.34g)。砂土及黏土的密度、泊松比及最大剪切模量均取值相同,分别为密度 2000 kg/m^3、泊松比 0.33 及最大剪切模量 5.0 MPa。锡德等人给出了砂土及黏土的典型动模量与动剪应变的试验数据,基于锡德等人给出的砂土及黏土动模量数据进行计算分析。图 3-9 为锡德等人给出的黏土及砂土的动模量试验数据与哈丁-德内维奇模型拟合曲线的结果。根据哈丁-德内维奇模型拟合锡德等人给出的砂土及黏土动模量试验数据,得到参考剪应变 γ_{ref} 分别为 0.06 和 0.2。

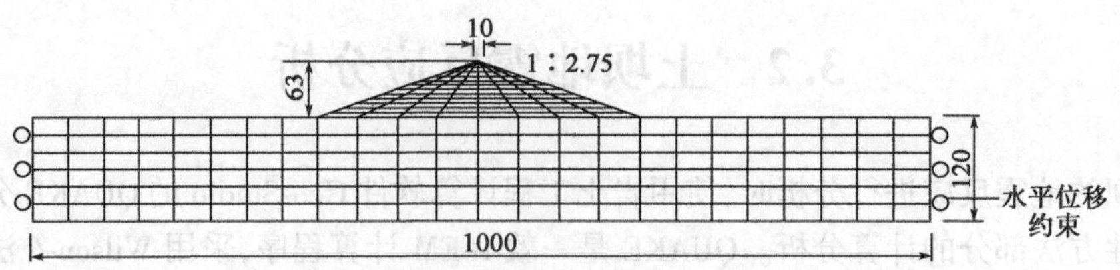

图 3-8　计算模型尺寸及网格划分示意图(单位:m)

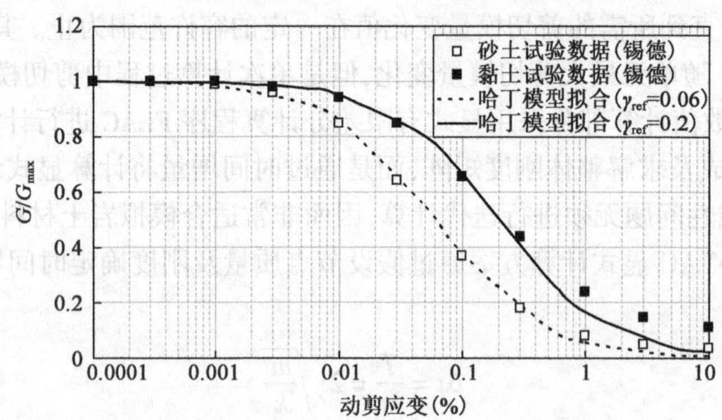

图 3-9　土坝及地基土体的剪切模量衰减曲线

为了对比有限元及有限差分两种方法计算结果的差异,分别使用 QUAKE 及 FLAC 中的瑞利(Rayleigh)阻尼模型对土坝地震反应进行计算分析,并记录坝顶中心节点的水平加速度分量。瑞利阻尼模型是弹性结构系统动力反应中广泛使用的一种线性阻尼模型。其数学表达式为

$$\boldsymbol{C}=\alpha\boldsymbol{M}+\beta\boldsymbol{K} \tag{3-6}$$

式中,$\boldsymbol{C}$ 为系统的阻尼矩阵;$\boldsymbol{M}$ 和 $\boldsymbol{K}$ 分别为系统的质量及刚度矩阵;α 为质量阻尼系数;β 为刚度阻尼系数。土坝地震反应计算分析中,两种方法的瑞利阻尼模型系数 α 和 β 分别取值 0.05 和 0.001。图 3-10 为计算分析所加载的地震加速度时程及坝顶水平加速度反应计算结果。其中图 3-10a)为 El Centro 地震加速度水平分量时程,图 3-10b)为采用瑞利阻尼模型计算出的坝顶水平加速度反应,可见两种计算程序基于瑞利阻尼模型计算得出的坝顶水平加速度反应时程非常接近,说明有限元及有限差分方法的地震反应计算结果是一致的。由于瑞利阻尼为线弹性阻尼,主要适用于梁杆等组合结构系统的动力反应,对于分析土石坝等岩土结构的非线性动力反应问题,其适用性存在一定局限。因此,使用完全非线性(FLAC 程序)及等效线性模型(QUAKE 程序)对大坝进行动力反应计算。图 3-10c)为完全非线性及等效线性方法计算出的坝顶水平加速度反应结果,由图可知,地震后半程完全非线性方法计算出的土坝地震动反应比等效线性方法要大,并且完全非线性方法计算出的地震峰值反应加速度也要大于等效线性方法计算结果。由于完全非线性方法考虑了土体动力滞回特性,采用非线性的动应力应变关系进行计算分析,所以计算结果要滞后于线弹性的等效线性方法;等效线性方法采用平均化的模量代替土体动模量衰减关系,使得地震反应峰值要低于完全非线性方法。

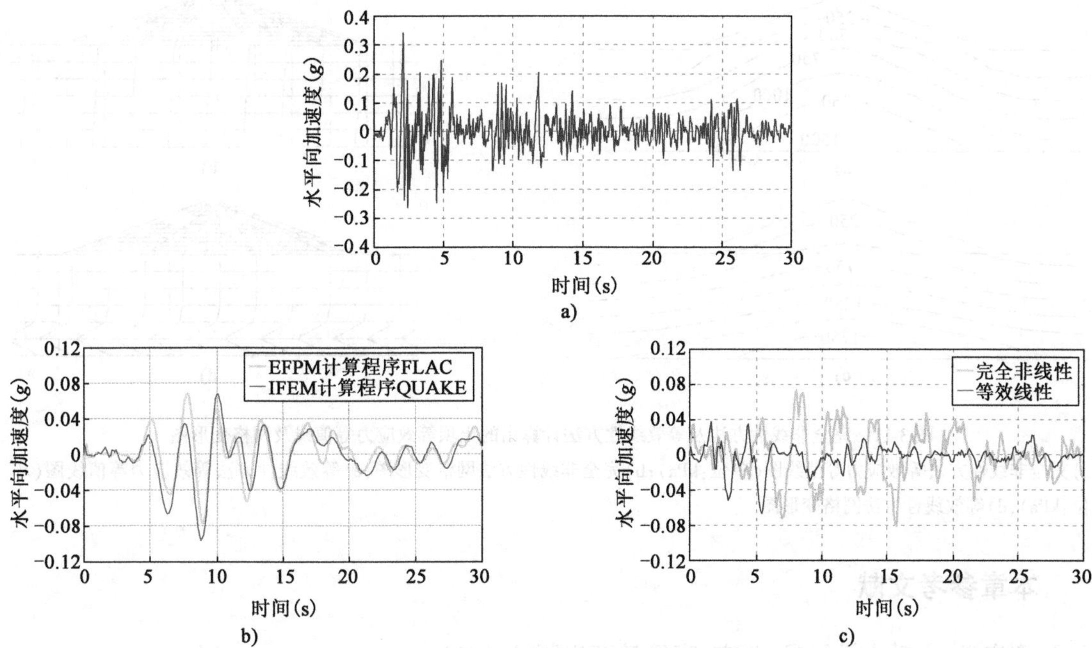

图 3-10 加载地震加速度时程及坝顶水平加速度反应计算结果

a) El Centro 地震加速度水平分量时程；b) EFDM 和 IFEM 计算程序的坝顶水平加速度反应；c) 完全非线性及等效线性方法的坝顶水平加速度反应

图 3-11 为持续 30 s 地震后，采用完全非线性方法及等效线性方法计算出的土坝等效应力等值线及网格变形图。其中，图 3-11a) 和图 3-11c) 为等效应力等值线图。由图可见，完全非线性方法(最大值为 1750 kPa)计算所得等效应力值较等效线性方法(最大值为 1500 kPa)稍小，但两种方法所得的坝基至坝顶的等效应力接近；图 3-11b) 和图 3-11d) 为两种计算程序下的网格变形图，等效线性方法的计算结果显示，坝基底部出现较大的水平位移，并且坝基出现了不均匀沉降；而 FLAC 按照完全非线性方法计算出的网格变形较为均匀(坝基底部到坝顶的水平位移量值逐渐递减)。

基于等效线性及完全非线性地震反应分析方法，使用有限元计算程序 QUAKE 及有限差分计算程序 FLAC，对土坝的地震反应问题进行了计算分析。计算结果说明等效线性方法计算出的土坝地震峰值反应低于完全非线性方法，而完全非线性方法计算出的坝顶地震反应滞后于等效线性方法的计算结果，明确了考虑及忽略土体动力非线性行为在土坝动力反应过程中产生的差异。等效线性方法使用等效模量简化了地震反应计算过程，其计算结果与完全非线性方法结果具有一定的差异，不能合理全面地反映土体地震反应过程及规律，可能导致一些重要工程的计算结果产生较大偏差。对于峰值加速度出现较早的地震，由于土体存在动力非线性行为，地震峰值加速度过后坝体的动力反应依然强烈。完全非线性方法反映了土体非线性的动应力应变关系，计算结果更能体现土体在地震荷载作用过程中的动力反应的滞后特性。这些研究成果可为水工构筑物抗震研究及实际工程设计提供一定的借鉴。

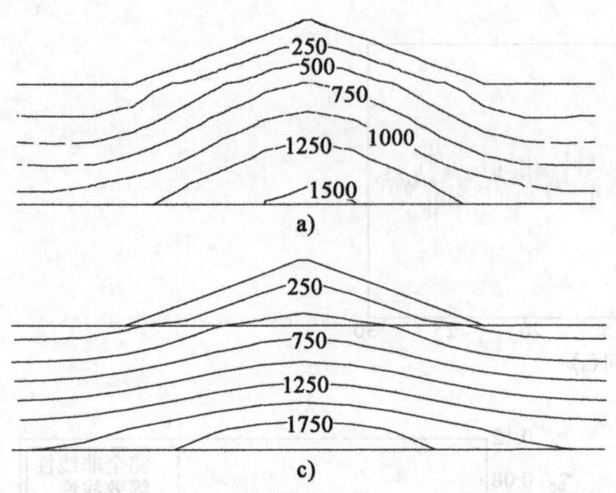

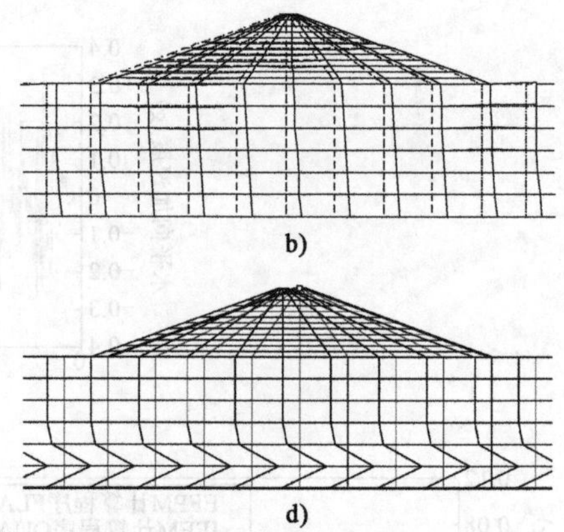

图3-11　完全非线性方法及等效线性方法计算出的土坝等效应力等值线及网格变形图

a)完全非线性方法等效应力等值线图(单位:kPa);b)完全非线性方法网格变形图;c)等效线性方法等效应力等值线图(单位:kPa);d)等效线性方法网格变形图

本章参考文献

[1] 谢定义. 土动力学[M]. 北京:高等教育出版社,2011.

[2] 齐文浩,薄景山. 土层地震反应等效线性化方法综述[J]. 世界地震工程,2007,23(4):221-226.

[3] 廖振鹏,李小军. 地表土层地震反应的等效线性化解法[M] // 廖振鹏. 地震小区划:理论与实践. 北京:地震出版社,1989.

[4] 薄景山,李秀领,刘德东,等. 土层结构对反应谱特征周期的影响[J]. 地震工程与工程振动,2003,23(5):42-45.

[5] 兰景岩,吕悦军,刘红帅. 地震动强度及频谱特征对场地地震反应分析结果的影响[J]. 震灾防御技术,2012,7(1):37-45.

[6] 王伟,刘必灯,周正华,等. 刚度和阻尼频率相关的等效线性化方法 [J]. 岩土力学,2010,31(12):3928-3933.

[7] 沈建文,刘铮,石树中. 用震级和距离参数修正土层反应的等效线性化方法[J]. 地震学报,2010,32(4):466-475.

[8] 戚承志,钱七虎. 核电站抗震研究综述[J]. 地震工程与工程振动,2000,20(3):76-86.

[9] SCHNABEL P B LYSMER J,SEED H B. SHAKE:A computer program for earthquake response analysis of horizontally layered sites[R]. Earthquake Engineering Research Center, University of California, Berkeley, California, 1972.

[10] GEO-SLOPE International Ltd. QUAKE/W for Dynamic analysis, User's Manual[R]. Alberta, Canada, GEO-SLOPE International Ltd., 2008.

[11] Itasca Consulting Group. Fast lagrangian analysis of continua, version 5.0, user's manual [M]. Minneapolis: Itasca Consulting Group, Inc., 2005.

[12] HARDIN B O, DRNEVICH V P. Shear modulus and damping in soils: measurement and pa-

rameter effects[J]. Journal of the soil mechanics and foundation division, 1972, 98(6): 603-624.

[13] HARDIN B O, DRNEVICH V P. Shear modulus and damping in soils: design equations and curves[J]. Journal of the soil mechanics and foundation division, 1972, 98(7): 667-692.

[14] SEED H B, IDRISS I M. Soil Moduli and Damping Factors for Dynamic Response Analysis [R]. Earthquake Engineering Research Center, University of California, Berkeley, 1970.

[15] SUN J I, GOLESORKHI R, SEED H B. Dynamic Moduli and Damping Ratios for Cohesive Soils[R]. Earthquake Engineering Research Center, University of California, Berkeley, 1988.

[16] QI W H, BO J S. Summarization on equivalent linear method of seismic responses for soil layers[J]. World earthquake engineering, 2007, 23(4): 221-226.

[17] COOLEY J W, TUKEY J W. An algorithm for the machine calculations of complexfourier series[J]. Mathematics of computation, 1965, 19(90): 297-301.

[18] 王振华,马宗源,党发宁. 等效线性和非线性方法土层地震反应分析对比[J]. 西安理工大学学报,2013,29(4):421-427.

[19] 马宗源,乔蓓,王振华,等. 等效线性及非线性方法的土坝地震反应[J]. 水电能源科学,2013,31(12):80-82,79.

[20] 廖红建,李涛,马宗源,等. 黄土骨干曲线模型比较分析[J]. 岩土力学,2009,30(S2):17-21.

[21] HARDIN B O, DRNEVICH V P. Shear modulus and damping in soils: measurement and parameter effects[J]. Journal of the soil mechanics and foundation division, 1972, 98(6): 603-624.

[22] SEED H B, WONG R T, IDRISS I M, et al. Moduli and damping factors for dynamic analyses of cohesionless soils[J]. Journal of geotechnical engineering, 1986, 112(11): 1016-1032.

[23] CLOUGH R W, PENZIEN J. Dynamics of structures [M]. New York: McGraw-Hill Book Company, 1975.

4 显式有限差分方法在边坡稳定性问题中的应用

20 世纪初，瑞典人彼得森采用圆弧滑动面方法分析边坡稳定问题，并在此基础上进一步发展出条分方法。此后，条分方法逐渐成为边坡稳定问题的一种有效分析方法，如毕肖普提出了一种考虑土条侧面作用的圆弧滑动面条分方法，而简布提出了基于任意滑动面的普遍条分方法。此外，摩根斯坦和普瑞斯提出了考虑力及力矩平衡的条分方法，使得安全系数的计算精度有了明显的提高。以上方法均基于莫尔-库仑强度准则进行推导，忽略了中间主应力的影响，不能很好地反映复杂应力状态下边坡的稳定性。20 世纪 70 年代，辛科维奇及邓肯等人提出利用数值方法确定边坡安全系数(Factor of Safety，FOS)的强度折减方法(Strength Reduction Method)，并与传统条分方法对比，证明了两者在理论体系上的一致性。郑颖人等国内学者基于有限元对强度折减方法进行了深入的研究。强度折减法是确定边坡安全系数的主要数值方法，该方法通过将边坡土体的强度参数除以一个强度折减系数(Strength Reduction Factor，SRF)逐级折减进行计算，直到边坡出现破坏，此时的折减系数即为边坡的安全系数。重力增加法与强度折减法类似，即将重力加速度乘放大系数逐级放大进行计算，直到边坡出现破坏，此时的增加系数即为边坡的安全系数。斯旺和西奥在此基础上展开系统的研究，并比较了强度折减法和重力增加法的计算结果，指出重力增加法对于砂土缓坡的计算结果偏大，而强度折减法则与传统的极限平衡方法计算结果接近。格里菲斯等人基于强度折减法使用有限元方法分析了多种类型边坡的稳定性问题。与经典条分方法相比，数值计算方法可以分析更为复杂情况下边坡的稳定性问题，例如三维、渗流及地震等情况。

4.1 强度折减方法

使用强度折减法计算平面应变情况下边坡的安全系数，分别按照双剪理论及莫尔-库仑强度准则计算。边坡剪切强度参数(黏聚力及内摩擦角)折减方式为：

$$c_f = \frac{c}{\mathrm{SRF}}, \varphi_f = \arctan\frac{\tan\varphi}{\mathrm{SRF}} \tag{4-1}$$

式中，c 和 φ 分别为边坡土体原始的黏聚力及内摩擦角；c_f 和 φ_f 分别为经过折减之后的边坡土体的黏聚力及内摩擦角，SRF 为强度折减系数。以文献[18]中的边坡算例作为对比验证，计算模型网格划分及边界条件设置如图 4-1 所示，其中坡高 $H=10$ m，坡比为 1:2，计算中记录边坡坡体变形稳定后的最大位移量。边坡土体计算参数为：弹性模量 $E=100.0$ MPa，泊松比 $\upsilon=0.3$，重度 $\gamma=20.0$ kN/m^3，土体黏聚力 c =10 kPa，内摩擦角 $\varphi=20°$，重力加速度 $g=$

9.81 m/s^2。图4-2为采用显式有限差分方法及莫尔-库仑强度准则得到的边坡极限状态时的最大剪应变云图及位移矢量图,图4-3为格里菲斯使用有限元和有限差分方法按强度折减法和莫尔-库仑强度准则计算出的网格变形图。图4-4为边坡最大位移与强度折减系数SRF之间的关系,图4-5为边坡安全系数与双剪理论参数 b 的关系。综合分析可以看出,有限元和有限差分两种方法的安全系数计算结果差异不大。

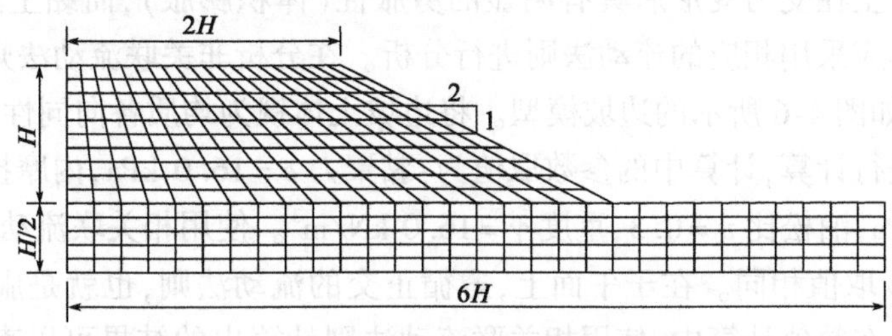

图4-1　边坡模型网格划分及边界条件设置示意图

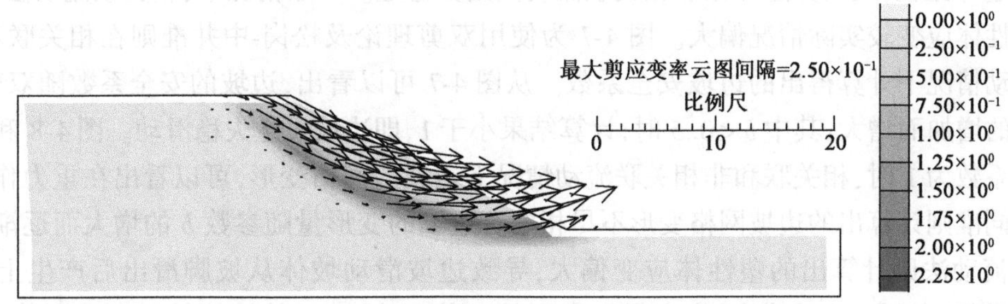

图4-2　使用EFDM计算得到的最大剪应变云图及位移矢量图(安全系数=1.41)

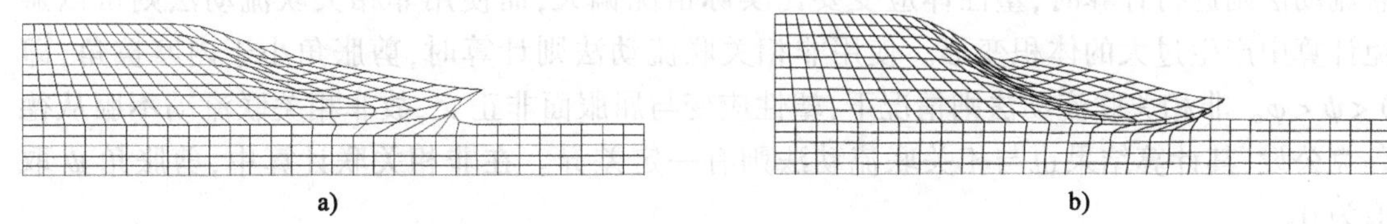

图4-3　使用IFEM及强度折减法计算得出的网格变形图

a)本文,安全系数=1.41;b)格里菲斯,安全系数=1.4

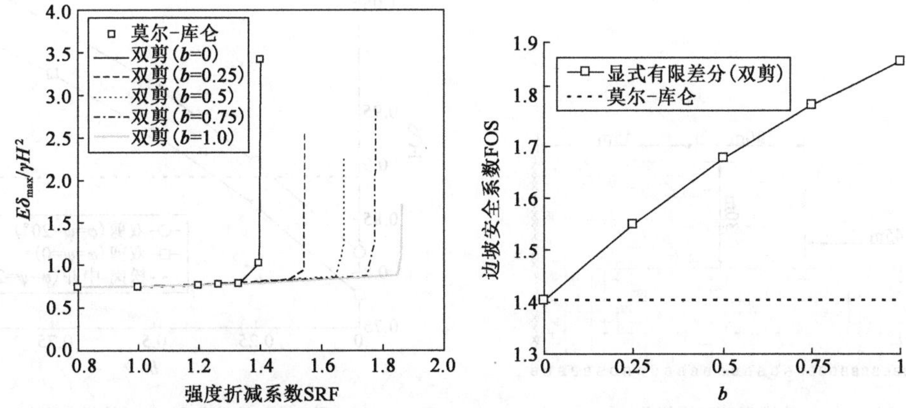

图4-4　边坡最大位移与强度折减系数的关系　　　图4-5　边坡安全系数与双剪理论参数 b 的关系

4.2 流动法则对边坡稳定性的影响

辛科维奇和胡弗森等人分析了相关联和非相关联流动法则在土力学问题计算分析中的影响。某些砂土及粉土在受力变形后具有明显的剪胀性(体积膨胀),而黏土的剪胀性则较弱。所以针对不同土体应采用相应的流动法则进行分析。在分析非关联流动法则对边坡稳定性分析的影响时,建立如图4-6所示的边坡模型。将边坡土体视为均质各向同性材料,采用线弹性理想弹塑性模型进行计算,计算中的参数取值为:黏聚力 $c=16.0$ kPa,内摩擦角 $\varphi=20.0°$,弹性模量 $E=5.0$ MPa,泊松比 $\upsilon=0.3$,重度 $\gamma=16.0$ kN/m^3。使用相关联流动法则计算时,剪胀角 ψ 与内摩擦角 φ 取值相同。在子午面上,遵循正交的流动法则,也就是服从经典塑性理论中的德鲁克公设。在数值计算中,使用相关联流动法则计算出的结果可以直接和解析方法计算结果进行比较,且计算过程比非相关联流动法则更稳定。一般情况下,相关联流动法则计算出的塑性体应变较实际情况偏大。图4-7为使用双剪理论及松岗-中井准则在相关联和非相关联流动情况下计算得出的边坡安全系数。从图4-7可以看出,边坡的安全系数随双剪理论参数 b 的增加而增大;其中 $b<0.5$ 时,计算结果小于1,即边坡发生失稳滑动。图4-8和图4-9为折减系数为1时,相关联和非相关联流动情况下边坡的网格变形,可以看出在重力作用下,采用不同准则计算出的边坡网格变形不尽相同。边坡的变形量随参数 b 的增大而逐渐减小。相关联流动法则计算出的塑性体应变偏大,导致边坡滑动坡体从坡脚滑出后产生上翘,形成舌形破坏,如图4-8中莫尔-库仑强度准则及双剪理论 $b=0$ 的计算结果所示。使用相关联流动法则进行计算时,塑性体应变要比实际情况偏大,而使用非相关联流动法则可以避免计算中产生过大的体积变形。使用非相关联流动法则计算时,剪胀角小于内摩擦角,即 $0<\psi<\varphi$。非相关联流动法则情况下,塑性应变与屈服面非正交,故非相关联流动不服从德鲁克公设,其计算结果也与相关联流动法则有一定差异。在非相关联计算中,剪胀角 ψ 取值为0。

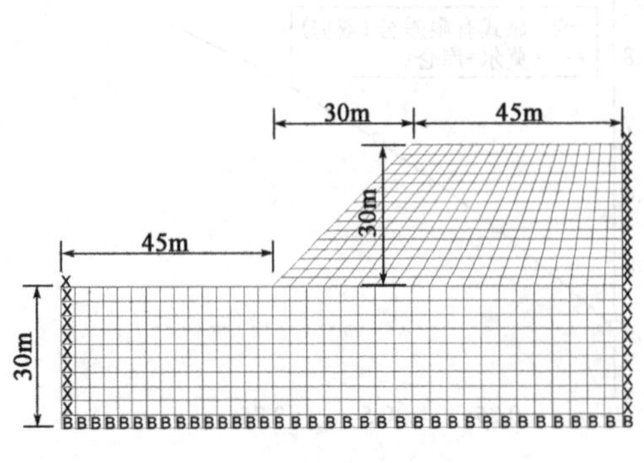

图4-6 计算模型及网格划分

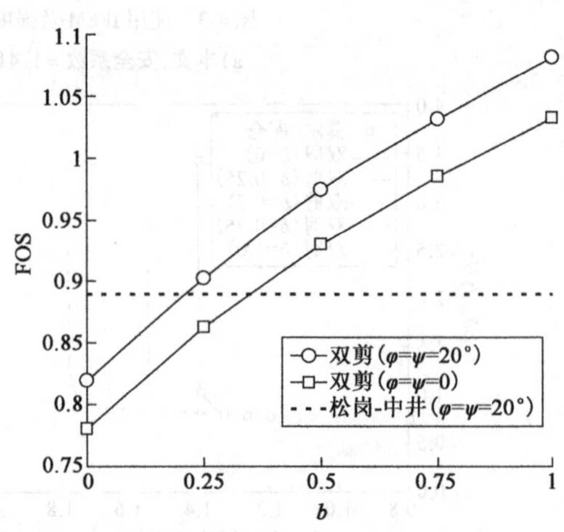

图4-7 相关联及非相关联流动法则计算得出的边坡安全系数

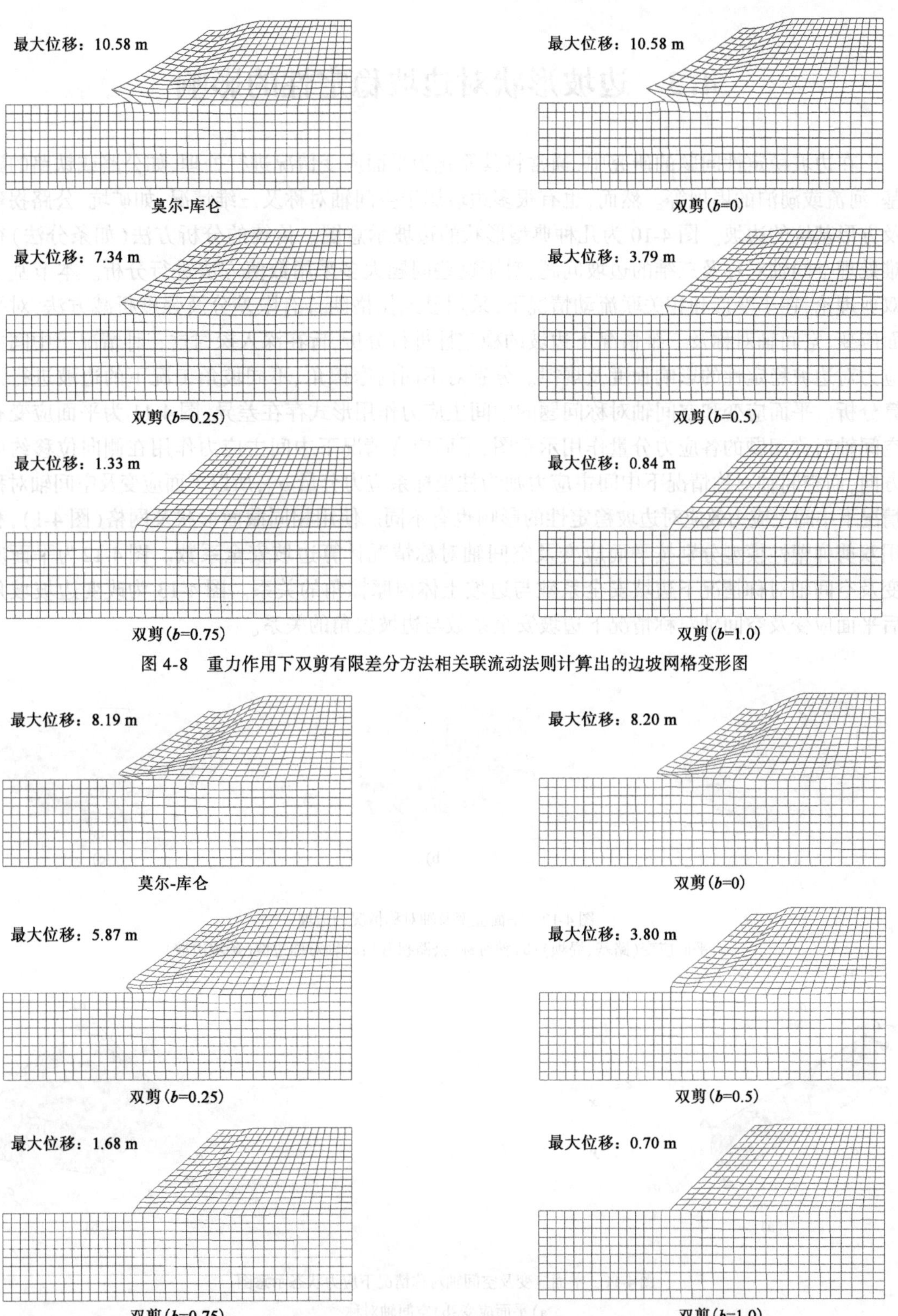

图 4-8　重力作用下双剪有限差分方法相关联流动法则计算出的边坡网格变形图

图 4-9　重力作用下双剪有限差分方法非相关联流动法则计算出的边坡网格变形图

4.3 边坡形状对边坡稳定性的影响

在边坡稳定性问题的研究中,通常将其简化为平面应变情况进行处理,如公路或铁路的路基、河流或湖泊的堤坝等。然而,也有很多边坡属于空间轴对称及三维情况,如矿坑、公路拐弯及方形基坑的边坡。图4-10为几种典型形状的边坡示意图。传统的分析方法(如条分法)很难处理空间轴对称及三维的边坡问题,对于这些问题大多采用数值方法进行分析。本节基于双剪理论,在小变形和相关联流动情况下,采用显式拉格朗日有限差分及强度折减方法,对平面应变、空间轴对称及三维情况下边坡的稳定性进行分析,旨在深入探讨这三种情况下中间主应力对边坡稳定性的影响程度及规律。分别对不同内摩擦角、不同坡角工况下的边坡进行计算分析。平面应变和空间轴对称问题的中间主应力作用形式存在差异,图4-11为平面应变和空间轴对称问题的各应力分量作用示意图,平面应变情况下中间主应力作用在侧向位移约束方向,而空间轴对称情况下中间主应力则为柱坐标系应力分量σ_θ,所以平面应变及空间轴对称情况下中间主应力效应对边坡稳定性的影响也有不同。使用相同截面形状及网格(图4-1),利用双剪弹塑性模型分别按平面应变及空间轴对称情况计算边坡安全系数。图4-12为平面应变及空间轴对称情况下边坡安全系数与边坡土体内摩擦角的关系。图4-13为改变边坡坡角后平面应变及空间轴对称情况下边坡安全系数与边坡坡角的关系。

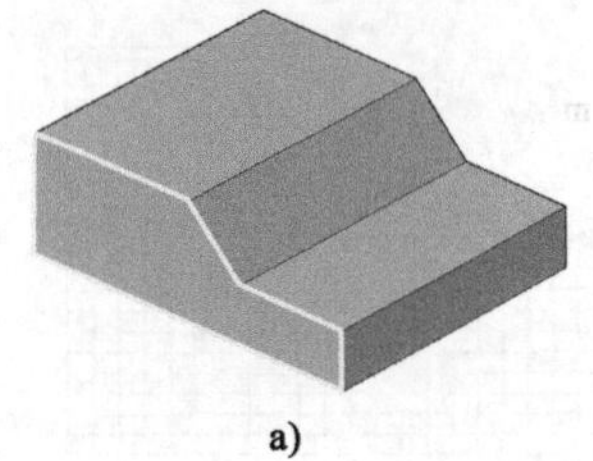
a)

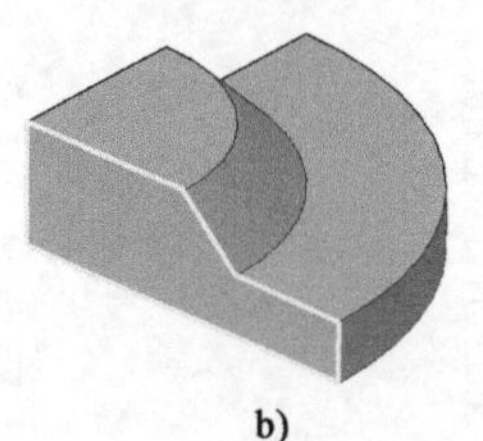
b)

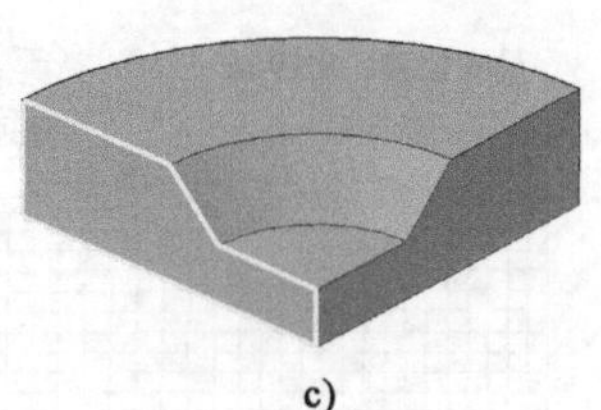
c)

图4-10 平面应变及轴对称情况的边坡

a)平面应变(路基、堤坝);b)轴对称(公路拐弯);c)轴对称边坡(矿坑边坡)

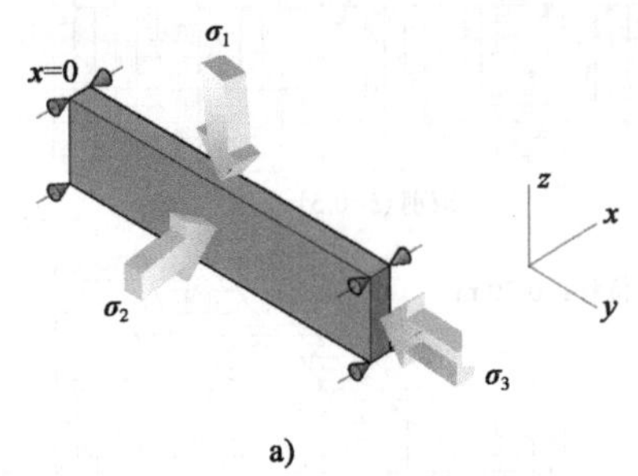

a)

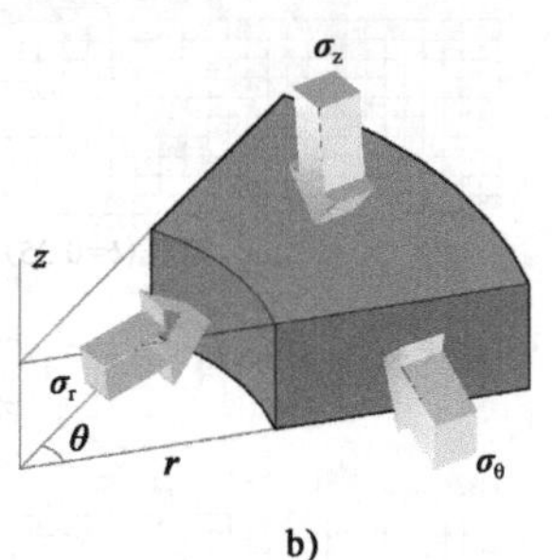

b)

图4-11 平面应变及空间轴对称情况下应力状态示意图

a)平面应变;b)空间轴对称

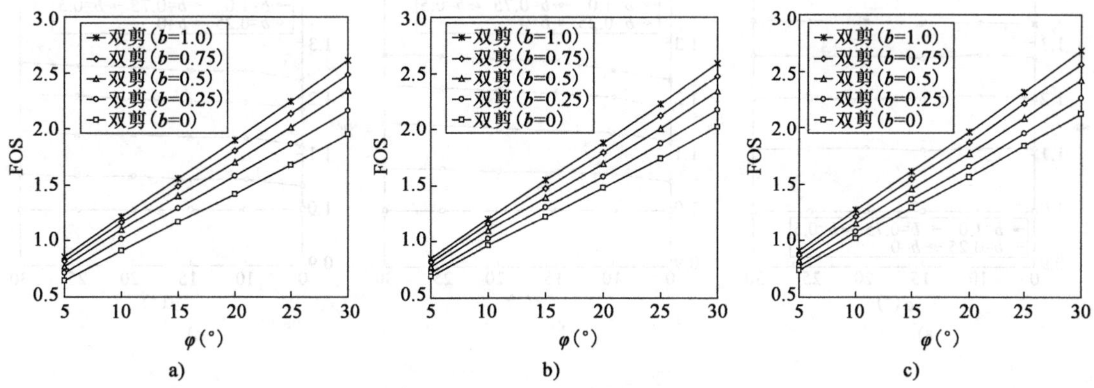

图 4-12　边坡安全系数与边坡土体内摩擦角的关系

a)平面应变;b)轴对称墩台;c)轴对称矿坑

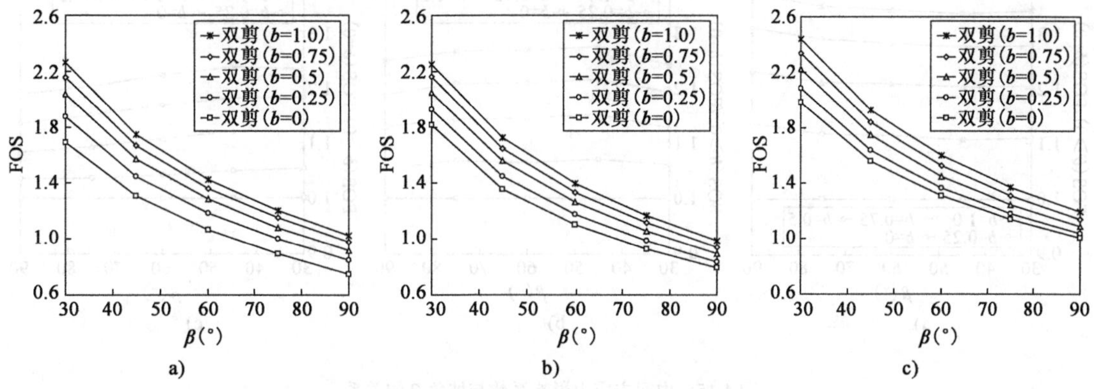

图 4-13　边坡安全系数与坡角 β 的关系

a)平面应变;b)轴对称墩台;c)轴对称矿坑

定义反映中间主应力效应对边坡安全系数影响的变量 ξ,其表达式为

$$\xi = \frac{\text{FOS(双剪}, b \geqslant 0)}{\text{FOS(莫尔-库仑)}} \tag{4-2}$$

式中,变量 ξ 为考虑中间主应力影响(双剪理论 $b \geqslant 0$)与不考虑中间主应力影响(莫尔-库仑强度准则)的边坡安全系数计算结果的比值。图 4-14 为中间主应力影响系数 ξ 与边坡土体内摩擦角的关系,图 4-15 为中间主应力影响系数 ξ 与边坡坡角的关系。由图 4-14 及图 4-15 可知,中间主应力效应对平面应变边坡的安全系数的影响大于空间轴对称情况边坡,而两种空间轴对称情况边坡安全系数的中间主应力效应影响相当。

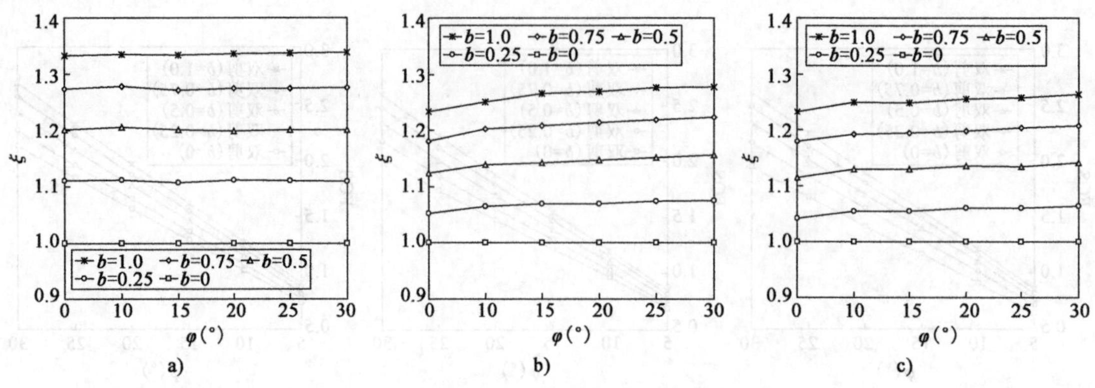

图 4-14 中间主应力影响系数与边坡土体内摩擦角的关系

a)平面应变；b)轴对称墩台；c)轴对称矿坑

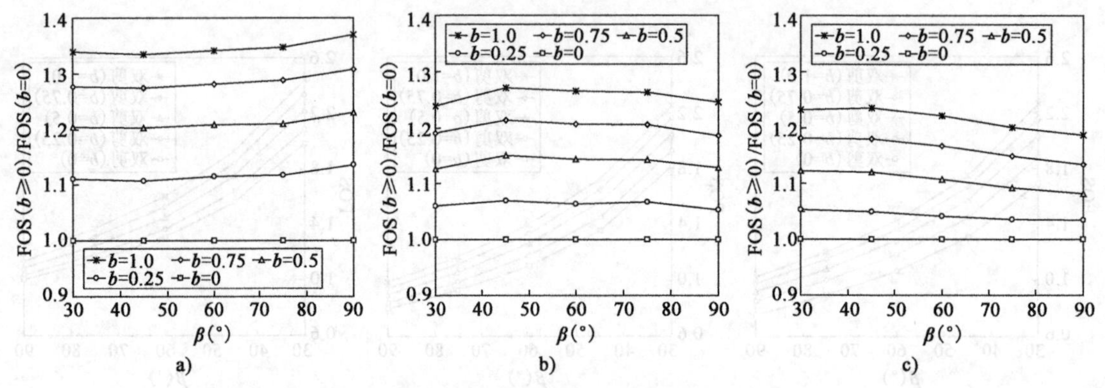

图 4-15 中间主应力影响系数与坡角 β 的关系

a)平面应变；b)轴对称墩台；c)轴对称矿坑

4.4 边坡渗流稳定性分析

土质边坡的稳定性与渗流有很大关系，常见于堤坝、基坑及山坡等工程场景中的边坡。当前，土质边坡的稳定性大多基于平面应变假设进行分析，如部分学者利用二维有限元方法模拟平面应变条件下土质边坡的稳定性问题，以及降雨引发的滑坡及土坡稳定性问题。同时，也有学者利用二维拉格朗日有限差分方法分析边坡稳定性。Jia 等进行了地下水位骤升降情况下大尺寸边坡渗流稳定性模型试验，详见图 4-16。国内学者对土质边坡渗流稳定性问题也有深入的研究，如金艳丽等分析了泾阳南塬黄土边坡在平面应变和非饱和渗流情况下的稳定性；雷祥义对黄土台塬边缘处的高陡边坡渗流稳定性进行了深入研究；周家文等分析了降雨入渗条件下边坡的稳定性问题；陈建余分析了有密集排水孔的三维饱和-非饱和边坡渗流稳定性问题。童龙云等分析了降雨入渗过程的非饱和边坡稳定性问题。

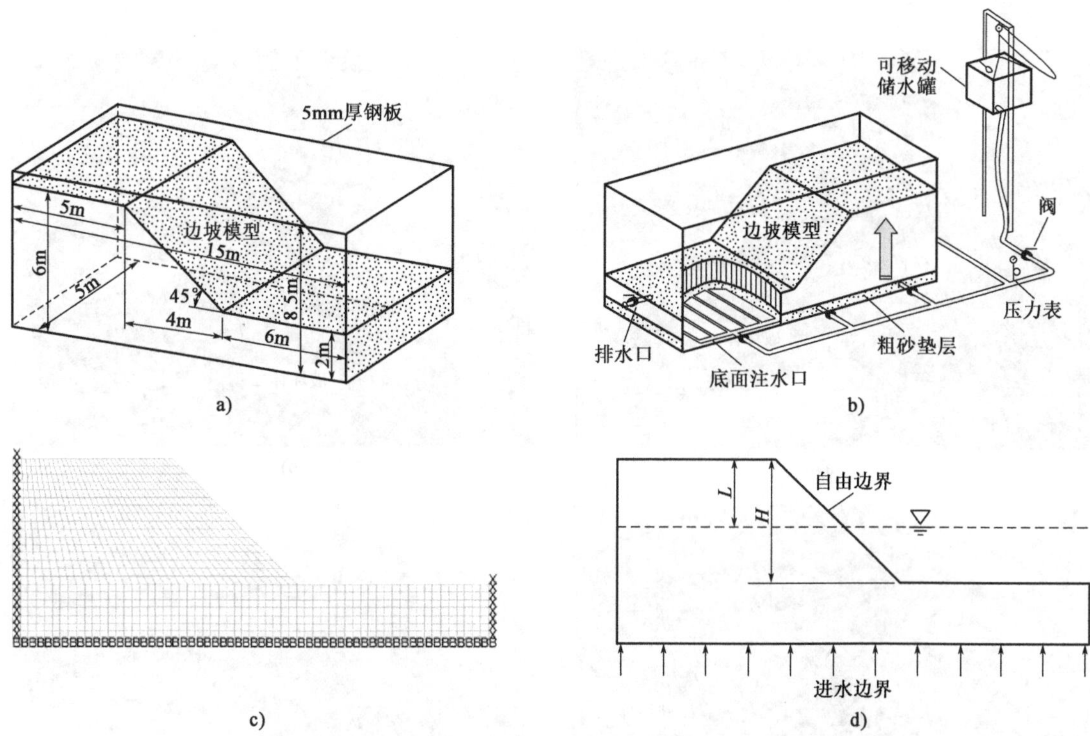

图 4-16　边坡渗流稳定性模型试验与数值模拟模型及边界条件设置示意图

a)模型试验尺寸;b)模型试验注水装置;c)数值模拟计算模型;d)数值模拟边界条件设置

利用双剪弹塑性有限差分方法,结合饱和及非饱和土渗流理论,以文献[25]中的边坡模型试验为例,考虑中间主应力、地下水位变化及渗流的影响,分析土质边坡的稳定性。文献[25]中边坡模型试验及数值模拟模型的尺寸及边界条件设置如图 4-16 所示。在边坡模型试验中,采用钢框架及透明有机玻璃制作模型箱,在模型箱底部设置 6 个注水口及一个排水口,并铺设一薄层砂土透水层,在砂土层以上使用粉质黏土夯筑起坡角为 45°、高度为 4 m 的边坡。文献[25]给出了试验用粉质黏土的土水特征关系及试验用粉质黏土的不排水抗剪强度,黏聚力 $c = 1.0$ kPa,内摩擦角 $\varphi = 30°$。文献[25]对边坡内的水位采用分阶段抬升或下降的方式:注水阶段每隔 24 h 抬升 1 m,水位抬升至边坡坡顶后静置 3 d,之后对边坡模型进行放水,使边坡内部水位骤降(24 h 后水位降至边坡坡角)。图 4-17 为边坡排水阶段的渗流破坏情况。在模型试验过程中,当模型箱内水位升至边坡坡顶时,边坡未出现滑动失稳破坏,在边坡水位下降过程中先后出现三个滑动块体,如图 4-18 所示。在数值模拟中,严格遵循文献[25]边坡模型试验的注水及排水过程,在边坡底部加载恒定孔隙水压力(饱和渗流)及进出水(非饱和渗流)边界条件,数值模型底部及两端设为位移及孔隙水压固定边界,边坡顶部坡面设为自由位移渗流边界。计算时土性参数选取同前,渗透系数取 0.6 m/d。渗流场和应力场采用并行计算,通过孔隙水压力改变产生的变形来计算边坡的应力场。饱和及非饱和渗流计算所用参数如表 4-1 所示。

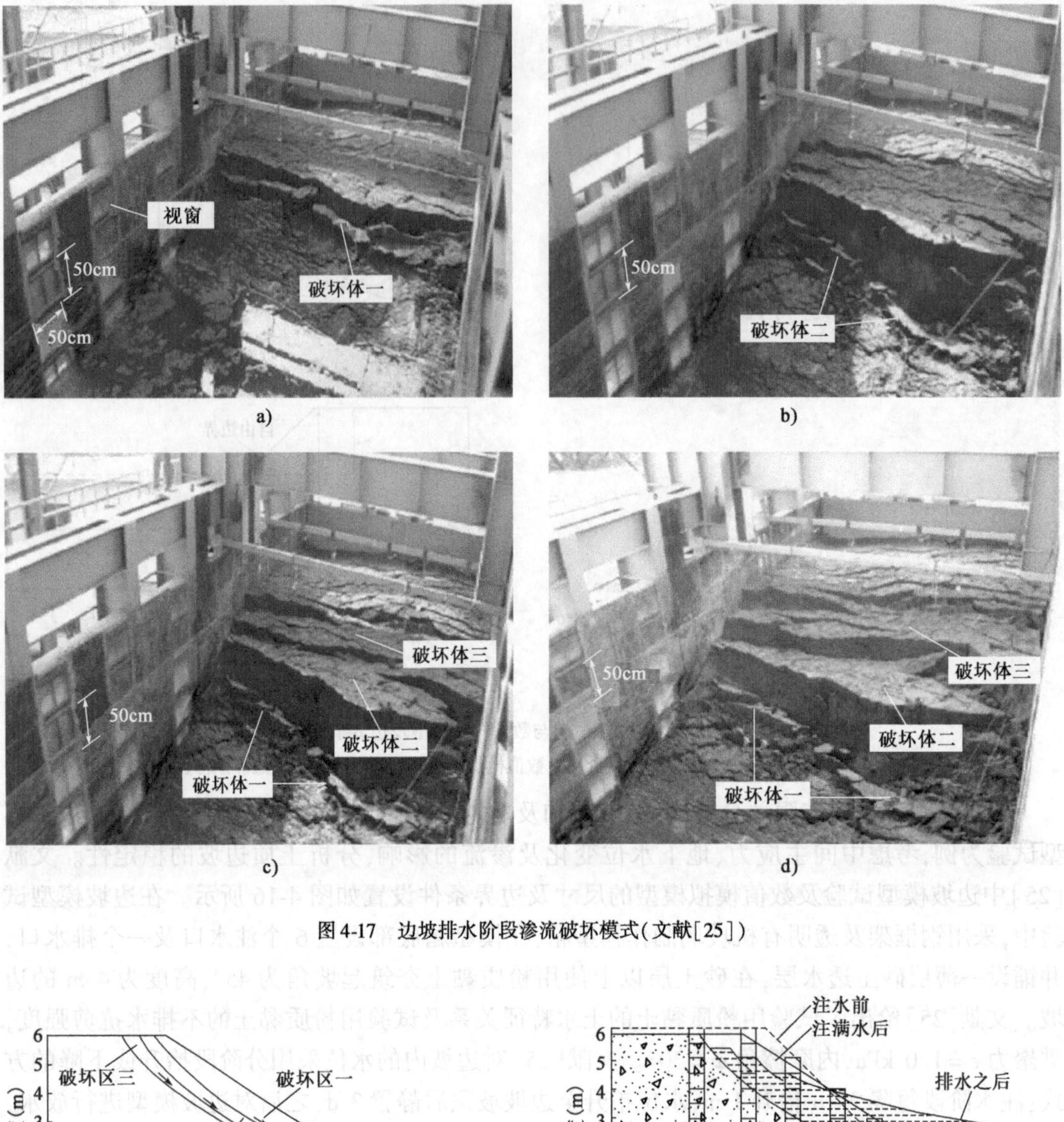

a)　　b)

c)　　d)

图 4-17　边坡排水阶段渗流破坏模式(文献[25])

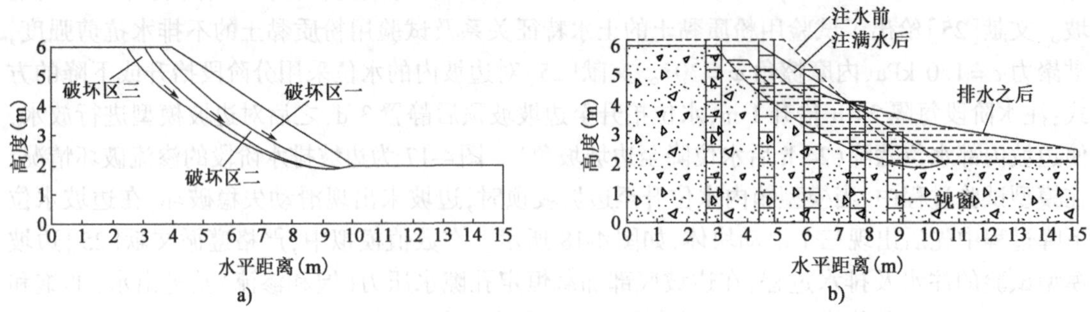

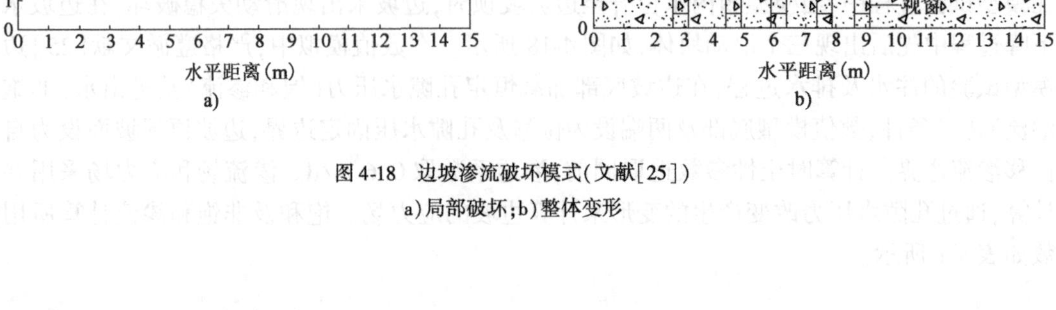

图 4-18　边坡渗流破坏模式(文献[25])

a)局部破坏;b)整体变形

滑坡体土样的物理性质指标　　表4-1

饱和渗流		非饱和渗流		
渗透系数(m/d)	孔隙率 n(%)	残余饱和度 S_r	P_0(Pa)	a
0.6	50	0.0	10000(增湿) 30000(脱湿)	0.45(增湿) 0.60(脱湿)

4.4.1 饱和渗流稳定性分析

饱和土体内孔隙水的渗流运动方程可由达西定律描述

$$q_i = -k_{ij}\hat{k}(s)\frac{\partial}{\partial x_j}(P-\rho_w g_i x_k) \tag{4-3}$$

式中,q_i 为渗流量;k_{ij}为渗透系数;$\hat{k}(s)$为相对渗透系数(非饱和渗流中是饱和度的函数);x_j 和 x_k 为渗流长度分量,其中 $j=1,2,3,k=1,2,3,j\neq k$;P 为流体压力;ρ_w 为流体密度;g_i 为重力分量。经过有限差分离散后各节点的流动速率为

$$\boldsymbol{Q}=\boldsymbol{M}\{P-(x_i-x_i^{(1)})\rho_w g_i\} \tag{4-4}$$

式中,$x_i-x_i^{(1)}$ 为单元两节点间的长度;$\boldsymbol{M}$ 为刚度矩阵。

为简化计算过程,暂不考虑渗流过程中土的非饱和特性对边坡稳定性的影响,采用饱和渗流理论进行计算,通过在边坡模型底面加载孔隙水压力模拟边坡注水及排水过程。图4-19为不考虑渗流直接加载孔隙水压力及考虑饱和渗流情况下计算出的边坡安全系数与边坡内水位的关系,可以看出,在注水阶段考虑渗流影响时,基于莫尔-库仑强度准则计算出的边坡安全系数小于1.0,而考虑中间主应力效应计算出的边坡安全系数均大于1.0。文献[25]的模型试验结果说明,边坡在注水阶段没有出现破坏,所以忽略中间主应力效应计算结果与实际不相符。图4-20为饱和渗流情况下边坡水位下降至 $L/H=1.0$ 时按照双剪理论($b=1.0$)计算出的边坡最大剪应变云图,由图可知,非关联流动($\psi=0$)计算结果显示边坡存在多条滑动面,而相关联流动($\psi=\varphi$)计算结果只显示出一个滑动面。文献[25]的模型试验结果(图4-18)说明边坡在排水阶段先后出现三块滑动体。

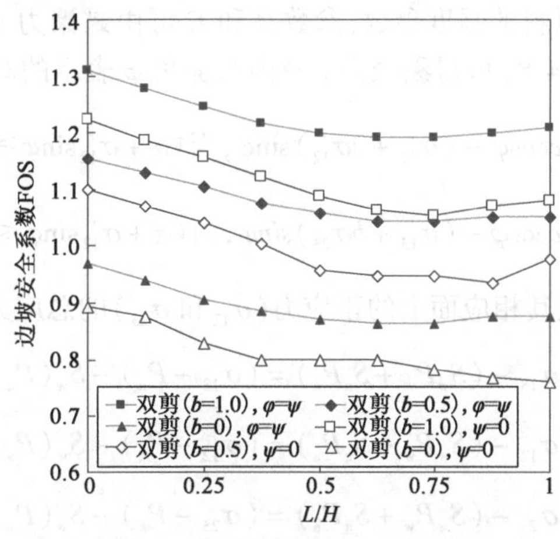

图4-19　不考虑渗流(实点线)及考虑饱和渗流(空点线)边坡安全系数与水位的关系

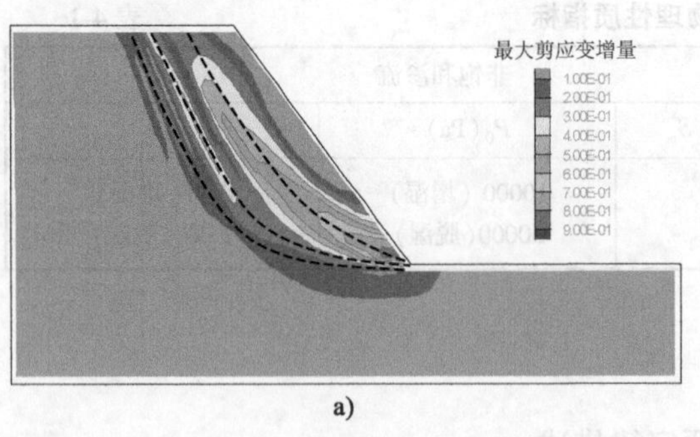

a)

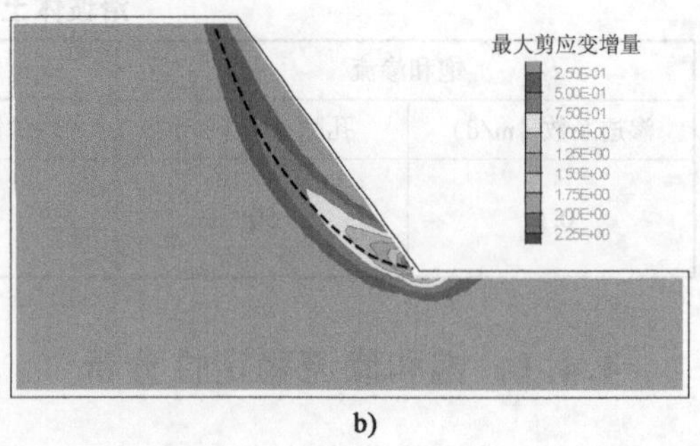

b)

图 4-20 饱和渗流情况下边坡水位下降至 $L/H = 1.0$ 时的最大剪应变云图

a) 双剪($b = 1.0$),$\psi = 0$;b) 双剪($b = 1.0$),$\psi = \varphi$

4.4.2 非饱和渗流稳定性分析

根据毕肖普非饱和有效应力理论(压为负),有效应力 σ' 可以写为

$$\sigma' = \sigma - (S_w P_w + S_a P_a) \tag{4-5}$$

式中,σ 为总应力;S_w 为水的饱和度;$S_a = 1 - S_w$,为气的饱和度;P_w 和 P_a 分别为水压力和气压力。根据式(4-5),土体剪切破坏面上的正应力 σ 及剪应力 τ 表示的莫尔-库仑强度准则为

$$\tau = \sigma' \tan\varphi + c \tag{4-6}$$

将式(4-5)代入式(4-6),可得基于莫尔-库仑强度准则的非饱和土抗剪强度公式

$$\tau = (\sigma - P_a)\tan\varphi + S_w(P_a - P_w)\tan\varphi + c \tag{4-7}$$

下面将根据双剪理论推导其非饱和土抗剪强度公式,俞茂宏等提出了双剪应力(τ_{12} 和 τ_{23})及其相应面上的正应力(σ_{12} 和 σ_{23})表示的双剪理论表达式:

$$\begin{cases} \tau_{13} + b\tau_{12} = C - \beta(\sigma'_{13} + b\sigma'_{12}),\text{当}\tau_{12} + \beta\sigma'_{12} \geqslant \tau_{23} + \beta\sigma'_{23} \\ \tau_{13} + b\tau_{23} = C - \beta(\sigma'_{13} + b\sigma'_{23}),\text{当}\tau_{12} + \beta\sigma'_{12} \leqslant \tau_{23} + \beta\sigma'_{23} \end{cases} \tag{4-8}$$

式中,参数 β 和 C 为材料的强度参数,参数 β 和 C 可由黏聚力 c 及内摩擦角 φ 表示($\beta = \sin\varphi$,$C = 2c\cos\varphi$),代入式(4-8)可得黏聚力 c 及内摩擦角 φ 表示的双剪理论表达式为

$$\begin{cases} \tau_{13} + b\tau_{12} = 2c\cos\varphi - (\sigma'_{13} + b\sigma'_{12})\sin\varphi,\text{当}\tau_{12} + \sigma'_{12}\sin\varphi \geqslant \tau_{23} + \sigma'_{23}\sin\varphi \\ \tau_{13} + b\tau_{23} = 2c\cos\varphi - (\sigma'_{13} + b\sigma'_{23})sin\varphi,\text{当}\tau_{12} + \sigma'_{12}\sin\varphi \leqslant \tau_{23} + \sigma'_{23}\sin\varphi \end{cases} \tag{4-9}$$

双剪应力(τ_{12} 和 τ_{23})及其相应面上的正应力(σ_{12} 和 σ_{23})的总应力表达式为

$$\begin{cases} \sigma'_{13} = \sigma_{13} - (S_w P_w + S_a P_a) = (\sigma_{13} - P_a) - S_w(P_a + P_w) \\ \sigma'_{12} = \sigma_{12} - (S_w P_w + S_a P_a) = (\sigma_{12} - P_a) - S_w(P_a + P_w) \\ \sigma'_{23} = \sigma_{23} - (S_w P_w + S_a P_a) = (\sigma_{23} - P_a) - S_w(P_a + P_w) \end{cases} \tag{4-10}$$

代入式(4-9)可得基于双剪理论的非饱和土抗剪强度公式

$$\begin{cases}\tau_{13}+b\tau_{12}=2c\cos\varphi-[(\sigma_{13}-P_a)+b(\sigma_{12}-P_a)]\sin\varphi+(1+b)[S_w(P_a-P_w)]\sin\varphi,\\ 当\tau_{12}+(\sigma_{12}-P_a)\sin\varphi\geqslant\tau_{23}+(\sigma_{23}-P_a)\sin\varphi\\ \tau_{13}+b\tau_{23}=2c\cos\varphi-[(\sigma_{13}-P_a)+b(\sigma_{23}-P_a)]\sin\varphi+(1+b)[S_w(P_a-P_w)]\sin\varphi,\\ 当\tau_{12}+(\sigma_{12}-P_a)\sin\varphi\leqslant\tau_{23}+(\sigma_{23}-P_a)\sin\varphi\end{cases} \tag{4-11}$$

主剪应力(τ_{13}、τ_{12}和τ_{23})及其相应面上的正应力(σ_{13}、σ_{12}和σ_{23})写为主应力形式,并代入式(4-11)可得主应力形式的基于双剪理论的非饱和土抗剪强度公式如下

$$\begin{cases}(1+b)\sigma_1-b\sigma_2-\sigma_3=4c\cos\varphi-[(1+b)\sigma_1+b\sigma_2+\sigma_3-2(1+b)P_a]\sin\varphi+2(1+b)[S_w(P_a-P_w)]\sin\varphi,\\ 当\sigma_1-\sigma_2+(\sigma_1+\sigma_2-2P_a)\sin\varphi\geqslant\sigma_2-\sigma_3+(\sigma_2+\sigma_3-2P_a)\sin\varphi\\ \sigma_1+b\sigma_2-(1+b)\sigma_3=4c\cos\varphi-[\sigma_1+b\sigma_2+(1+b)\sigma_3-2(1+b)P_a]\sin\varphi+2(1+b)[S_w(P_a-P_w)]\sin\varphi,\\ 当\sigma_1-\sigma_2+(\sigma_1+\sigma_2-2P_a)\sin\varphi\leqslant\sigma_2-\sigma_3+(\sigma_2+\sigma_3-2P_a)\sin\varphi\end{cases} \tag{4-12}$$

土颗粒间的毛细张力(即基质吸力 P_a-P_w)的变化规律使用范格努钦建议的经验公式进行描述,土体的土水特征曲线及经验公式拟合结果如图 4-21 所示。

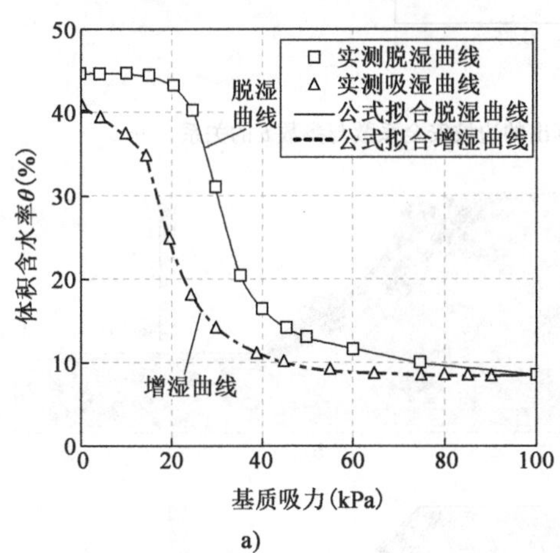

a)

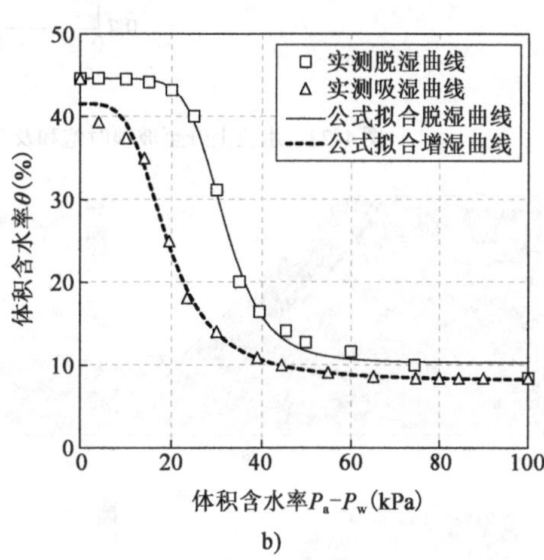

b)

图 4-21 边坡土体的土水特征曲线及经验公式拟合结果

a)实测结果;b)范格努钦经验公式拟合

$$P_a-P_w=P_0\left(S_e^{-1/a}-1\right)^{1-a} \tag{4-13}$$

式中,S_e 为有效饱和度,由残余含水率 S_r^w 确定,$S_e=\dfrac{S_w-S_r^w}{1-S_r^w}$;$P_0$ 和 a 为试验参数,其中 P_0 用来表征土颗粒间毛细力的强度(土的黏粒含量越大,P_0 越大),参数 a 控制吸力曲线的斜率($0<a<1.0$,颗粒级配差的土,a 值接近 1.0,而颗粒级配好的土,a 值接近 0)。由图 4-21 可以看出,边坡土体的增湿和脱湿曲线呈现明显的滞回关系。计算过程中土的非饱和状态的基质吸力由范格努钦经验公式控制,根据前文推导的双剪理论非饱和土强度公式,采用强度折减法计算边坡的安全系数。图 4-22 展示了边坡注水至水位达到坡顶后,饱和及非饱和渗流理论计算出的边坡安全系数与双剪理论参数 b 的关系。可以看出,无论在饱和还是非饱和状态下,按

莫尔-库仑强度准则计算出的边坡注水阶段安全系数均小于1.0,这与文献[25]模型试验结果不符;而双剪理论($b=1.0$)计算出的边坡安全系数大于1.0,证实了考虑中间主应力效应的必要性。图4-23为非饱和渗流情况下边坡水位下降至$L/H=1.0$时按照莫尔-库仑强度准则及双剪理论计算出的边坡最大剪应变云图,由图可知,双剪理论($b=1.0$)在非关联流动($\psi=0$)下的计算结果显示边坡存在多个滑动面,而莫尔-库仑强度准则及相关联流动($\psi=\varphi$)的计算结果只显示出一个滑动面。

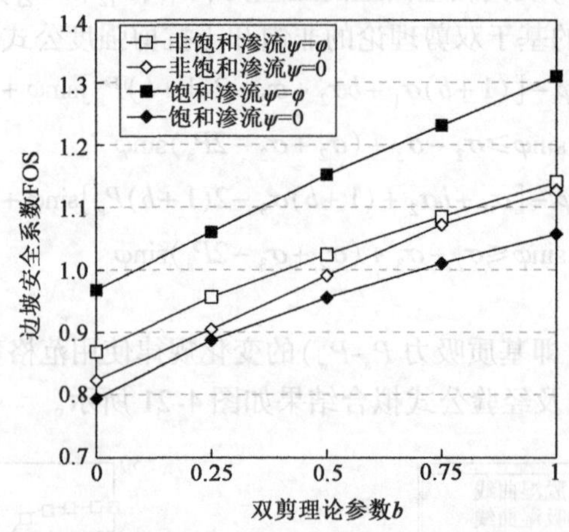

图4-22 水位上升至坡顶时饱和及非饱和渗流理论计算出的边坡安全系数与参数b的关系

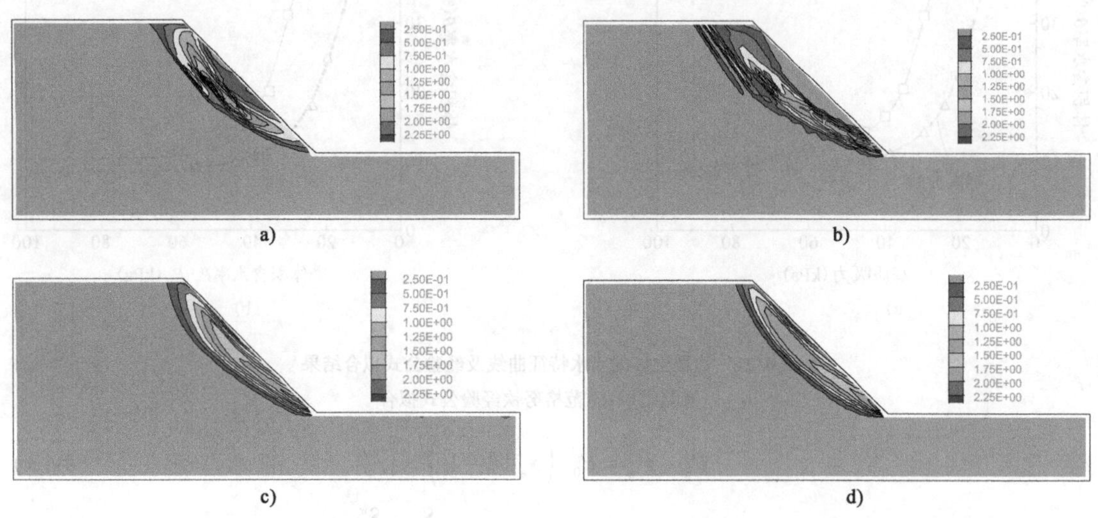

图4-23 非饱和渗流情况下边坡水位下降至$L/H=1.0$时的最大剪应变云图

a)双剪($b=0$),$\psi=0$;b)双剪($b=1.0$),$\psi=0$;c)双剪($b=0$),$\psi=\varphi$;d)双剪($b=1.0$),$\psi=\varphi$

4.4.3 三维饱和渗流稳定性分析

陕西省泾阳县泾河南岸的黄土塬长期受泾河侵蚀,自东南向西北长约30 km,其边界形成了连续高陡的边坡,高差为30~90 m,坡面倾角为45°~80°。该黄土塬地下水以潜水为主,

1976 年以前地下水位约与泾河水位持平(高程 380 m),之后由于塬顶大范围的农田灌溉及降雨,地下水位升高,1992 年观测塬顶的地下水埋深为 37 m(高程 425 m),水位上升了 45 m。据统计,自 1976 年起该黄土塬北边界发生滑坡 40 余起,其中大型滑坡 20 起,严重影响了当地的经济发展。本节研究的黄土滑坡位于黄土塬北边界(34°29′N,108°51′E),先后于 2003 年和 2004 年发生过两次滑动。该滑坡位置及泾阳南塬地形如图 4-24 所示。经笔者现场勘测,滑坡体长约 400 m,宽约 410 m,坡高约 72 m,总方量约为 1×10^5 m^3,滑坡坡角为 45°~55°。图 4-25为滑坡体 *B—B′*剖面示意图,该图将滑坡体纵向等分为 7 个剖面(剖面间距为 50 m),其中,实线为滑坡前坡顶位置,虚线为现滑坡后缘边界。根据各剖面的地形数据和现场开挖探井得到边坡的剖面图,将现场探井中挖取的土样进行室内物理力学试验。颗粒分析结果显示,土体粒径小于 0.075 mm 的占 73%,且土样塑性指数在 3~10 之间,边坡土体为黄土状粉质黏土。同时,进行了不同围压下固结不排水三轴剪切试验,测得土体不排水强度参数:黏聚力为 3.56 kPa,内摩擦角为 17.9°。土样的物理性质指标见表 4-2。

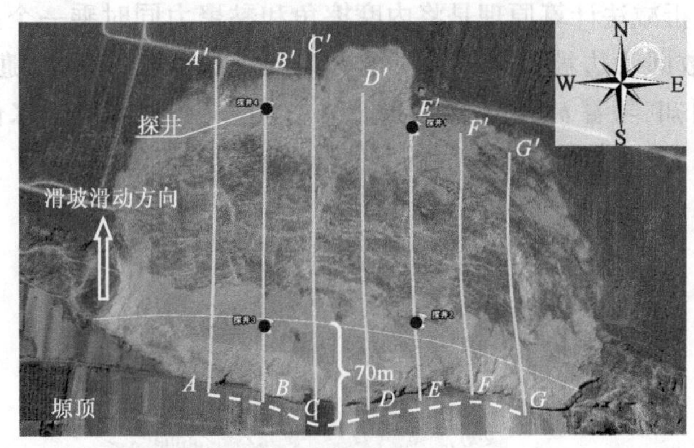

图 4-24　滑坡体区域及剖面线示意图

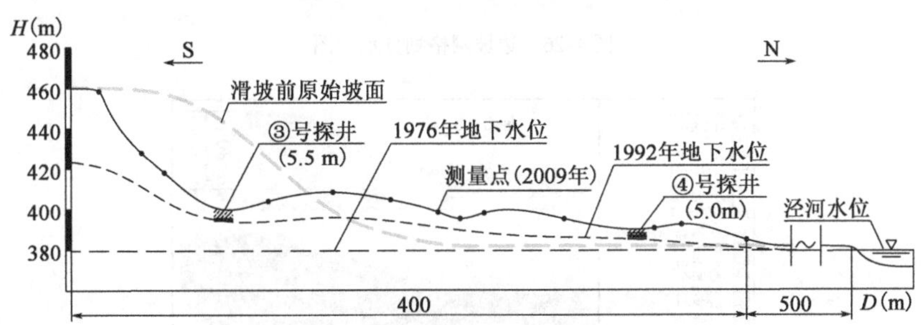

图 4-25　滑坡体 *B—B′* 剖面图

滑坡体土样的物理性质指标　　表 4-2

密度(kg/m³)	土的相对密度	含水率	孔隙比 *s*	塑性指数
1540	2.72	17.8%	1.08	8.6

根据现场勘测的地形数据及滑坡体土方量,还原滑动前边坡的状态,并建立滑动前边坡的三维模型,模型尺寸及划分网格如图 4-26 所示。该模型以图 4-24 中的 7 个剖面还原后的地面线生成边坡的坡面,以现场测量滑坡体边界剖面 *A—A′*和 *G—G′*为模型两侧边界,其中虚线

代表地下水位,h 代表塬顶的地下水埋深。土的弹性模量为 5 MPa,泊松比为 0.33,三轴试验结果显示黄土几乎无剪胀性,故计算中剪胀角取值为 0°。首先按简化后的 $D—D'$剖面在平面应变情况下进行计算,计算结果见图 4-27。图 4-28 为三维情况下计算得出的 $D—D'$剖面水平位移云图,同时在 $D—D'$剖面上设置若干记录点以记录运算过程中边坡 x 方向的位移。在平面应变分析中,当 1976 年地下水位 $h=80$ m 且 $b<0.2$ 时,计算无法收敛并且坡体出现无限大水平位移,此情况下边坡视为失稳滑动;三维分析中 $h=80$ m 且 $b<0.3$ 时,边坡出现破坏。通过两者计算结果对比可知,平面应变只能反映边坡单一剖面的稳定性,并且计算结果较三维情况更保守;三维计算则能同时考虑若干剖面及其相互影响,更能反映高边坡的整体稳定性。另外,从记录点位移变化可以看出,边坡滑动面以上土体同时出现滑动;并且滑动面上下记录点的位移明显不同,如 4 号、7 号点位移逐渐趋于稳定而 3 号、6 号点则出现无限位移。鉴于边坡属于整体破坏失稳,本节使用坡顶 1 号记录点 x 方向位移 D_{1x} 的变化来分析高边坡的稳定性。根据 $h=80$ m 及 1992 年地下水位埋深 $h=37$ m 两种工况,采用强度折减法在三维情况下计算边坡安全系数。强度折减法计算原理是将内摩擦角和黏聚力同时乘一个系数,使边坡达到破坏的临界状态,此系数即为边坡安全系数。两种工况下边坡安全系数随 b 值的变化关系如图 4-29所示。由图可知,随着 b 值的减小,安全系数均减小;随着地下水位的升高,安全系数减小。当安全系数为 1 时,水位升高前后的 b 值分别为 0.3 和 0.5。

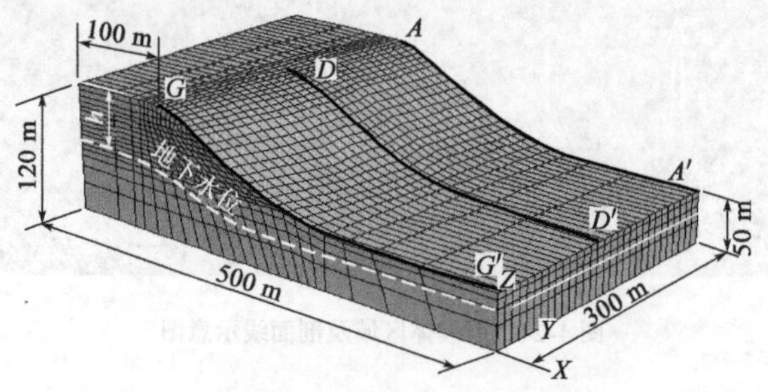

图 4-26　边坡网格划分示意图

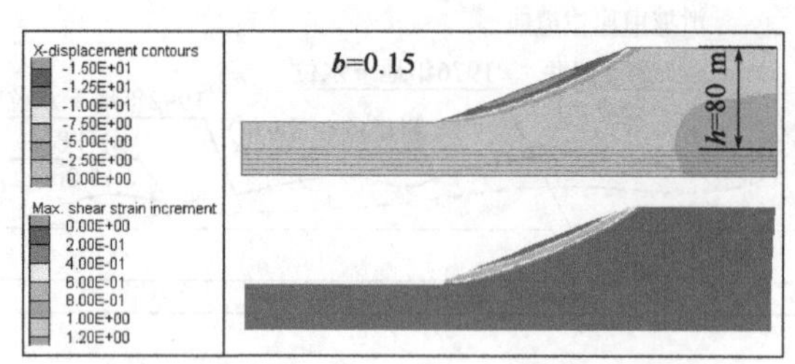

图 4-27　二维 $D—D'$剖面水平位移和剪切应变云图

为了分析较长时间内,降雨及灌溉引起地下水位抬升对边坡稳定性的影响,取双剪理论参数 $b=0.5$,按照塬顶不同地下水埋深($h=35\sim50$ m)分别计算边坡安全系数。考虑到地下水位抬升速率缓慢,在计算中不考虑渗流的影响,且地下水位以下土体完全饱和。图 4-30 为不同地下水埋深 h 时,坡顶 1 号点 x 轴向位移 D_{1x} 与不平衡力率的关系。其中,不平衡力率的定义为系统节点不平衡力最大值与系统所有节点不平衡力平均值的比值。一般而言,不平衡力率越小,计算就越趋于收敛,收敛的默认值为 1×10^{-5}。图 4-31 为 D_{1x} 与时间增量步的关系。可以看出,地下水埋深 h 越小(水位越高),D_{1x} 越大;且 D_{1x} 在初期时增大较快,而达到一定值后边坡变形趋于稳定。从计算结果还可看出,当地下水位抬升至 $h=35$ m 时,边坡出现失稳滑动。

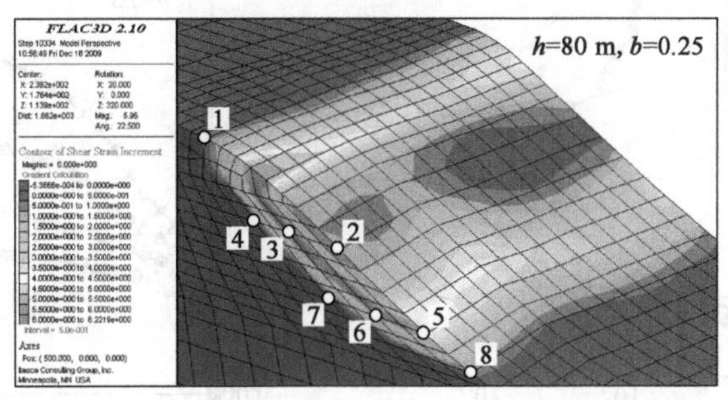

图 4-28 三维 $D—D'$ 剖面水平位移云图

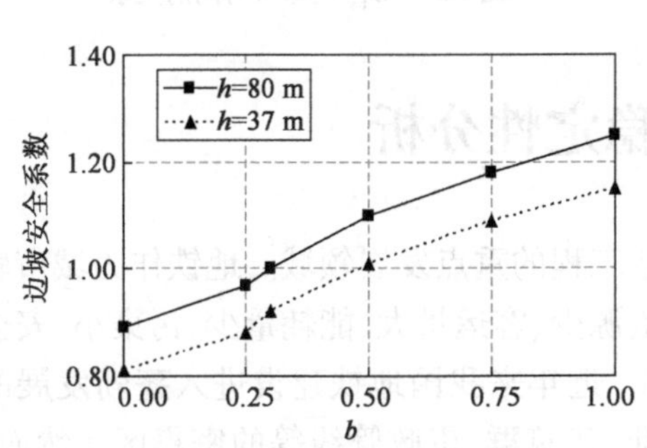

图 4-29 边坡安全系数与 b 值的关系

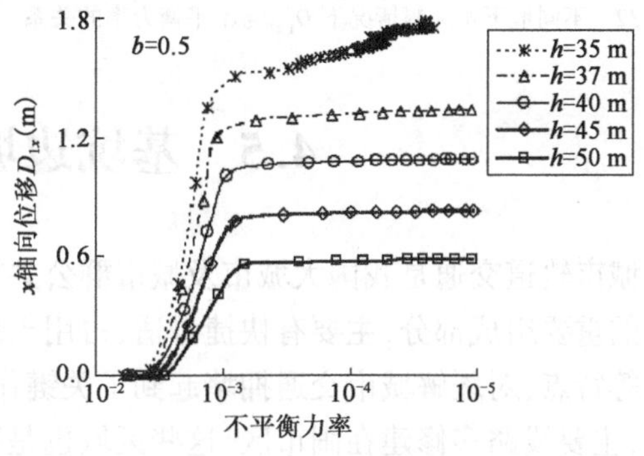

图 4-30 D_{1x} 与不平衡力率的关系

据资料统计,黄土地区每逢雨季,短时间内地下水位骤升往往会导致滑坡灾害。西安地区的降雨具有很强的季节性,以 7—9 月最多,且降雨时间短,如 2003 年平均降雨量为 898.7 mm,而 2003 年 7 月的降雨量接近 140 mm,约占全年降雨量的 15.6%。本节研究的边坡第一次滑动就发生在 2003 年 7 月。因此,深入分析集中降雨和灌溉引起地下水位变化而产生渗流对边坡稳定性的影响具有重要意义。计算中土性参数选取同前,渗透系数取 0.6 m/d。渗流场和应力场采用并行计算,通过孔隙水压力改变产生的变形来计算边坡的应力场。以河漫滩的地下水埋深 $h=80$ m 为基准,将塬顶的地下水位分别提高 30 m、35 m、40 m、45 m,即对应塬顶地下水埋深 h 分别为 50 m、45 m、40 m、35 m 四种工况进行计算。图 4-32、图 4-33 分别为渗流情况下不同 Δh 时 D_{1x} 与不平衡力率的关系、D_{1x} 与渗流时间的关系。可见,随着 Δh 值的增大,即地下水位埋深越浅,D_{1x} 越大,当 $\Delta h=45$ m 时边坡失稳。由图 4-31、图 4-32 对比可知,无渗流时 D_{1x} 增大至一定程度后逐渐趋于稳定,而考虑渗流时 D_{1x} 持续增大直至边坡

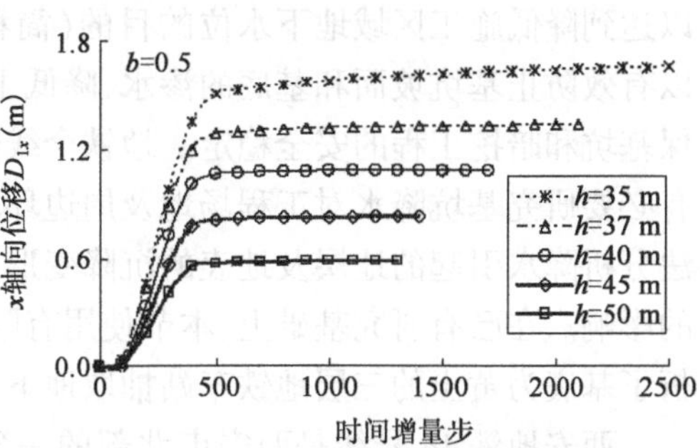

图 4-31 D_{1x} 与时间增量步的关系

突然破坏。边坡达到破坏状态时,考虑渗流下的 D_{1x} 较无渗流时的小,说明边坡在变形较小时即由于渗流的附加荷载突然失稳。

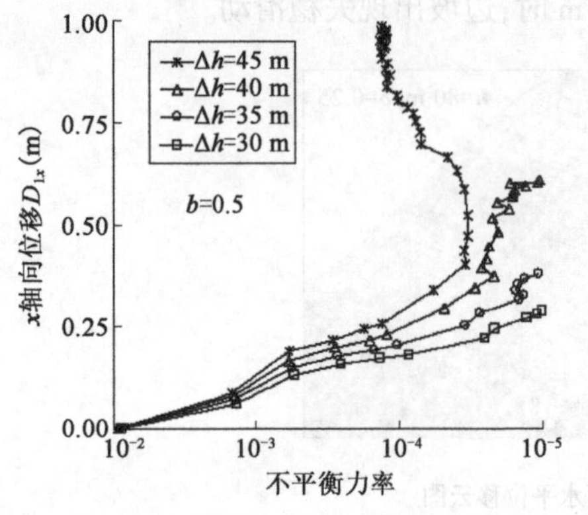

图 4-32　不同地下水降幅情况下 D_{1x} 与不平衡力率的关系

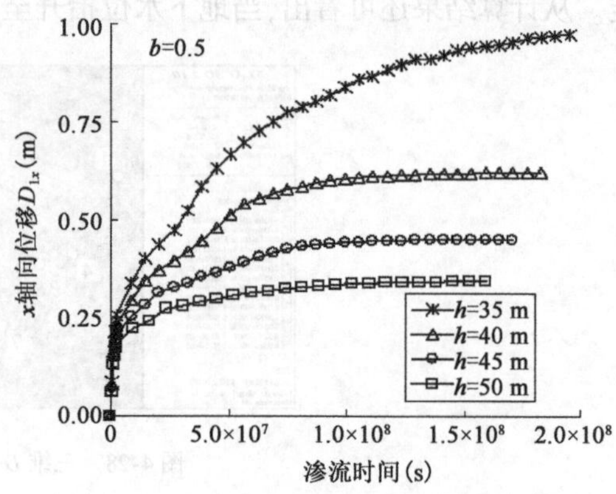

图 4-33　D_{1x} 与渗流时间的关系

4.5　基坑边坡稳定性分析

城市轨道交通是我国大城市及城市群公共交通工程的重点发展领域。地铁作为城市轨道交通的重要组成部分,主要有快捷舒适、占用土地资源少、客运量大、能耗量少、污染小、安全性能强等特点,对缓解城市交通拥堵起到了关键作用。近年来我国地铁建设进入蓬勃发展的新阶段,主要线路多修建在闹市区,这些区域也是商业、建筑群、市政管线等的密集区。然而,地铁施工期间需要开挖深基坑,对于地下水位埋深较浅的区域,需采取抽取地下水的工程措施,以达到降低施工区域地下水位的目的(简称工程降水)。将地下水位降低至基坑底板以下可以有效防止基坑坡面和基底的渗水,降低土体含水率,提高土体强度,减少支护体系的变形,确保基坑和暗挖工程的安全稳定。地铁全线开工后抽取的地下水量较大,且延续时间较长,因此有必要研究基坑降水对工程场地及周边环境的影响。现阶段,多使用经验公式及数值模拟方法分析降水引起的地层及地表的沉降变形,进而分析地层固结变形对周边建筑物及地下管线的影响。在已有研究基础上,本节使用有限元方法,考虑抽取地下水后地基土体固结变形,分析了基底为黄土的三层地铁车站抽取地下水引发的地层变形规律。

西安地铁 14 号线是西安市北部的一条切向线路,也是地铁线网中的一条市域快线。14 号线沿线地质环境条件相对简单,崩塌、滑坡、泥石流、地面塌陷、地裂缝等地质灾害不发育;沿线地势开阔,地形较平坦。线路经过地区地形总体上呈东高西低的趋势,高差约 16 m。地下水位埋深为 10 ~ 20 m,地下水补给主要有侧向径流、大气降水及管网渗漏等,排泄方式主要为径流排泄、人工开采及蒸发等。潜水含水层厚度为 50 ~ 80 m,地下水位年变化幅度为 1 ~ 3 m。西安地铁 14 号线工程主体结构所处的深度大致在 5 ~ 30 m,正好处于地下水位范围内。为保证施工安全,在开挖过程中,必须降低地下水位。工程降水将会在一定时期内影响地铁沿线的地下水环境,同时可能引起局部地面沉降变形。根据地铁 14 号线工程勘察资料,线路沿线地貌单元主要为渭河河漫滩、渭河一级阶地、灞河河漫滩及灞河一、二级阶地,沿线的地层详细特征从地表依次向下叙述如下：渭河河漫滩区——杂填土、第四系冲洪积粉质黏土、第四系冲积粉土及中砂互层，渭河一级阶地区——杂填土、第四系冲洪积新黄土状土及第四系冲积中、细砂，灞河河漫滩区——杂填土、第四系冲洪积黄土状土、第四系冲洪积中砾砂，灞河一、二级阶地区——杂填土、第四系冲洪积黄土状土、第四系冲洪积中砾砂。地铁14号线工程沿线地貌即渭河阶地地层剖面如图4-34所示。

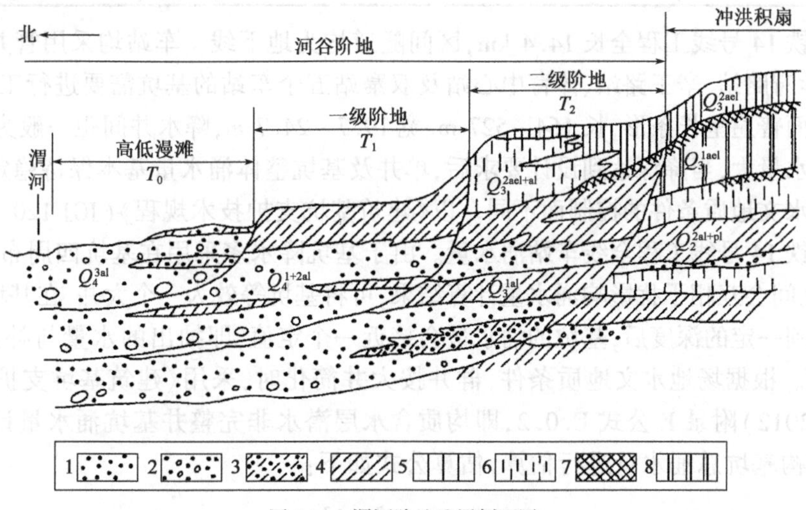

图4-34 渭河阶地地层剖面图

1-砂、砂砾石；2-砂砾卵石；3-亚砂土；4-亚黏土；5-上更新统黄土；6-黄土状土；7-古土壤；8-中更新统黄土

本区段的含水层主要为冲洪积孔隙潜水。其中冲洪积地层的主要岩性为冲洪积成因的砂、砾、卵石，局部夹黏性土透镜体。靠近河流含水层的颗粒越粗，地层厚度越大。沿线地层地下水位埋深普遍较小，渗透系数为15～60 m/d。各区段情况为，西部渭河一级阶地：地下水位埋深10.0～14.5 m，主要含水层为透水性较强的含砾中粗砂。灞河河谷及河漫滩：地下水位埋深5～10 m，含水层为透水性较强的圆砾层和砂卵石。东部渭河一级阶地：地下水位埋深12.5～26.0 m，自西向东逐渐变深，主要含水层为透水性较强的含砾中粗砂等。14号线沿线地下水以大气降水、灌溉水入渗为主，灞河与地下水在丰水期互补。大气降水补给具有全区性，水位动态与降水量曲线基本吻合。地形平坦低凹，以砂性土为主，地下水水位浅埋，且在多雨年份或季节，入渗量大，一般从河谷漫滩、一级阶地到冲洪积扇、黄土塬，随着地下水埋深增加，岩性粒度变小，入渗系数也由大变小。14号线在辛王路—体育中心区间垂直穿过灞河，灞河侧向补给对该区段作用明显。14号线车站地层地下水埋深及渗透系数如表4-3所示。

14号线车站地层地下水埋深及渗透系数汇总 表4-3

工点名称	水位埋深(m)	地下水位高程(m)	渗透系数建议值(m/d)
尚贤路站	12.00～13.50	358.06～359.06	25.0
学府路站	10.80～12.90	360.78～362.87	27.0
辛王路站	13.60～14.30	361.96～362.78	22.0
体育中心站	11.70～13.30	363.30～364.60	27.0
双寨站	13.00～18.30	362.31～362.84	27.0

续上表

工点名称	水位埋深(m)	地下水位高程(m)	渗透系数建议值(m/d)
三义庄站	15.00 ~ 18.40	362.04 ~ 363.47	27.0
港务大道站	19.10 ~ 21.00	361.23 ~ 361.81	23.0
贺韶村站	22.00 ~ 25.50	359.34 ~ 361.34	25.0

西安地铁 14 号线工程全长 14.4 km,区间隧道均为地下线。车站均采用管井降水,其中尚贤路站、学府路站、辛王路站、体育中心站及双寨站五个车站的基坑需要进行工程降水。14 号线车站平面普遍呈长条形,长 164 ~ 527 m、宽 19.7 ~ 24.7 m,降水井间距一般为 15 ~ 20 m,抽水初期的水量大,当降深达到设计要求后,单井及基坑整体涌水量基本保持稳定,各车站单井出水量受水文地质条件的控制而不同。以《建筑基坑支护技术规程》(JGJ 120—2012)建议公式预估地铁 14 号线工程全线车站涌水量。由于基坑降水多采用在基坑四周布置降水井的方式,群井之间会互相干扰影响涌水量计算结果,可将基坑等效为一个大井,在基坑抽水期间,当降深控制到一定的深度后,基坑的涌水量会接近一个定值,即抽出的水量与补给的水量达到动态平衡。根据场地水文地质条件,群井按大井简化时,采用《建筑基坑支护技术规程》(JGJ 120—2012)附录 E 公式 E.0.2,即均质含水层潜水非完整井基坑涌水量计算公式,对车站主体结构基坑总涌水量进行估算,估算公式如下:

$$Q = \pi k \frac{H^2 - h^2}{\ln\left(1 + \frac{R}{r_0}\right) + \frac{h_m - l}{l}\ln\left(1 + 0.2\frac{h_m}{r_0}\right)} \tag{4-14}$$

式中,Q 为基坑降水总涌水量(m^3/d);k 为渗透系数(m/d);H 为潜水含水层厚度(m);R 为影响半径(m);r_0 为基坑等效半径(m),可按 $r_0 = \sqrt{S/\pi}$ 计算,S 为基坑面积(m^2);h 为降水后基坑内的水位高度(m);l 为过滤器进水部分的长度(m);$h_m = (H + h)/2$。14 号线车站基坑涌水量估算如表 4-4 所示。

14 号线车站基坑涌水量估算 表 4-4

车站名称	地貌单元	降水井数	水位降幅(m)	预测涌水量(m^3/d)
尚贤路站	渭河河漫滩	55	6.0	6500
学府路站	渭河一级阶地	34	6.5	4253
辛王路站	渭河一级阶地	35	5.5	3170
体育中心站	灞河一级阶地	20	13.0	3537
双寨站	灞河一级阶地	52	5.0	5980

采用笛卡儿直角坐标系,以顺基坑向为 X 轴,坐标原点选取车站或线路中心地表处(零标高处);以垂直向为 Z 轴,垂直向上为正。模型尺寸:地铁车站长 300 m,宽 25 m,降水井间距 20 m,井深 40 m,井到基坑水平距离 2 m,地表以下第一层为厚 3 m 的填土,其余为粉质黏土,地下水位埋深 10 m。网格划分:计算模型总共划分为 6 万余个八节点六面体单元。计算分析采用有限元计算软件 ABAQUS 的隐式固结计算模块。基坑降水及施工有限元数值模拟的计算模型及网格划分图如图 4-35 所示。

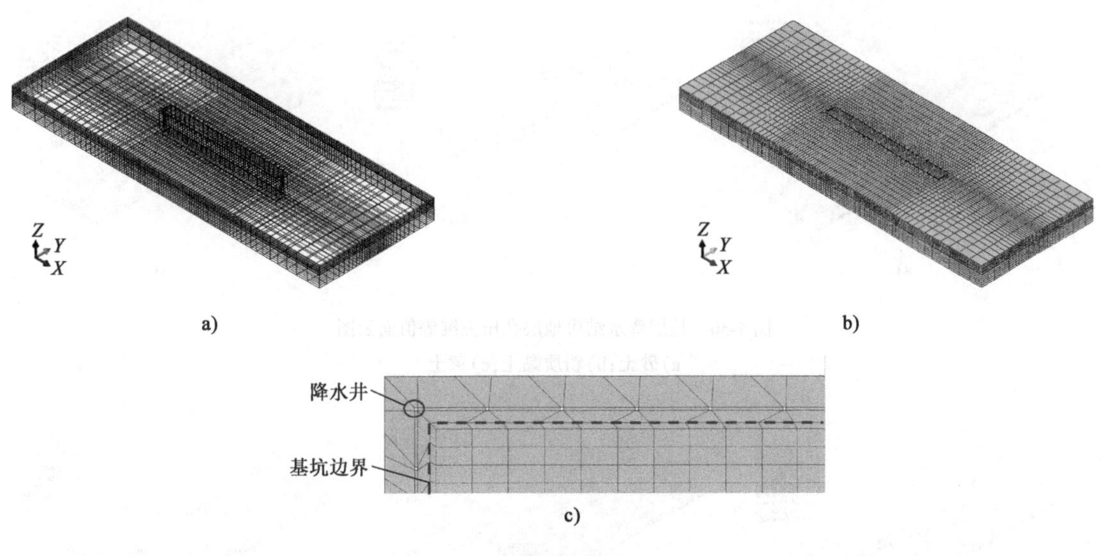

图 4-35 计算模型及网格划分图

a) 网格透视;b) 网格外视;c) 降水井网格细部图

土体渗透系数采用经验公式确定,即采用修正的科森-卡门公式进行估算,计算公式如下。

$$k = \frac{c_2 \rho_{wz} (e - e_0)^3}{s^2 \eta (1 + e - e_0)} \tag{4-15}$$

式中,c_2 为土颗粒形状系数(约为 0.125);s 为土颗粒的比表面积;η 为孔隙水的黏滞系数;ρ_{wz}为自由水密度(约为 1.0 kg/m³);e 为土体的孔隙比;e_0 为土体的无效孔隙比,约等于土体的液限含水率。计算边界条件的设置如下:固结变形计算有限元模型四周采用法向约束,底面采用三个方向的全约束;固结分析时对抽水井施加流量边界,地下水位线(浸润面)施加零孔压边界,其中地表以下 3 m 为杂填土,其余土层为黄土。使用有限元方法计算分析 14 号线典型三层地铁车站降水施工过程,预测水位下降时间、降水引发的地面沉降及车站开挖引起的沉降变形。车站混凝土结构采用线弹性本构模型进行计算分析,密度为 2500 kg/m³,弹性模量为 43 GPa,泊松比为 0.188。土体固结计算所需的参数及其取值如表 4-5 所示。

土体固结计算参数取值表 表 4-5

土层	密度 (kg/m³)	液限 w_L (%)	孔隙比 e	孔隙水的黏滞系数 η (g/s·cm)	土颗粒的比表面积 s (cm⁻¹)	压缩模量 E_s (MPa)	黏聚力 c (kPa)	内摩擦角 φ (°)	渗透系数 k (cm/s)
中砂	1850	10.8	0.606	1.01	3000	10.8	0	32.5	3.34×10^{-5}
粉质黏土	1930	26.9	0.748	1.175	60000	8.3	28	21.0	6.64×10^{-8}
黄土	1900	22.7	0.709	1.088	40000	8.1	29	20.0	1.63×10^{-7}

基础底面为砂土、粉质黏土及黄土地层的三层地铁车站地层工程降水及基坑开挖结束地下水位以下地层的孔隙水压力及沉降变形云图如图 4-36 ~ 图 4-39 所示,其中孔压单位为 Pa,沉降单位为 m。

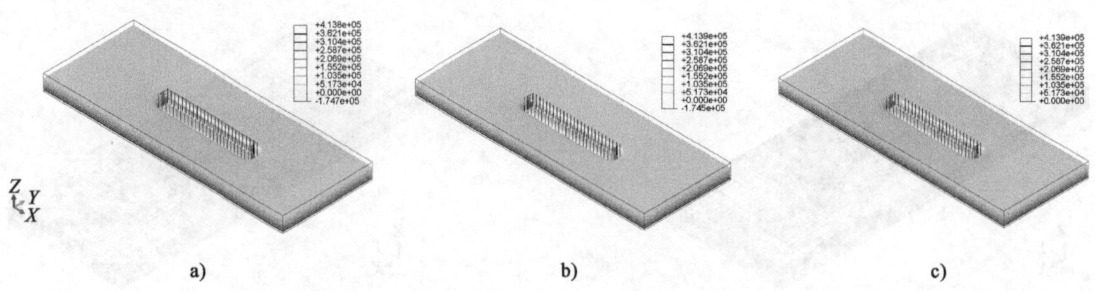

图 4-36　地层降水结束地层孔压三维等值面云图

a）砂土；b）粉质黏土；c）黄土

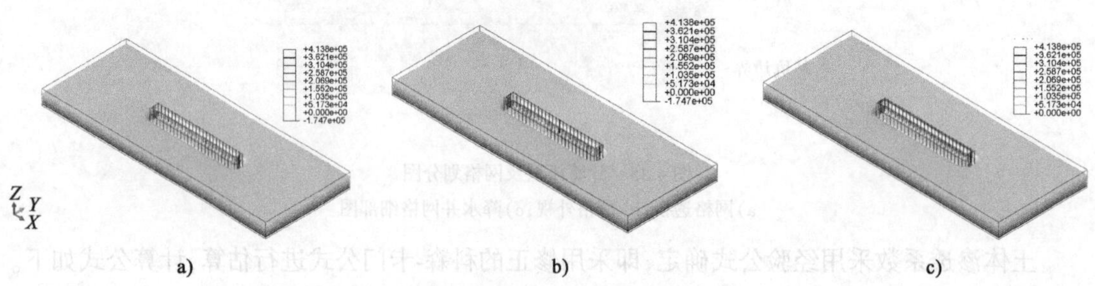

图 4-37　基坑开挖结束地层孔压三维等值面云图

a）砂土；b）粉质黏土；c）黄土

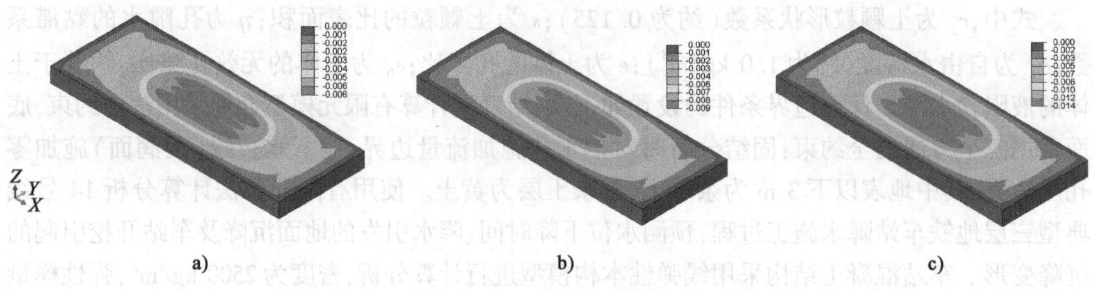

图 4-38　地层降水结束地层沉降变形三维云图

a）砂土；b）粉质黏土；c）黄土

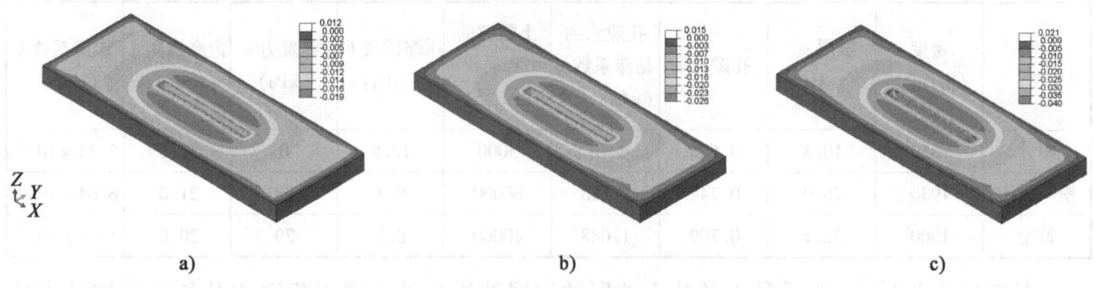

图 4-39　基坑开挖结束地层沉降变形三维云图

a）砂土；b）粉质黏土；c）黄土

西安地铁 14 号线工程降水及基坑开挖诱发的沉降主要由两部分构成：一部分是水位降深引起的沉降，另一部分是基坑支护结构变形引起的沉降。理论计算结果表明，各条线工程降水引起的沉降一般占到总沉降量的 10% ~40%。在以往资料的基础上，使用有限元方法对 14 号线典型地铁车站降水及施工进行数值模拟研究。分析结果显示，降水后 14 号线地面沉降量一般在 10 ~30 mm，沉降数值沿地铁线路总体呈西低东高的趋势，即渭河河漫滩及一级阶地（砂土地层）>灞河一级阶地（粉质黏土地层）>灞河二级阶地（黄土地层）。这种规律主要与该区域地层土性有关，黄土地层多分布大孔隙，失水后地层容易出现沉陷，而砂土地层失水后产生挤密效应，从而减少了地层的沉降变形。有限元计算结果显示粉质黏土地层的降水及水位回升时间均最长，砂土地层降水及水位回升时间最短。基础底面分别为砂土、粉质黏土、黄土地层的三层地铁车站，其地下水位埋深及地层沉降变形随抽水时间的变化如图 4-40 及图 4-41所示。

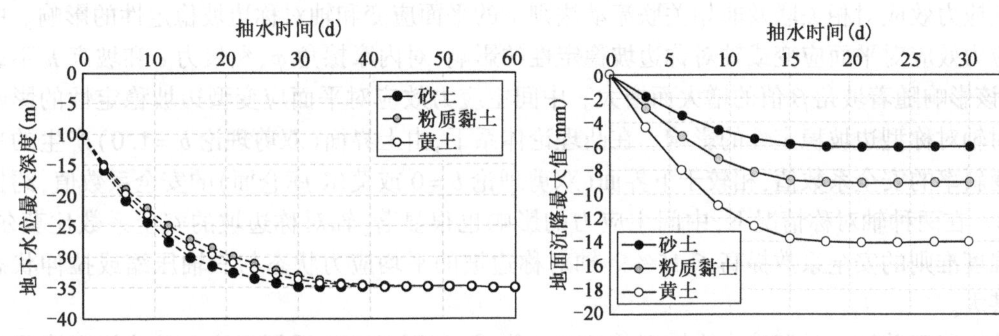

图 4-40　降水后地下水位最大深度与抽水时间的关系　　图 4-41　降水后地面沉降最大值与抽水时间的关系

通过对西安地铁 1 号线、3 号线地面沉降资料分析可知，一般情况下，地面沉降数值均在预警范围内，但仍有少部分数值超过预警值，究其原因大部分是暗挖施工引起的变形沉降，小部分原因则与管线影响及基底变形有关。地铁工程降水一般在基坑开挖后进行，因此基坑沉降主要是由基坑支护结构变形和水位降深引起的沉降，其中工程降水引起的沉降一般不超过总沉降量的 40%。根据以往资料及本次计算结果分析，基坑降水引发的变形均在可控范围内。采用《建筑基坑支护技术规程》(JGJ 120—2012)建议公式计算均质含水层潜水非完整井基坑降水引起的沉降变形，计算公式如下。

$$s = \psi_{\mathrm{w}} \sum_{i=1}^{n} \left(\frac{\Delta \sigma'_{zi} \Delta h_i}{E_{si}} \right) \tag{4-16}$$

式中，s 为降水引起的地层变形量(m)；ψ_{w} 为沉降计算经验系数，应根据地区工程经验取值，无经验时宜取 $\psi_{\mathrm{w}} = 1$；$\Delta\sigma'_{zi}$ 为降水引起的地下第 i 土层中点处的附加有效应力(kPa)，对黏性土，应取降水结束时土的固结度下的附加有效应力；Δh_i 为第 i 层土的厚度(m)；E_{si} 为第 i 层土的压缩模量(kPa)，应取土的自重应力至自重应力与附加有效应力之和的压力段的压缩模量值；n 为地层数量，计算中取值为 2。使用有限元方法及规范建议公式计算预测的 14 号线地铁站降水及施工引发地表沉降变形结果如表 4-6 所示。

地铁站降水及施工引发地表沉降变形汇总　　表 4-6

降水时间(d)	水位恢复时间(d)	降水引发地面沉降最大值(mm)	基坑开挖+降水引发地面沉降最大值(mm)	降水引起沉降占总沉降量比例
35	31	6/4 (数值模拟/规范公式)	19 (数值模拟)	31.6% (数值模拟)
49	48	9/5 (数值模拟/规范公式)	26 (数值模拟)	34.6% (数值模拟)
45	40	14/8 (数值模拟/规范公式)	39 (数值模拟)	35.0% (数值模拟)

本章阐述了显式数值计算方法在边坡稳定性问题中的应用。采用 EFDM 程序 FLAC 和双剪弹塑性本构模型,对平面应变和轴对称边坡的安全系数进行了数值计算。研究了岩土材料中间主应力效应对相关联及非相关联流动法则下的平面应变和轴对称边坡稳定性的影响。中间主应力效应对平面应变或轴对称边坡稳定性的影响,对内摩擦角 φ、黏聚力 c 和坡高 h 不敏感,而该影响随着坡角 β 值的增大而增大。中间主应力效应对平面应变型边坡稳定性的影响大于对轴对称型边坡稳定性的影响。在凸理论体系下,由上界面(双剪理论 $b=1.0$)产生的平面应变斜率的安全系数值,相较于下界面(双剪理论 $b=0$ 或莫尔-库仑面)的安全系数值,约提高 1/3。在两种轴对称情况下,中间主应力的影响也很显著,轴对称边坡的安全系数比莫尔-库仑强度准则的安全系数提高了 15%。轴对称边坡的平均应力状态与三轴压缩或拉伸状态相差甚大。

建立了双剪统一弹塑性本构模型的 EFDM 格式,利用 EFDM 适用于饱和及非饱和渗流条件下边坡稳定性分析的特点展开研究。饱和及非饱和渗流计算结果表明,采用伴生渗流(剪胀角 $\psi=0$)时,边坡会出现多个滑动面。饱和及非饱和渗流条件下的边坡稳定性分析结果对比表明,非饱和土的剪切剪胀(流动规律)对边坡稳定性影响不大,这主要与土的非饱和渗流力学行为有关。在饱和渗流情况下,土体的剪胀性(流动规律)对渗流条件下的边坡稳定性影响显著,因此在饱和条件下的边坡稳定性分析中应考虑土体的剪胀性。进一步将 EFDM 运用于土质高边坡的三维稳定性计算分析。由中间主应力分析结果可知,随着中间主应力影响系数的减小,边坡在不同地下水水位时的安全系数均降低,并且考虑中间主应力的计算结果更符合实际情况。计算结果表明,不考虑渗流时,不同地下水位下的边坡产生一定变形后逐渐趋于稳定;考虑渗流时,边坡在渗流过程中发生持续变形,当塬顶地下水位升高到一定程度后会发生突然破坏失稳。黄土地区由于气候干燥,大量的农田灌溉和季节性暴雨使得地下水位短时间内显著提高。为了提高边坡的稳定性,应尽可能减少黄土塬边的农田开垦及灌溉,减少地下水渗流对坡体稳定性的不利影响。

基于西安市地铁 14 号线基坑降水问题,使用有限元方法对基坑降水效果及诱发地表沉降变形问题进行了数值模拟研究。研究结果显示:对工程降水诱发地面沉降的有限元数值模拟计算结果与规范建议经验公式计算的沉降量结果相近。通过对比发现,相对于黏性土(粉质黏土及黄土)地层,砂土地层降水后地下水位下降速率最快,停止抽水后水位恢复速率也最快,但其工程降水诱发的沉降也最小;而黄土地层在三种地层中,工程降水诱发的沉降最大。

本章参考文献

[1] 马宗源,廖红建,祈影. 复杂应力状态下土质高边坡稳定性分析[J]. 岩土力学,2010,31(S2):328-334.

[2] 金艳丽,戴福初. 地下水位上升下黄土斜坡稳定性分析[J]. 工程地质学报,2007,15(5):599-606.

[3] 刘忠玉,慕青松. 饱和黄土边坡的动力失稳机制研究[J]. 岩土工程学报,2005,27(9):1016-1020.

[4] 王家鼎,张倬元. 典型高速滑坡群的系统工程地质研究[M]. 成都:四川科学技术出版社,1999.

[5] 徐张建,林在贯,张茂省. 中国黄土与黄土滑坡[J]. 岩石力学与工程学报,2007,26(7):1297-1312.

[6] 雷祥义. 陕西泾阳南塬黄土滑坡灾害与引水灌溉的关系[J]. 工程地质学报,1995,3(1):56-64.

[7] 许领,戴福初,邝国麟,等. 黄土滑坡典型工程地质问题分析[J]. 岩土工程学报,2009,31(2):287-293.

[8] 郑颖人,赵尚毅. 有限元强度折减法在土坡与岩坡中的应用[J]. 岩石力学与工程学报,2004,23(19):3381-3388.

[9] 郑颖人,赵尚毅,孔位学,等. 极限分析有限元法讲座:I 岩土工程极限分析有限元法[J]. 岩土力学,2005,26(1):163-168.

[10] 赵尚毅,郑颖人,时卫民,等. 用有限元强度折减法求边坡稳定安全系数[J]. 岩土工程学报,2002,24(3):343-346.

[11] 宋进喜,李怀恩,王伯铎. 西安市雨水资源化及其利用的探索[J]. 水土保持学报,2002,16(3):102-105.

[12] 周家文,徐卫亚,邓俊晔,等. 降雨入渗条件下边坡的稳定性分析[J]. 水利学报,2008,39(9):1066-1073.

[13] 陈建余. 有密集排水孔的三维饱和-非饱和渗流场分析[J]. 岩石力学与工程学报,2004,23(12):2027-2031.

[14] 童龙云,简文星. 考虑降雨入渗过程的非饱和边坡稳定性分析[J]. 武汉理工大学学报,2012,34(11):78-83.

[15] 俞茂宏,何丽南,宋凌宇. 双剪应力强度理论及其推广[J]. 中国科学:A 辑,1985,35(12):1415-1428.

[16] BISHOP A W, MORGENSTEM N. Stability coefficients for earth slopes[J]. Geotechnique, 1960,10(4):129-153.

[17] BISHOP A W. The use of the slip circle in the stability analysis of slopes[J]. Geotechnique, 1955,5(1):7-17.

[18] CHENG Y M, LANSIVAARA T, WEI W B. Two-dimensional slope stability analysis by limit equilibrium and strength reduction methods[J]. Computers and geotechnics, 2007,34(3):

137-150.

[19] DAWSON E M, ROTH W H, DRESCHER A. Slope stability analysis by strength reduction [J]. Geotechnique, 1999, 49(6): 835-840.

[20] DUNCAN J M. State of the art: limit equilibrium and finite-element analysis of slopes [J]. Journal of geotechnical engineering ASCE, 1996, 122(7): 577-596.

[21] FREDLUND D G, KRAHN J. Comparison of slope stability methods of analysis [J]. Canadian geotechnical journal, 1977, 14(3): 429-439.

[22] GRIFFITHS D V, LANE P A. Slope stability analysis by finite elements [J]. Geotechnique, 1999, 49(3): 387-403.

[23] Itasca Consulting Group. Fast lagrangian analysis of continua, version 5.0, user's manual [M]. Minneapolis: Itasca Consulting Group Inc., 2005.

[24] JANBU N. Application of composite slip surfaces for stability analysis [C] // Proceedings of the European Conference On Stability of Earth Slopes, Stockholm: ISSMFE, 1954: 43-49.

[25] JIA G W, TONY L T, CHEN Y M, et al. Performance of a large-scale slope model subjected to rising and lowering water levels [J]. Engineering geology, 2009, 106: 92-103.

[26] LI A J, MERIFIELD R S, LYAMIN A V. Limit analysis solutions for three dimensional undrained slopes [J]. Computers and geotechnics, 2009, 36(8): 1330-1351.

[27] LI L C, TANG C A, ZHU W C. Numerical analysis of slope stability based on gravity increase method [J]. Computers and geotechnics, 2009, 36(7): 1246-1258.

[28] MORGENSTERN N R, PRICE V E. The analysis of thestability of general slip surfaces [J]. Geotechnique. 1965, 15(1): 79-93.

[29] SARMA S K. Stability analysis ofembankment and slopes [J]. Journal of geotechnical engineering division ASCE, 1979, 105(12): 1511-1524.

[30] SPENCER E. A method of analysis of stability of embankments assuming parallel interslice forces [J]. Geotechnique, 1967, 17(1): 11-26.

[31] SWAN C C, SEO Y K. Limit state analysis of earthen slopes using dual continuum/FEM approaches [J]. International journal for numerical and analytical methods in geomechanics, 1999, 23(12): 1359-1371.

[32] YU M H. Advances in strength theories for materials under complex stress state in the 20thcentury [J]. Applied mechanics reviews ASME, 2002, 55(3): 169-218.

[33] YU M H. Unified strength theory and its applications [M]. Springer, Berlin, 2004.

[34] ZHANG Y B, CHEN G Q, ZHENG L. Effects of geometries on three-dimensional slope stability [J]. Canadian geotechnical journal, 2013, 50(3): 233-249.

[35] ZIENKIEWICZ O C, HUMPHESON C, LEWI R W. Associated and non-associated visco-plasticity and plasticity in soil mechanics [J]. Geotechnique, 1975, 25(4): 671-689.

5 显式有限元方法在边坡动力稳定性问题中的应用

5.1 基本理论与方法

5.1.1 土动力学基本理论

采用土动力学模型分析地震情况下边坡稳定性问题。选取哈丁-德内维奇骨干加载曲线预测土的动模量和阻尼比随动应变的衰减关系。动三轴试验数据说明哈丁-德内维奇模型更适用于预测饱和黄土的动应力应变关系。根据哈丁-德内维奇模型,土的动剪切模量和阻尼比可写为动剪应变的函数,如式(3-1)及式(3-2)所示。三维情况下一般将 γ 取为广义剪应变形式,即动力过程中土体的剪切模量和阻尼比与广义剪应变相关。但是广义剪应变是恒为正的,不能反映循环加载时剪应变的正反向变化,即不能准确反映反向加载时的应力路径。为解决这一问题,将循环加载过程中卸载到反向加载阶段的广义剪应变增量 $\Delta\gamma$ 乘一个折减系数 a,以抵消反向加载过程中广义剪应变不能为负的影响。根据黏弹性理论构建阻尼和弹簧并联型的黏弹性本构模型。

$$\begin{cases}\sigma_{ii} = K\varepsilon_v + 2G\varepsilon_{ii} + \eta_K\dot{\varepsilon}_v + 2\eta_G\dot{\varepsilon}_{ii} \\ \sigma_{ij} = 2G\varepsilon_{ij} + 2\eta_G\dot{\varepsilon}_{ij}\end{cases} \quad (i,j=1,2,3,i\neq j) \tag{5-1}$$

式中,ε_v 为体应变;ε_{ij}为应变张量;ε_{ii} 为应变张量对角线分量;$\dot{\varepsilon}_{ij}$、$\dot{\varepsilon}_{ii}$、$\dot{\varepsilon}_v$分别为应变率张量、应变率张量对角线分量及体应变张量;K 和 G 分别是土体的体积模量和剪切模量;η_G 和 η_K分别为土体发生剪切和体积变形时的动力黏滞系数,$\eta_G = GD/(\pi f)$,$\eta_K = KD/(\pi f)$,f 为结构的自振频率。使用 Visual Fortran 语言编制黄土动本构关系计算程序,并由 VUMAT 子程序接口将其导入 ABAQUS 有限元计算软件。采用一个四节点减缩积分单元计算单元的剪应力及剪应变关系,并与黄土动三轴试验测试数据进行对比。约束该单元顶部节点的水平自由度,在单元底部水平方向上加载正弦加速度时程曲线,正弦时程函数如式(5-2)所示,峰值加速度为0.04g。

$$A = \frac{t^{10}}{2.25\times10^6 e^t}\sin(2\pi t) \tag{5-2}$$

式中,A 为加速度;t 为振动时间。图 5-1 为不同类型土的动剪切模量、阻尼比与动剪应变的关系，其中陕北黄土数据取自文献[16]，砂土和黏土数据取自文献[17]和[18]。黄土动力学参数为：最大剪切刚度 $G_{max}=29.2\mathrm{MPa}$，最大阻尼比 $D_{max}=0.159$，参考剪应变 $\gamma_{ref}=0.03$。可以看出根据哈丁-德内维奇骨干加载曲线建立黄土动力本构模型能够很好模拟黄土加卸载过程中的滞回曲线形状的应力应变关系。

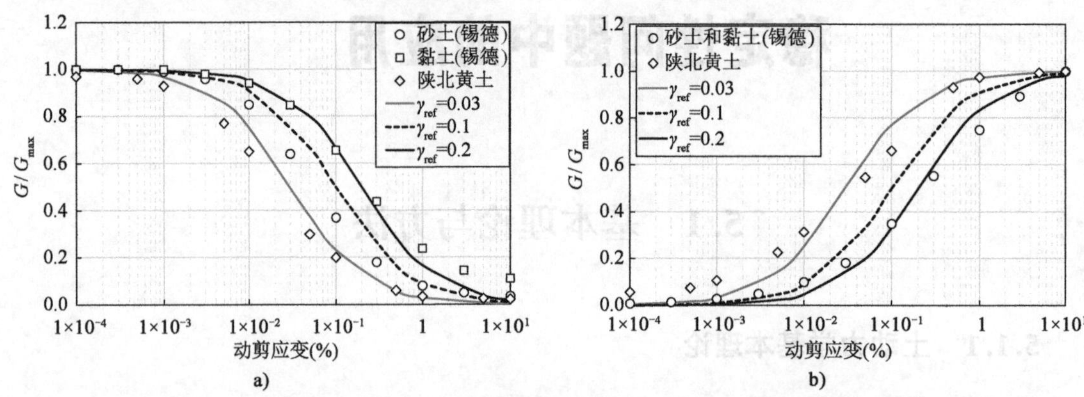

图 5-1 不同类型土的动剪切模量、阻尼比与动剪应变的关系

a) 动剪切模量；b) 阻尼比

图 5-2 显示了输入正弦幅值不同系数 a 情况下广义剪应变的时程变化曲线，$a=1.0$ 情况下动剪切模量和阻尼比完全由广义剪应变确定，$a=0$ 情况下动剪切模量和阻尼比只与广义剪应变正向加载幅值有关，与卸载及反向加载过程无关。由图 5-3 黄土的动应力与动应变关系可以看出，$a=1.0$ 情况下在反向加载过程中，动应力应变曲线切线斜率明显偏大，而 $a=0$ 情况下的动应力应变曲线呈椭圆形，$a=0.5$ 时动应力应变曲线与试验结果相近。

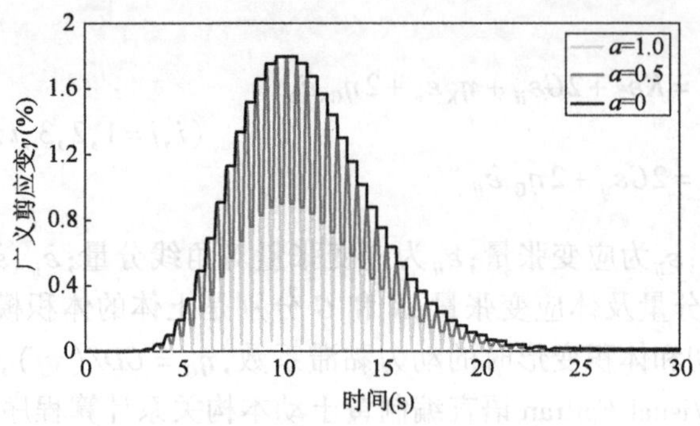

图 5-2 广义剪应变时程曲线

5.1.2 计算方法

使用强度折减法计算边坡的安全系数，边坡土体抗剪强度参数折减方式可写为

$$c_{\mathrm{f}}=\frac{c}{\mathrm{SRF}},\ \varphi_{\mathrm{f}}=\arctan\frac{\tan\varphi}{\mathrm{SRF}} \tag{5-3}$$

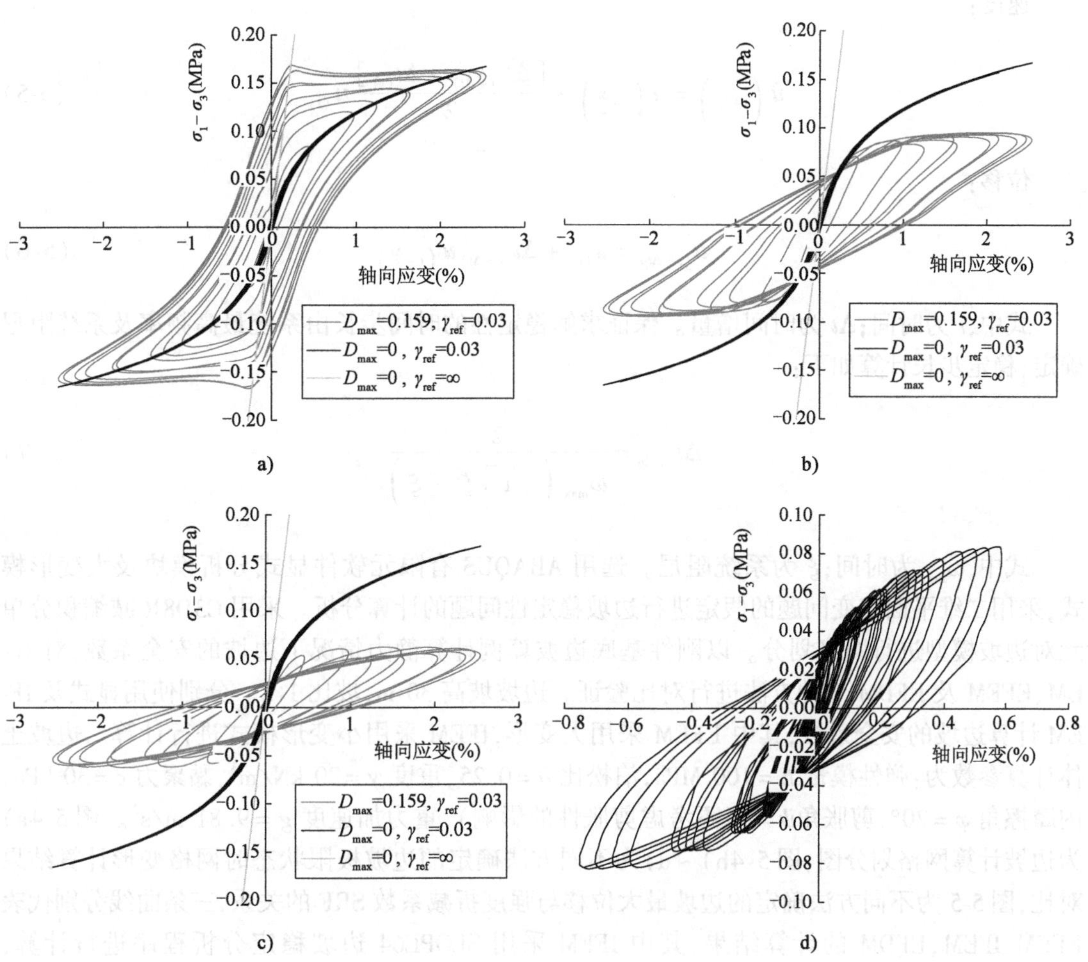

图 5-3 黄土动应力应变关系理论预测与试验数据的对比

a) $a=0$; b) $a=0.5$; c) $a=1.0$; d) 试验结果

式中，c 和 φ 分别为边坡土体原始的黏聚力及内摩擦角；c_f 和 φ_f 分别为经过折减之后的边坡土体的黏聚力及内摩擦角。边坡位移突然增大(折减系数与边坡最大位移关系曲线拐点)时刻的折减系数确定为边坡安全系数。EFEM 与 IFEM 最大的区别在于求解非线性问题时是否迭代，是否所有待求物理量在同一时刻得到解答。采用隐式方法处理非线性问题时一般无法直接求解，需要采用迭代方法求解雅可比矩阵，对于高度非线性问题，迭代求解可能会不收敛。显式方法依靠时间积分求解控制方程，无须迭代直接进行求解，求解高度非线性问题具有一定优势。EFEM 计算过程存在波动，易引起求解误差，需要控制时间步长保证求解稳定性。根据节点力的平衡方程，加速度可写为

$$\ddot{\boldsymbol{u}}_{(t)} = \boldsymbol{M}^{-1} \cdot (\boldsymbol{P} - \boldsymbol{I})_{(t)} \tag{5-4}$$

式中，$\boldsymbol{M}$ 为节点质量矩阵；P 和 I 分别为节点外力和单元内力矩阵。位移表示的平衡方程

的显式积分形式可写为

速度：

$$\dot{u}\left(_{t+\frac{\Delta t}{2}}\right)=\dot{u}\left(_{t-\frac{\Delta t}{2}}\right)+\frac{\left[\Delta t_{(t+\Delta t)}+\Delta t_{(t)}\right]}{2}\ddot{u}_{(t)} \tag{5-5}$$

位移：

$$u_{(t+\Delta t)}=\dot{u}_{(t)}+\Delta t_{(t+\Delta t)}\dot{u}\left(_{t+\frac{\Delta t}{2}}\right) \tag{5-6}$$

式中，t 为时间；Δt 为时间增量。保证求解稳定性的时间步长由系统最高频率及系统阻尼确定，稳定步长计算如下：

$$\Delta t_{\text{stable}}=\frac{2}{\omega_{\max}\left(\sqrt{1+\xi^{2}}-\xi\right)} \tag{5-7}$$

式中，$\omega_{\max}$ 为时间；ξ 为系统阻尼。选用 ABAQUS 有限元软件显式分析模块及大变形模式，采用二维平面应变问题的假定进行边坡稳定性问题的计算分析。采用 C3D8R 减缩积分单元对边坡模型进行网格划分。以刚性基底边坡算例计算静力情况下边坡的安全系数，对 IFEM、EFEM 及 EFDM 三种方法进行对比验证。边坡坡高 30 m，坡比 1∶2。分别使用显式及 IFEM 计算边坡的安全系数，其中 EFEM 采用大变形，IFEM 采用小变形模式进行计算。边坡土体计算参数为：弹性模量 $E=100$ MPa，泊松比 $\upsilon=0.25$，重度 $\gamma=20$ kN/m^3，黏聚力 $c=30$ kPa，内摩擦角 $\varphi=20°$，剪胀角$\psi=0$（不考虑剪胀性的影响），重力加速度 $g=9.81$ m/s^2。图 5-4a) 为边坡计算网格划分图，图 5-4b) ~ d) 为不同方法确定的边坡极限状态时网格变形计算结果对比，图 5-5 为不同方法确定的边坡最大位移与强度折减系数 SRF 的关系，三条曲线分别代表 EFEM、IFEM、EFDM 的计算结果，其中 IFEM 采用 SLOPE64 边坡稳定分析程序进行计算，EFDM 使用 FLAC 软件进行计算。

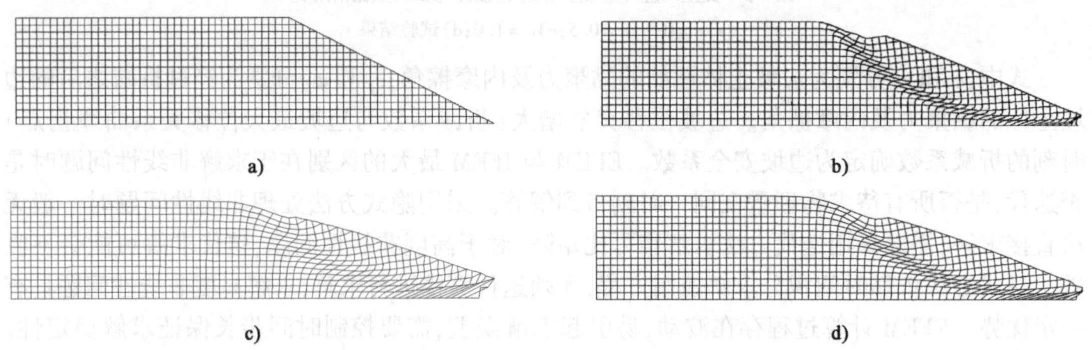

图 5-4　不同计算方法得出的边坡安全系数及网格变形结果对比

a) 计算网格划分；b) IFEM（安全系数 =1.36，放大 100 倍）；c) EFDM（安全系数 =1.43，放大 100 倍）；d) EFEM（安全系数 = 1.38，放大 20 倍）

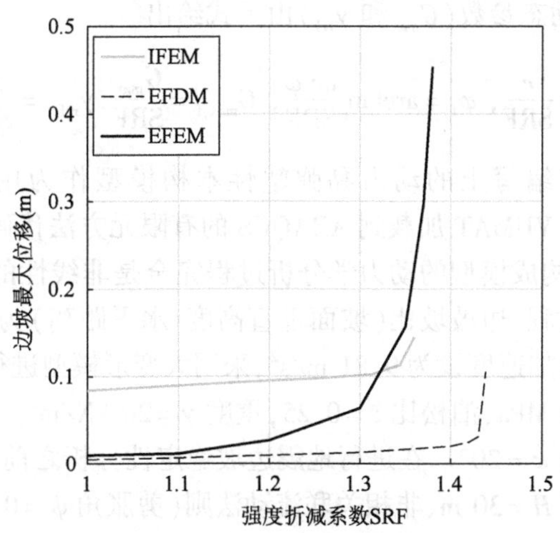

图 5-5 边坡最大位移与强度折减系数 SRF 的关系

从图 5-5 可以看出边坡最大位移随强度折减系数 SRF 的增加逐渐增大,当位移突然增大,曲线出现明显拐点时可确定为边坡的临界破坏状态。通过对比 EFEM、IFEM、EFDM 的计算结果,IFEM 确定的边坡安全系数为 1.36,EFDM 确定的边坡安全系数为 1.43,发现使用 EFEM 及强度折减方法同样可以确定边坡安全系数,但由于 EFEM 采用大变形模式,因此边坡位移比隐式方法要大。相比隐式方法,EFEM 采用显式时间积分方案求解动力学方程,材料及几何非线性问题不需要进行迭代,因此更适用于动力学及大变形问题的计算分析。

5.2 边坡动力稳定性分析

地震引起的地面运动是影响边坡稳定性的重要因素,在山区,强震易引发滑坡等边坡破坏灾害,其中山体滑坡是主要地质灾害类型。地质灾害会对建筑物和交通设施造成严重的破坏,造成严重的经济损失和人员伤亡。滑坡产生的松散沉积物会在沟壑中堆积,成为泥石流地质灾害的最重要诱因。坡体的失稳过程和滑坡体的滑动距离是影响滑坡破坏程度的两个重要因素。然而,现有的方法不能很好地分析边坡的破坏过程和滑块的滑动距离。针对地震边坡稳定性及地震破坏过程的研究相对较少。静力边坡稳定分析中安全系数计算的理论和方法不能直接应用于地震边坡稳定性分析。拟静力方法(Pseudo-Static Method,PSM)是地震边坡稳定性分析的一种简化方法。在拟静力方法中,通过对边坡施加惯性力来考虑地震的影响,但忽略了地震的动力过程。近年来,一些研究者将拟静力方法与解析或数值方法结合起来研究地震边坡稳定性问题。拟静力方法也被应用于地震边坡稳定性问题的可靠度分析。地震条件下岩土材料的力学性能是分析地震边坡稳定性时需考虑的另一个重要影响因素。然而,在利用拟静力方法和极限平衡进行地震边坡稳定性分析时,往往忽略了这一点。利用 EFEM 和强度折减法分析地震边坡的稳定性和破坏过程,可以考虑土体的力学行为和地震诱发的动力过程。在分析中,土的抗剪强度参数(c 和 φ)和动力参数($D_{\max}$ 和 γ_{ref})均采用相同的强度折减系数。同样,对折减动力特性进行调整,并将其与折减后的抗剪强度参数一并用于边坡安全系数解。强度折减参数(c_f 和 φ_f)和动态参数(G_{max} 和 γ_{ref})由下式给出。

$$c_f=\frac{c}{SRF},\ \varphi_f=\arctan\frac{\tan\varphi}{SRF},\ G_{max,f}=\frac{G_{max}}{SRF},\gamma_{ref,f}=\frac{\gamma_{ref}}{SRF} \tag{5-8}$$

使用FORTRAN语言编写土的动力黏弹塑性本构模型作为用户自定义子程序,通过EFEM模块的子程序接口VUMAT加载到ABAQUS的有限元方法代码中。与等效线性方法相比,有限元法对土体动力构成模型的动力学分析过程完全是非线性的。分析二维平面应变土质边坡的稳定性与破坏过程,边坡坡比(坡面垂直高度/水平距离)为1:2,边坡尺寸及有限元网格如图5-6所示。重力加速度设为9.81 m/s^2,采用大变形模型进行有限元计算。土的弹性特性为:杨氏模量 $E=100$ MPa,泊松比 $v=0.25$,重度 $\gamma=20$ kN/m^3。边坡土体强度参数为:黏聚力 $c=30$ kPa,内摩擦角 $\varphi=20°$。在进行地震边坡稳定性分析之前,建立了初始重力场。采用IFEM和EFDM分析了 $H=30$ m、非相关联流动法则(剪胀角 $\psi=0$)下二维平面应变和静力条件下边坡的稳定性问题,并与有限元法的结果进行了比较。ABAQUS有限元程序、边坡稳定性分析程序SLOPE64(科罗拉多矿业大学格里菲斯教授开发的边坡稳定性分析有限元计算程序)、EFDM计算程序(FLAC)分别用于计算。在边坡静力稳定性分析中,不考虑土体的动力特性($\gamma_{ref}\to\infty$ 和 $D=0$)。不同方法下边坡最大位移与强度折减系数的关系如图5-7所示。IFEM、EFDM和EFEM三种方法计算出的有限元网格变形对比如图5-8所示。

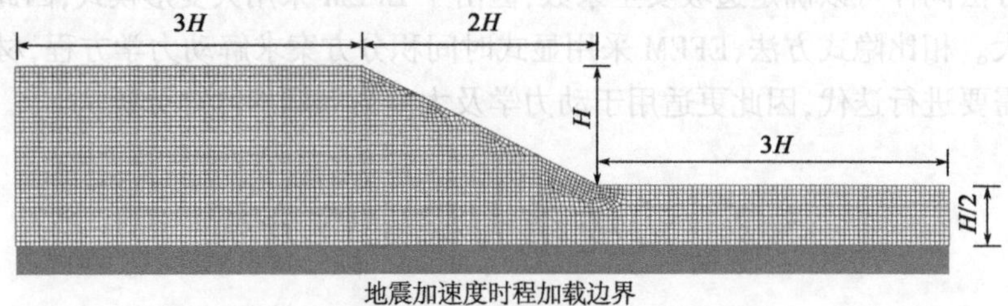

图5-6 边坡稳定性分析的尺寸和有限元网格

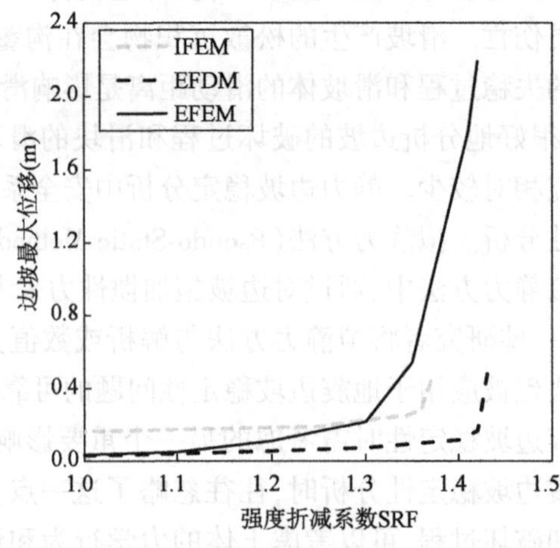

图5-7 不同方法计算的边坡最大位移与强度折减系数的关系

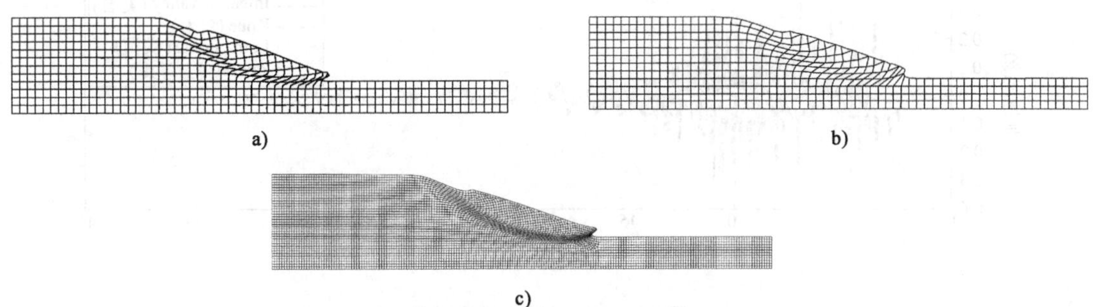

a)

b)

c)

图 5-8 $H=30$ m 时不同计算方法得出的网格变形的比较

a) IFEM (SRF = 1.37);b) EFDM (SRF = 1.43,放大 25 倍);c) EFEM (SRF = 1.42,放大 5 倍)

有限元法(大变形模型)计算的边坡变形大于 IFEM 和 EFEM(小变形模型)计算出的边坡变形。在静力条件下,使用 EFEM 及强度折减方法计算时,不能使边坡完全破坏。然而,当使用 IFEM 及强度折减方法计算边坡稳定性时,由于隐式非线性迭代的不收敛性,边坡稳定性计算会停止。因此,在静力条件下利用隐式有限元法分析边坡稳定性时,使用非收敛作为边坡失稳判据可较为方便地确定边坡安全系数。然而如果在动力条件下忽略土体的动力特性,隐式有限元法则难以确定边坡的破坏过程和安全系数。在地震边坡稳定性分析中,将计算过程中边坡持续变形现象作为失稳指标。计算分析所用土体的参数及其取值如表 5-1 所示。

计算分析所用土体参数取值表 表 5-1

工况	最大剪切模量 (MPa)	泊松比 υ	γ_{ref}	D_{max}	c (kPa)	φ(°)
算法对比	29.2	0.2	0.03	0.159	—	—
静力	40	0.25	∞	0.0	30	20.0
地震	40	0.25	0.1	0.2	30	20.0

采用有限元法分析了 $H=30$m 地震条件下土质边坡的破坏过程。地震加速度时程用来模拟地震荷载。将地震边界条件的垂直分量和水平分量设置为相同的加速度时程,并加载在边坡的底边界(图 5-6)。斜率的两个侧向边界设为零加速度边界。在进行地震边坡稳定性分析之前,先建立了初始重力场。利用 4 次地震事件获得的 4 个地震加速度时程,分别分析了边坡地震破坏过程问题。4 次地震事件分别为:1979 年美国因皮里尔谷(Imperial Valley)地震、1989 年美国洛马普列塔(Loma Prieta)地震、1995 年日本神户(Kobe)地震、1999 年土耳其利贾埃利(Kocaeli)地震,加速度时程如图 5-9 所示。当阻尼值为 5% 时,4 次地震事件的弹性响应加速度谱如图 5-10所示。四种地震加速度时程具有相似的峰值加速度,但具有不同的弹性响应加速度谱和地震动特征。利贾埃利(Kocaeli)地震加速度时程的峰值响应周期 T_g 大于其他地震反应谱的峰值响应周期,而利贾埃利(Kocaeli)地震反应谱的最大响应加速度 β_{max} 明显小于其他地震反应谱。输入地震运动的主要特征见表 5-2。

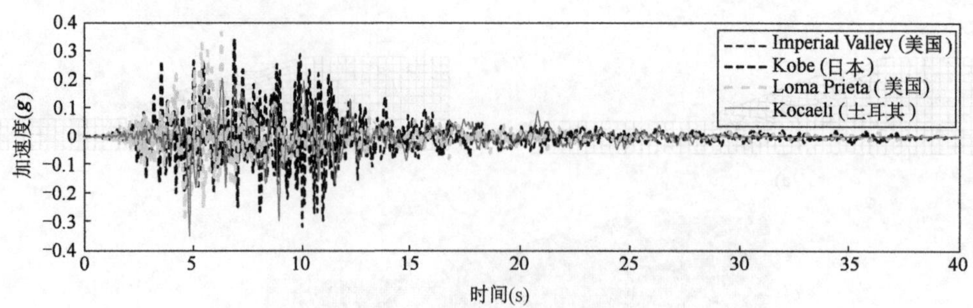

图 5-9　4 次地震的加速度时程

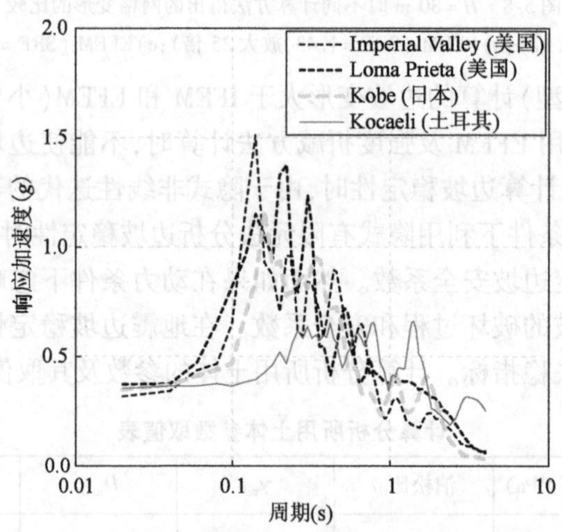

图 5-10　4 次地震事件的弹性响应加速度谱(阻尼值为 5%)

地震运动输入的相关信息　　表 5-2

地震记录	Imperial Valley(美国)	Kobe(日本)	Loma Prieta(美国)	Kocaeli(土耳其)
记录站点	USGS 站 5115	加古川(Kakogawa)(CUE90)	CDMG 站 47381	亚勒姆贾(Yarimca)(KOERI330)
发生日期	1979 年 10 月 15 日	1995 年 1 月 17 日	1989 年 10 月 17 日	1999 年 8 月 17 日
卓越周期(s)	8.92	12.86	11.37	15.62
峰值加速度(g)	0.315	0.345	0.367	0.349

考虑到边坡滑面间的接触相互作用行为,研究边坡破裂面摩擦特性对滑块滑动距离的影响。采用内元接触相互作用技术和库仑摩擦定律模拟边坡破裂面的接触行为。法向接触刚度和剪切接触刚度均为刚性,即摩擦系数μ为唯一的摩擦参数。采用单元删除技术去除地震分析过程中的变形单元,可以计算出边坡的破裂面和滑动过程。不同地震事件引起的边坡最大位移与强度折减系数 SRF 的关系如图 5-11 所示。图 5-11 中曲线的数据点(用强度折减系数值标记)是边坡滑动前的最后一个点,即这些点的强度折减系数值就是该边坡的地震安全系数。地震边坡稳定性分析结果表明,Kocaeli 地震作用下边坡的安全系数值小于其他地震作用下边坡的安全系数值。这表明地震动特征(反应谱)对地震边坡稳定性有积极影响。图 5-12

为不同参考剪切应变 γ_{ref} 值下，Kocaeli 地震引起的 $H=30m$ 边坡最大位移与强度折减系数关系，可知：随着强度折减系数值的增大，边坡的位移也增大。而在地震边坡稳定性分析中，如果忽略土体动力特性（$\gamma_{ref}\to\infty$ 和 $D=0$），则不会出现边坡的破坏。这一现象表明，在地震边坡稳定性分析中必须考虑土体的动力学行为。图 5-13 为 EFEM（ABAQUS）在 Kocaeli 地震振幅下的边坡屈服地震安全系数值，以及不同 γ_{ref} 值下 IFEM（SLOPE64）的边坡屈服地震安全系数值的对比。当 γ_{ref} 值较大时，边坡的地震安全系数值与边坡的静力安全系数值接近，且随着 γ_{ref} 值的减小，边坡的地震安全系数值减小。如前文所述，参考剪切应变 γ_{ref} 是边坡地震稳定性分析的重要参数，在边坡地震分析中，如果忽略土体动力特性（$\gamma_{ref}\to\infty$），则地震对边坡稳定性影响不大。

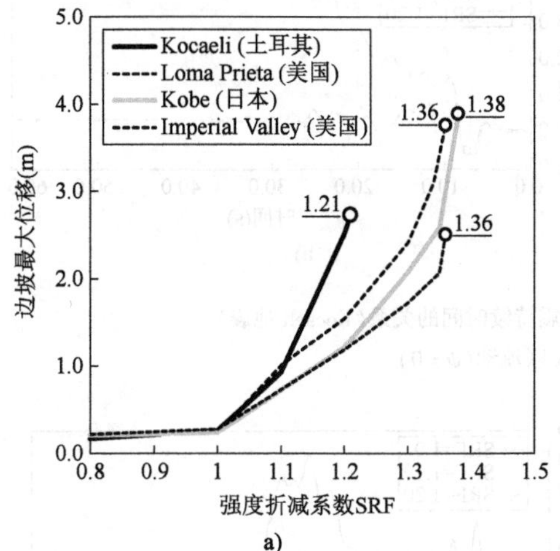

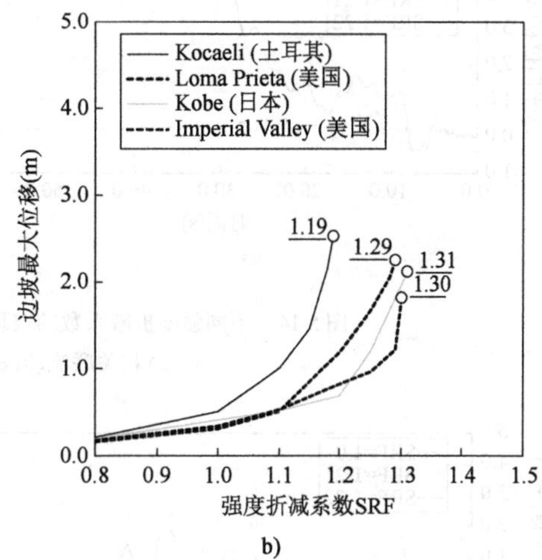

图 5-11　不同地震事件下边坡最大位移与强度折减系数 SRF 的关系

a）相关联流动法则（$\varphi=\psi$）；b）非相关联流动法则（$\psi=0$）

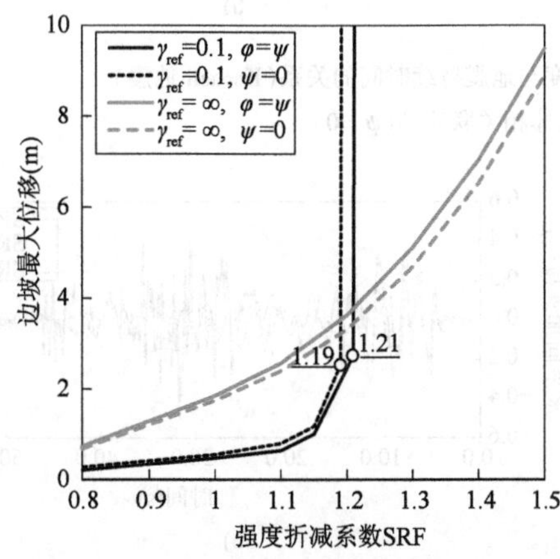

图 5-12　不同 γ_{ref} 值情况下 Kocaeli 地震边坡最大位移与强度折减系数 SRF 的关系

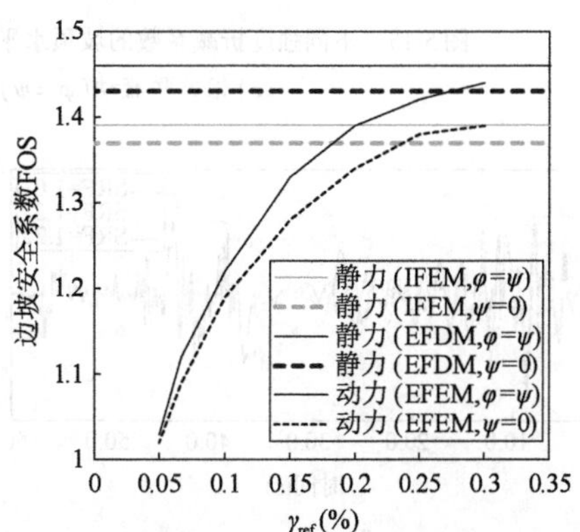

图 5-13　不同 γ_{ref} 值下不同方法得出的边坡地震安全系数

不同强度折减系数SRF值下,坡顶水平位移、速度和加速度与地震持续时间的关系(Kocaeli 地震)分别如图5-14~图5-16所示。地震过程中边坡的速度响应表明,当边坡发生破坏时,滑动质量体的速度显著增大,随后由于摩擦阻力作用和重力势能的减小,滑动质量体的速度逐渐减慢。地震过程中边坡的加速度响应表明,当边坡发生破坏时,坡顶加速度响应幅值出现高频波动,滑块加速滑移。图5-17和图5-18分别为Kocaeli 地震中,相关联流动法则($\varphi=\psi$)和非相关联流动法则($\psi=0$)下边坡破坏过程的网格变形、位移云图和速度云图。计算结果表明,边坡在地震条件下的破坏是一个渐进的过程,相关联流动法则($\varphi=\psi$)和非相关联流动法则($\psi=0$)下边坡会产生不同的滑移面及破坏机理。

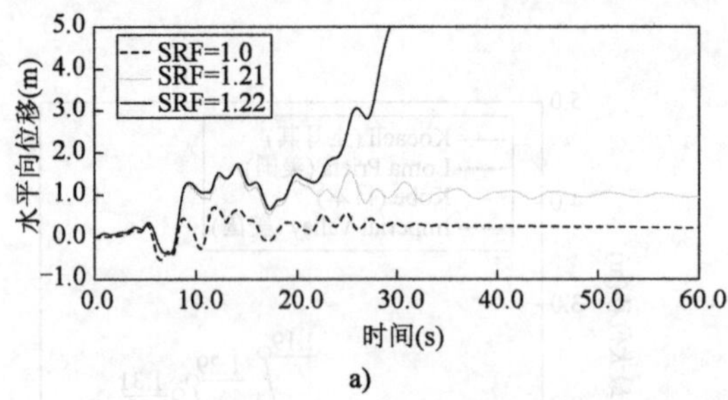

a)

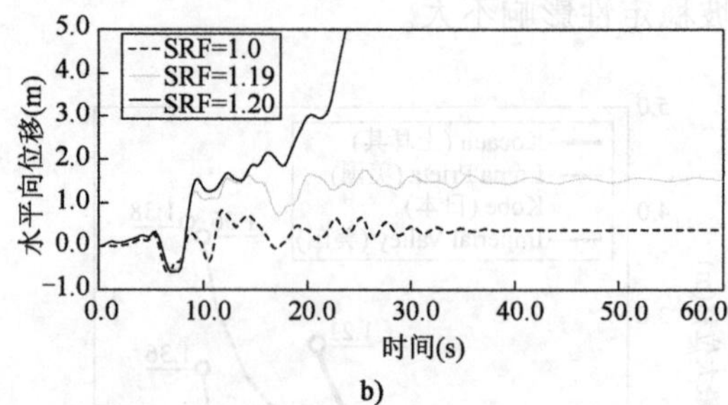

b)

图5-14 不同强度折减系数的坡顶水平位移与地震持续时间的关系(Kocaeli 地震)
a)相关联流动($\varphi=\psi$);b)非相关联流动($\psi=0$)

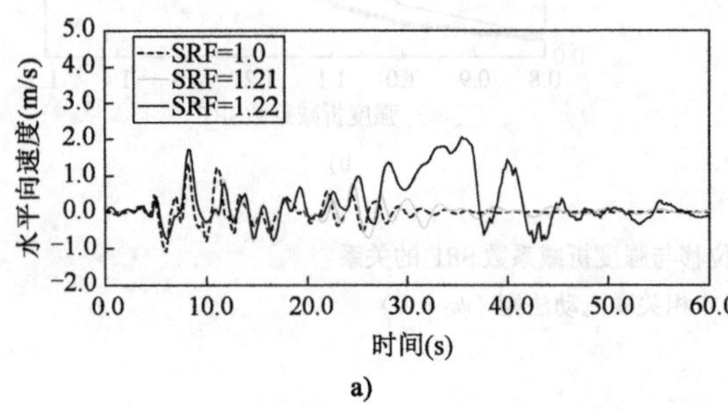

a)

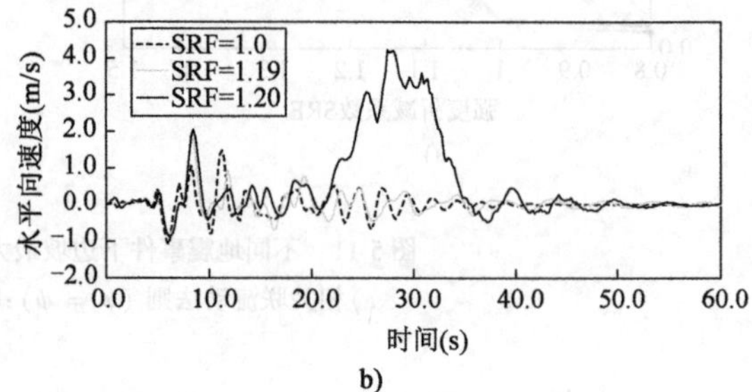

b)

图5-15 不同强度折减系数的坡顶水平速度与地震持续时间的关系(Kocaeli 地震)
a)相关联流动($\varphi=\psi$);b)非相关联流动($\psi=0$)

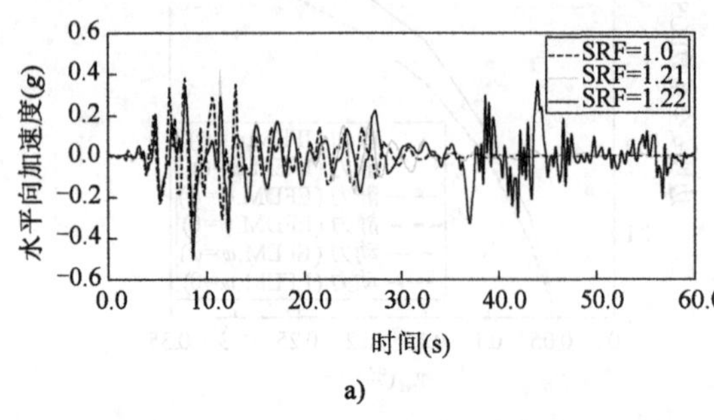

a)

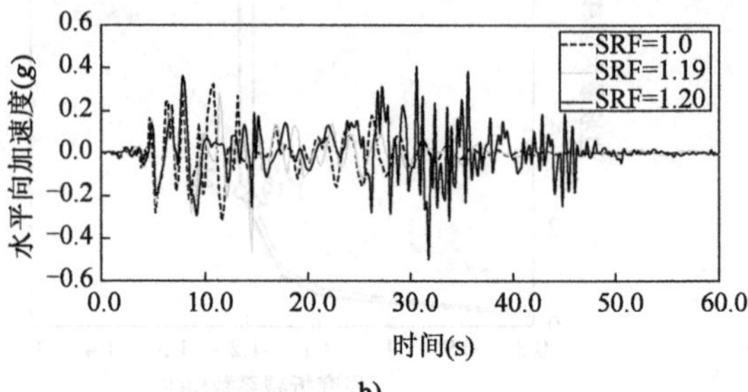

b)

图5-16 不同强度折减系数的坡顶水平加速度与地震持续时间的关系(Kocaeli 地震)
a)相关联流动($\varphi=\psi$);b)非相关联流动($\psi=0$)

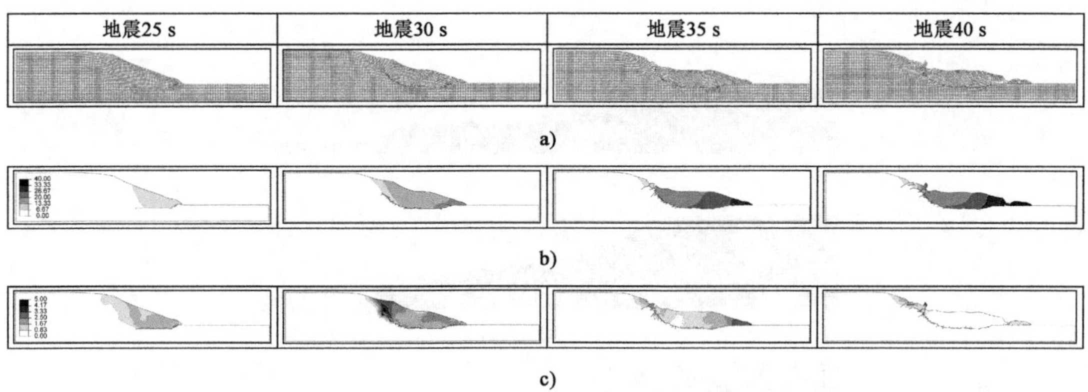

图 5-17 SRF = 1.23，相关联流动法则 $\varphi=\psi$ 时计算出的地震过程中边坡的状态（Kocaeli 地震，变形显示无缩放）

a）网格变形；b）位移云图；c）速度云图

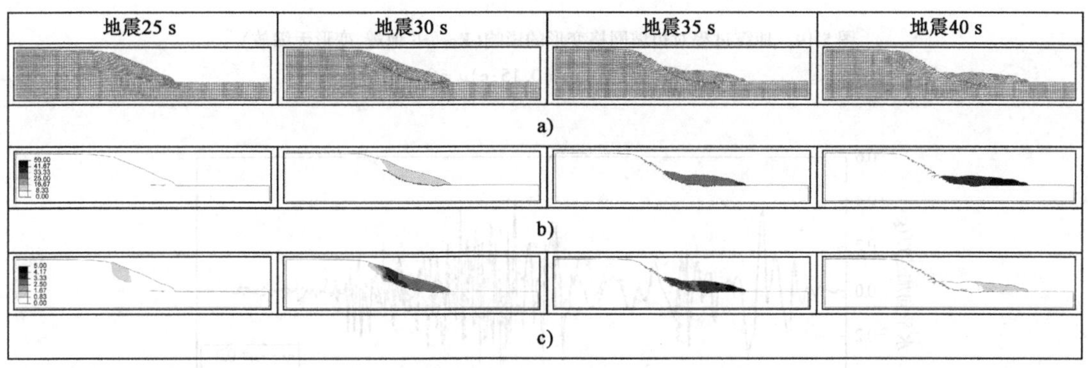

图 5-18 SRF = 1.20，非相关联流动法则 $\psi=0$ 时计算出的地震过程中边坡的状态（Kocaeli 地震，变形显示无缩放）

a）网格变形；b）位移云图；c）速度云图

边坡破裂面的摩擦阻力特性是影响滑块滑动距离的重要因素。在实际情况中，边坡破裂面的摩擦阻力特性受到水、空气、热分解等多种因素的影响。采用 $H=30$ m、SRF = 1.20、$\psi=0$ 以及不同滑面摩擦系数 μ 值的条件，对边坡进行地震稳定性分析，以研究边坡破裂面摩擦阻力特性对滑块滑动距离的影响。不同摩擦系数 μ 值在 Kocaeli 地震过程引起的边坡网格变形如图 5-19所示。计算结果表明，滑动体在地震后的滑动距离受摩擦系数 μ 值的影响较大。当摩擦系数 μ 值在 0.1 ~ 0.2 之间时，滑动距离 D 的最大值接近坡高。当摩擦系数 μ 值大于 0.2 时，边坡破坏后滑块体主体仍在边坡上。不同摩擦系数 μ 值下坡顶的地震响应（水平加速度、速度和位移）与地震持续时间的关系如图 5-20 所示。当边坡发生滑动时，具有低摩擦阻力特性的滑动质量的加速度响应幅值比具有高摩擦阻力特性的滑动质量的加速度响应幅值波动更显著。具有低摩擦阻力特性的滑块滑移速度值高于具有高摩擦阻力特性的滑块滑移速度。

不同摩擦系数 μ 值下的边坡滑动距离 D 值如表 5-3 所示，无量纲化的边坡滑动距离 D/H 与摩擦系数 μ 值的关系如图 5-21 所示。随着摩擦系数 μ 的增大，最大边坡滑动距离显著减小。但由于边坡破裂面的高摩擦阻力特征，高边坡在地震作用下产生的滑动距离仍比小边坡大。D/H 与 μ 的关系表明，边坡破裂面的摩擦阻力特性对高边坡滑动距离的影响大于小边坡。

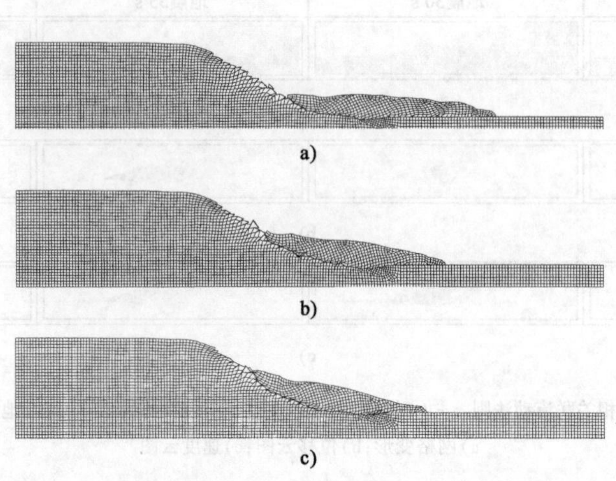

图 5-19　地震过程对边坡网格变形的影响（Kocaeli 地震，变形无缩放）

a）$\mu=0.10$；b）$\mu=0.15$；c）$\mu=0.20$

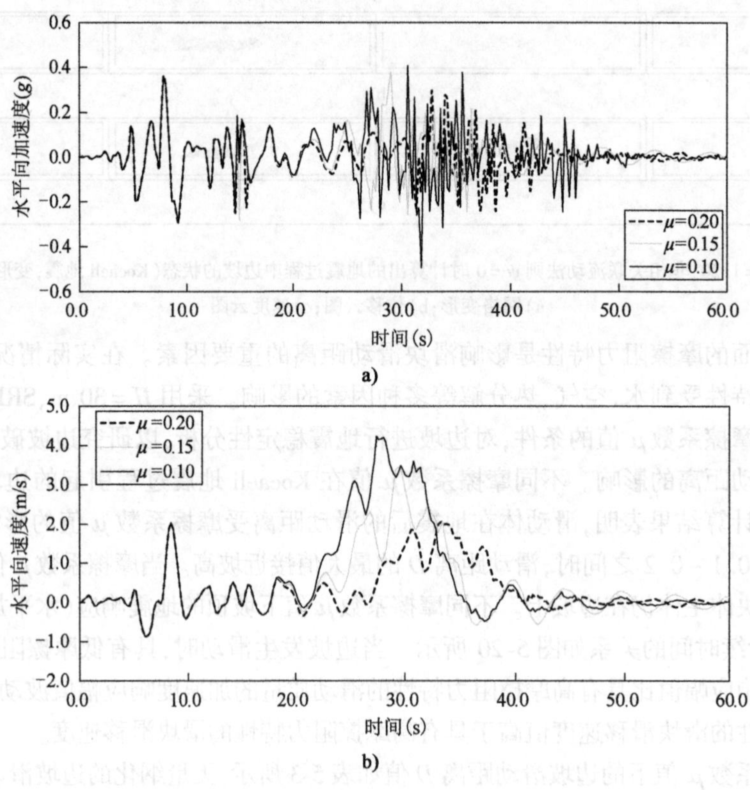

图　5-20

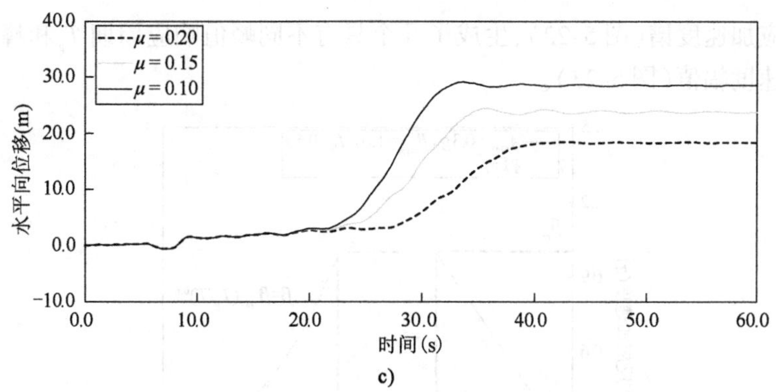

图5-20 不同摩擦系数μ值下坡顶地震响应与地震持续时间的关系

a)水平加速度分量;b)水平速度分量;c)水平位移分量

不同摩擦系数μ值下的边坡滑动距离D值(单位:m) 表5-3

坡高H(m)	摩擦系数μ			
	0.1	0.15	0.2	0.3
30	51.92	32.26	24.47	19.78
50	91.12	65.53	51.64	49.76
100	284.66	181.01	131.81	128.32

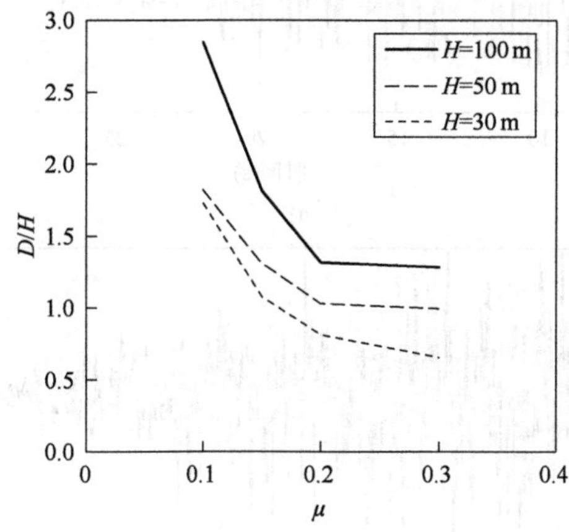

图5-21 边坡滑动距离D/H与摩擦系数μ值的关系

利用指定的分段拟合的响应加速度谱来生成人工地震加速度幅值。利用人工地震加速度幅值和非相关联流动法则($\psi=0$),分析了地震动特征(T_g和A_{max})对边坡地震安全系数的影响。人工地震加速度幅值产生时指定的5%阻尼弹性响应加速度谱及其拟合曲线如图5-22所示。分段响应加速度谱下降段用如下函数预测。

$$\beta=\beta_{max}\left(\frac{T_g}{T}\right)^{0.6} \tag{5-9}$$

式中,β为阻尼值为5%的单自由度弹性体的响应加速度;β_{max}为峰值响应加速度;T为峰值响应阶段的起点($T=0.1$ s);T_g为峰值响应周期。利用计算机代码SIMQKE_GR拟合人工指定的弹性响应加速度谱(图5-22),生成了几个具有不同峰值响应周期 T_g 和峰值加速度 A_{max} 的人工地震加速度幅值(图5-23)。

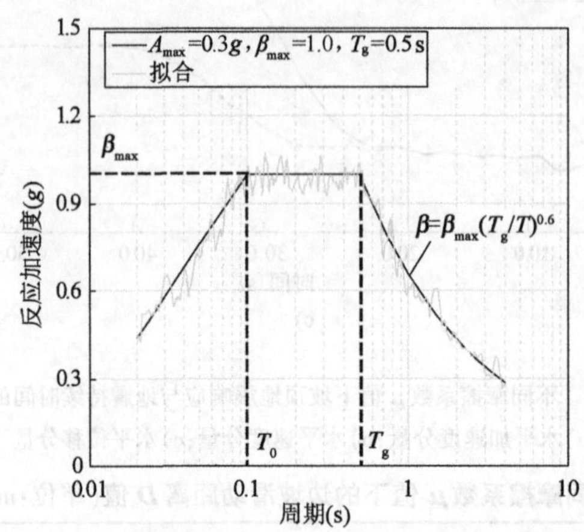

图5-22 弹性响应加速度谱(阻尼值为5%)拟合地震反应谱曲线

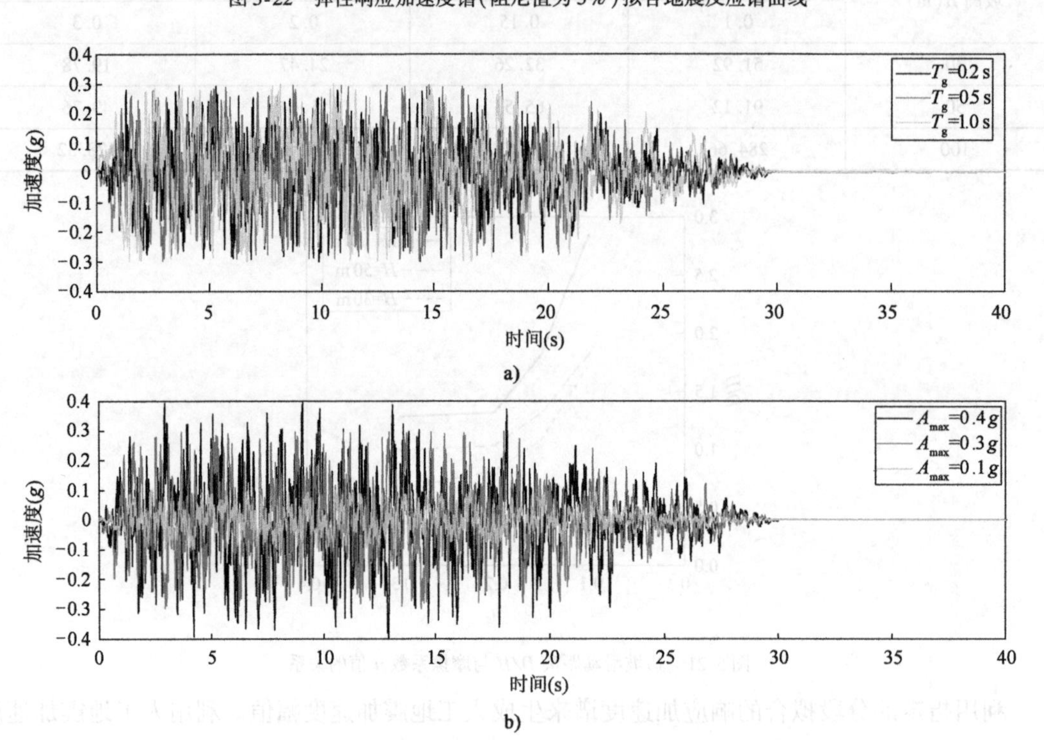

图5-23 不同峰值响应周期 T_g 和峰值加速度 A_{max} 的人工地震加速度幅值

a)不同 T_g 的取值($A_{max}=0.3g$);b)不同 A_{max} 的取值($T_g=0.5$ s)

反应谱特征(T_g 和 A_{max})对30 m和50 m边坡地震安全系数的影响如图5-24所示。安全系数值随 T_g 和 A_{max} 值的增大而减小,但峰值响应周期 T_g 对边坡地震稳定性的影响更为显著。因此,如果发生较长的峰值响应周期和高加速度地震事件,边坡的地震破坏风险将显著增加。地震作用下边坡的位移反应幅值随着 β_{max} 的增大而增大。而响应谱中的峰值响应加速度 β_{max}

对地震边坡稳定性影响不大。对比 EFEM(峰值加速度 $A_{max}=0.3g$)和 PSM(水平惯性力 $A_h=0.3g$)得到的结果表明,当地震峰值响应周期 T_g 很长时,运用 EFEM 得到的安全系数值与 PSM 的接近。也就是说,由于忽略了地震的动力过程和岩土材料的力学行为,PSM 得到的边坡稳定性分析结果可能是保守的。

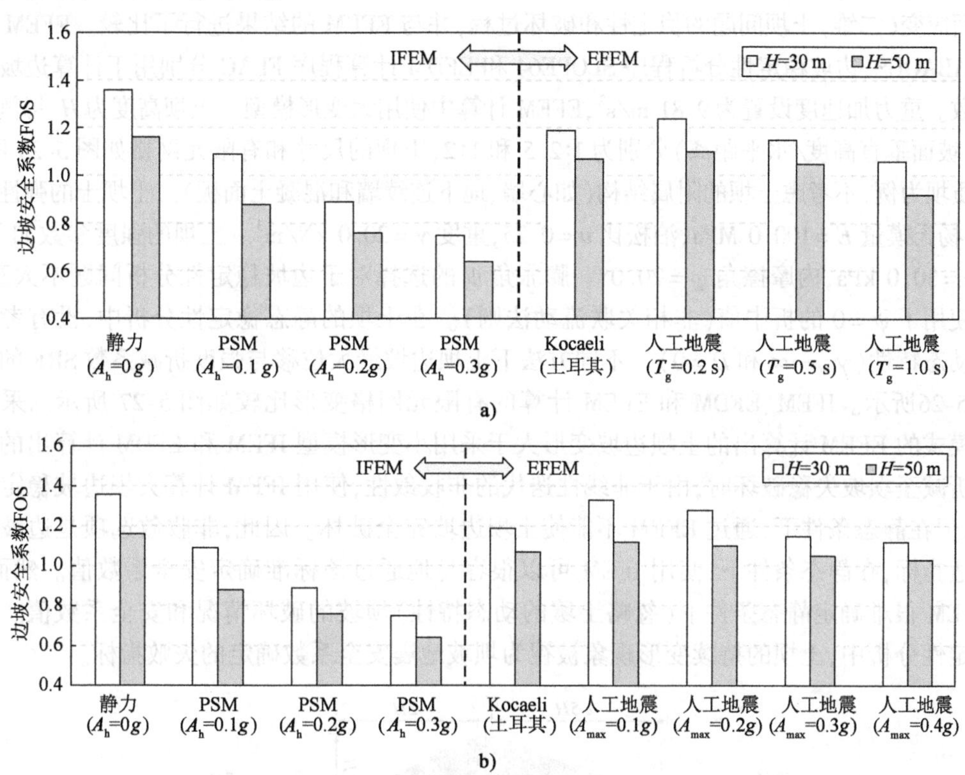

图 5-24 反应谱特征对边坡地震安全系数的影响

a)峰值响应周期 T_g($A_{max}=0.3g$);b)峰值加速度 A_{max}($T_g=0.5$ s)

5.3 土坝边坡动力稳定性问题

土石坝的地震稳定性分析和抗震能力评估是水利工程设计中的一个重要问题。地震是影响土石坝稳定性的重要因素,在遭到强烈地震冲击后,土石坝会出现较大的残余变形或破坏。因此,坝体的残余变形和地震响应是土石坝抗震分析的两个基本因素。许多研究人员使用分析方法和数值方法研究了地震引起的大坝地震响应。纽马克等提出了一种滑块分析方法,用于确定一般堤防或挡水土石坝由地震引起的位移及变形。许多研究人员还使用有限元法研究了土坝的地震响应分析问题。长期以来,许多研究人员一直在研究堤防或土坝的边坡稳定性问题。在大坝边坡稳定性分析中,数值方法相比分析方法[如极限平衡法(Limit Equilibrium Method,LEM)]有多个优点,其中最重要的优点是可以自动找到临界失效面。科罗拉多矿业大学的格里菲斯和莱恩讨论了 LEM 和强度折减方法在大坝稳定性分析中的关系。相比静态稳定性问题,大坝或堤防的地震边坡稳定性问题研究得少。目前的研究表明,地震条件下坝坡安全系数计算的理论和方法通常是从静态坝坡稳定性分析方法,即拟静力法修改而来的。土石坝的地震响应分析和坝坡的地震稳定性分析通常是分开进行的。本节提出了一种有效的方法,用于土坝的地震稳定性分析和地震安全系数计算,并考虑了土壤的力学行为和地震引起的动态过程,使用 EFEM 和强度折减方法分析土坝的抗震稳定性。此外,采用 IFEM 和 EFDM 分析了平面应变(二维)土坝问题的稳定性和破坏过程,并与 EFEM 的结果进行了比较。EFEM 计算软件 ABAQUS、边坡稳定性分析程序 SLOPE64 和 EFDM 计算程序 FLAC 分别用于计算边坡的安全系数。重力加速度设置为 $9.81\ m/s^2$,EFEM 计算中使用大变形模型。土坝高度为 H,每侧坝坡坡比(坡面垂直高度/水平距离)分别为 1:2.5 和 1:2,土坝的尺寸和有限元网格如图 5-25 所示。以均质坝为例,不考虑土坝的附属结构(如心墙、地下连续墙和混凝土面板)。土坝土的弹性特性如下:杨氏模量 $E=100.0$ MPa,泊松比 $\upsilon=0.25$,重度 $\gamma=20.0\ kN/m^3$。土坝的强度参数如下:黏聚力 $c=30.0$ kPa,内摩擦角 $\varphi=20.0°$。膨胀角 ψ 的选择对于边坡稳定性分析问题不太重要,因此使用了 $\psi=0$ 的折中值(非相关联流动法则)。在土坝的静态稳定性分析中,没有考虑土壤的动态特性($\gamma_{ref}\to\infty$ 和 $D=0$)。不同方法下土坝边坡最大位移与强度折减系数 SRF 的关系如图 5-26所示。IFEM、EFDM 和 EFEM 计算的有限元网格变形比较如图 5-27 所示。采用大变形模式的 EFEM 计算出的土坝边坡变形大于采用小变形模型 IFEM 和 EFDM 计算出的。当强度折减至坝坡失稳破坏时,由于非线性迭代的非收敛性,使用 IFEM 计算大坝边坡稳定性将停止,但在静态条件下,通过 EFEM 不能使土坝边坡完全破坏。因此,非收敛选项是边坡失稳的合适指标,在静态条件下,使用 IFEM 可以很容易地通过该标准确定安全系数值。然而,通过 EFEM 很难确定静态条件下(忽略土壤的动态特性)坝坡的破坏情况和安全系数值。在地震稳定性分析中,土坝的持续变形现象被视为坝坡地震安全系数确定的失败指标。

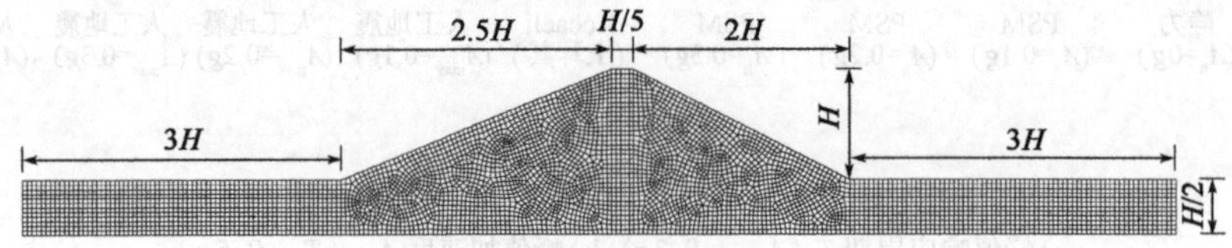

图 5-25　土坝稳定性分析的尺寸和有限元网格

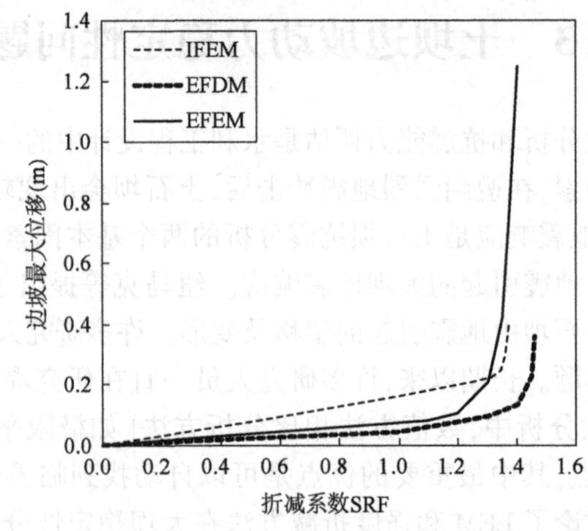

图 5-26　不同方法下土坝边坡最大位移与强度折减系数 SRF 的关系

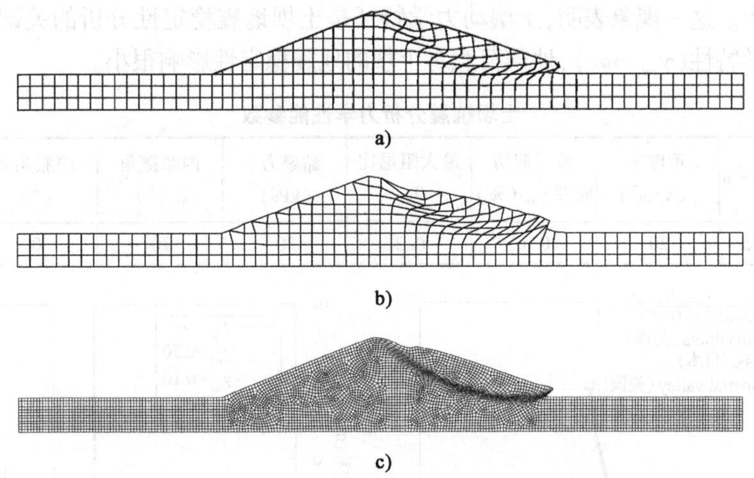

a)

b)

c)

图 5-27 $H=30$ m 时不同方法计算得出的有限元网格变形比较

a) IFEM(SRF = 1.38);b) EFDM(SRF = 1.46,变形显示放大 30 倍);c) EFEM(SRF = 1.4,变形显示放大 6 倍)

通过 EFEM 分析了 $H=30$ m 时土坝的地震稳定性和破坏过程问题。地震加速度振幅用于模拟地震荷载,相同的地震加速度振幅在垂直和水平方向上用于地震边界(大坝的底部边界)。大坝有限元模型的两个横向边界被设置为零加速度边界。零加速度边界条件是在动态分析过程中,每个方向的加速度在该边界中设置为零,因此地震期间斜坡中的波传播不能通过零加速度边界从斜坡模型的侧面反映出来。零加速度边界条件的主要缺点是位移自由度是同时固定的。因此,零加速度边界应尽可能远离斜坡。在分析土坝地震稳定性之前,也建立了初始重力场。从四个地震事件中获得的四个地震加速度幅值分别用于分析大坝地震破坏过程的问题。四次地震事件如下:1979 年美国 Imperial Valley 地震、1989 年美国 Loma Prieta 地震、1995 年日本 Kobe 地震和 1999 年土耳其 Kocaeli 地震,加速度振幅如图 5-9 所示。图 5-10 显示了阻尼值为 5% 时四次地震事件的弹性响应加速度谱。输入地震运动的特征如表 5-2 所示。四次地震加速度幅值具有相似的峰值加速度,但地震动特性不同。在这四次地震中,Kocaeli 地震的峰值响应周期T_g值最大,但其最大响应加速度 β_{max} 明显低于其他地震。

考虑接触相互作用行为,研究坝体破裂面的摩擦特性对滑坡体滑动距离的影响。采用内部元件接触相互作用技术和库仑摩擦定律模拟坝体破裂面的接触行为。法向接触刚度和剪切接触刚度都是刚性的,因此摩擦系数 μ 是分析土坝地震稳定性的唯一接触参数。采用单元删除技术去除地震分析过程中的变形单元,通过该方法可以自动计算坝坡的破裂面和滑动过程。土坝抗震分析的力学性能参数如表 5-4 所示。图 5-28 显示了 $H=30$ m 大坝因不同地震事件而产生的边坡最大位移与强度折减系数 SRF 的关系。图 5-28 中标记有强度折减系数 SRF 值的曲线的最后一个数据点是坝坡滑动前的最后一点,这些点的强度折减系数 SRF 是坝坡的地震安全系数值。土坝地震稳定性分析结果表明,Kocaeli 地震下的土坝坡的地震安全系数值小于其他地震。这表明地震动特征对土坝边坡稳定性有积极影响。图 5-29 显示了 Kocaeli 地震引起的 $H=30$ m 大坝的最大位移与具有不同参考剪切应变 γ_{ref}值的 SRF 的关系。随着 SRF 值的增加,大坝的位移也会增加,但在不考虑土壤动力学特征的情况下($\gamma_{ref}\to\infty$),大坝的边坡没有发生破坏。大坝边坡的地震安全系数值随着 γ_{ref}值的增加而增加,当 $\gamma_{ref}\to\infty$ 时,坝坡地震安全系数值接近无穷大。这一现象表明,土壤动力学特征是土坝地震稳定性分析的关键因素。如果不考虑土的动力学特性($\gamma_{ref}\to\infty$),地震荷载对土坝的地震稳定性影响很小。

土坝抗震分析力学性能参数　　表 5-4

杨氏模量 E (MPa)	泊松比 v	重度 γ (kN/m^3)	参考剪切应变 γ_{ref}(%)	最大阻尼比 D_{max}	黏聚力 c (kPa)	内摩擦角 φ(°)	膨胀角 ψ(°)	摩擦系数 μ
100	0.25	20	0.1	0.2	30	20	0	0.1

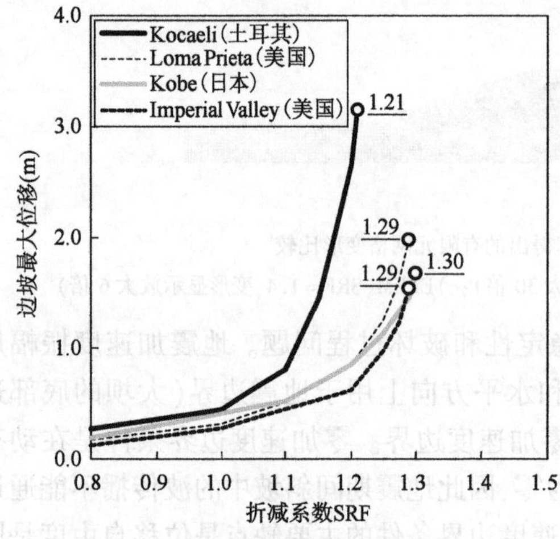

图 5-28　不同地震事件引起的边坡最大位移与强度折减系数的关系

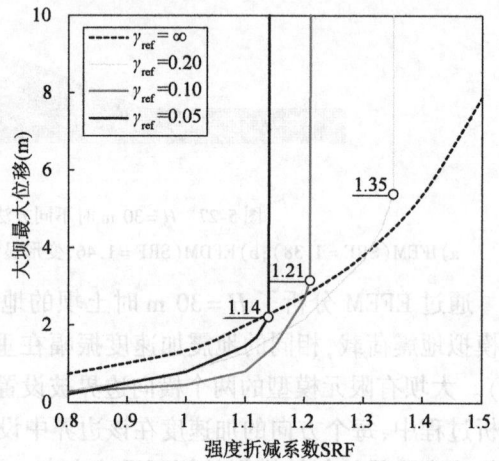

图 5-29　不同 γ_{ref} 数值及 Kocaeli 地震情况下计算出的大坝最大位移与 SRF 的关系

图 5-30 显示了不同地震下大坝的残余变形与大坝主剖面的比较。Kocaeli 地震对土坝屈服的残余变形(变形幅度按比例缩放,比例系数为 20.0)也比其他地震更为显著。高度/坡度 = 1:2 的坝坡表明 Kocaeli 地震后发生了破坏。不同 SRF 值的 Kocaeli 地震过程中大坝的网格变形如图 5-31 所示。坡比为 1:2 的坝坡破坏的 SRF 临界值为 1.22,坝坡两侧破坏的 SRF 临界值为 1.30。图 5-32 和图 5-33 分别显示了不同地震情况下,土坝顶水平和垂直方向的加速度、速度和位移响应与地震持续时间(Kocaeli 地震)的关系。大坝在不同地震下的加速度、速度和位移响应表明,大坝在 Kocaeli 地震下的地震响应(无论是在周期还是震级上)比其他地震更强。综上所述,由于不同的地震动,土坝具有不同的地震响应和安全系数值,地震动特征对土坝的地震稳定性有显著影响。

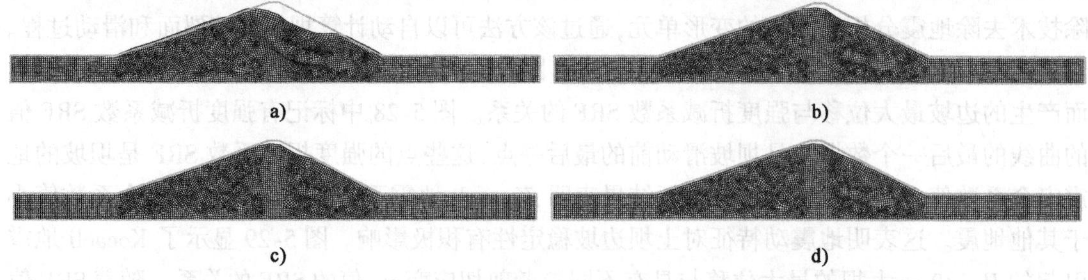

图 5-30　不同地震动输入下大坝的残余变形(SRF = 1.0,变形显示放大 20 倍)
a) Kocaeli(土耳其);b) Loma Prieta(美国);c) Kobe(日本);d) Imperial Valley(美国)

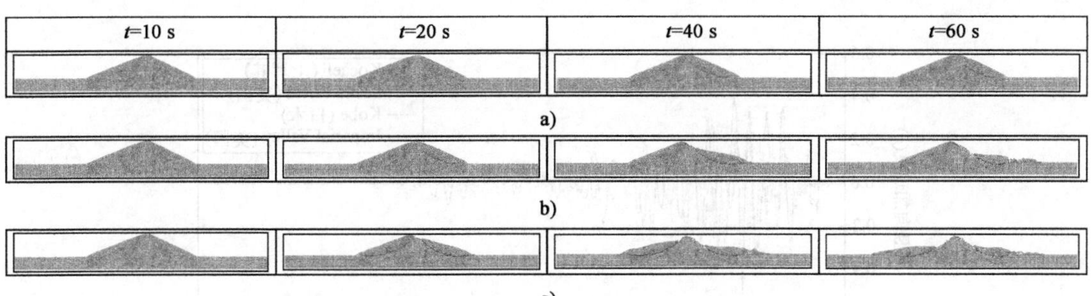

图 5-31　Kocaeli 地震过程中大坝的网格变形(变形显示无缩放)

a) SRF = 1.21;b) SRF = 1.22;c) SRF = 1.30

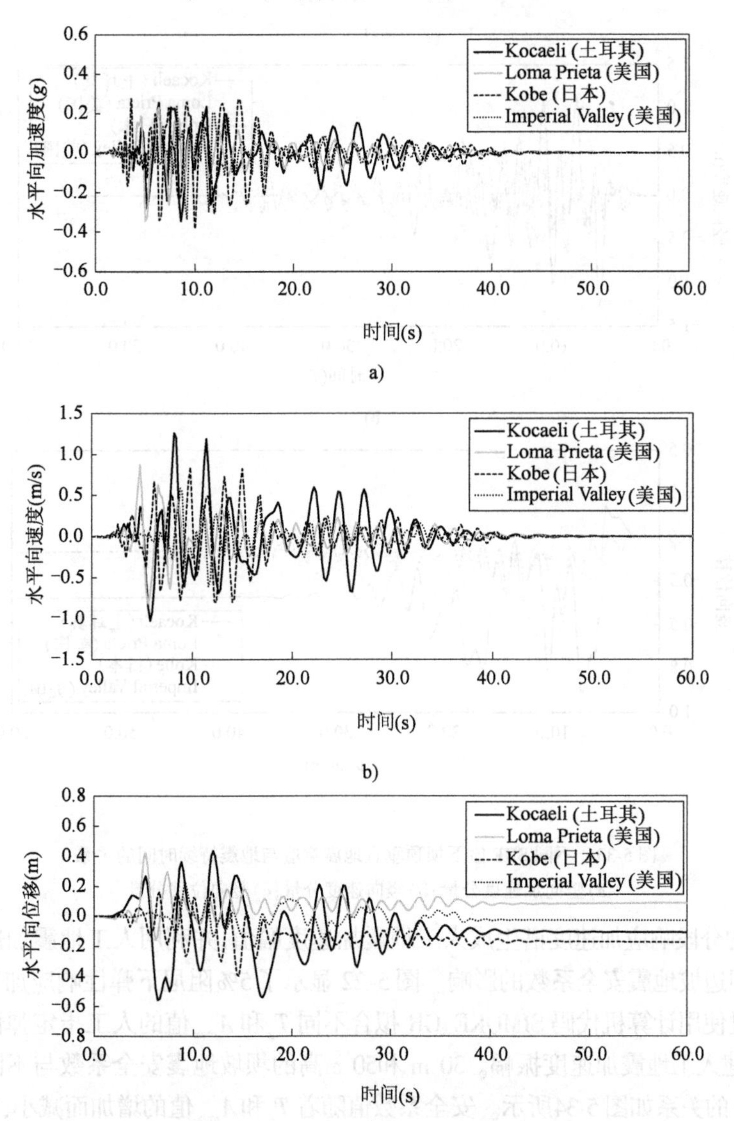

图 5-32　不同 SRF 值下坝顶水平地震响应与地震持续时间的关系

a) 水平向加速度分量;b) 水平向速度分量;c) 水平向位移分量

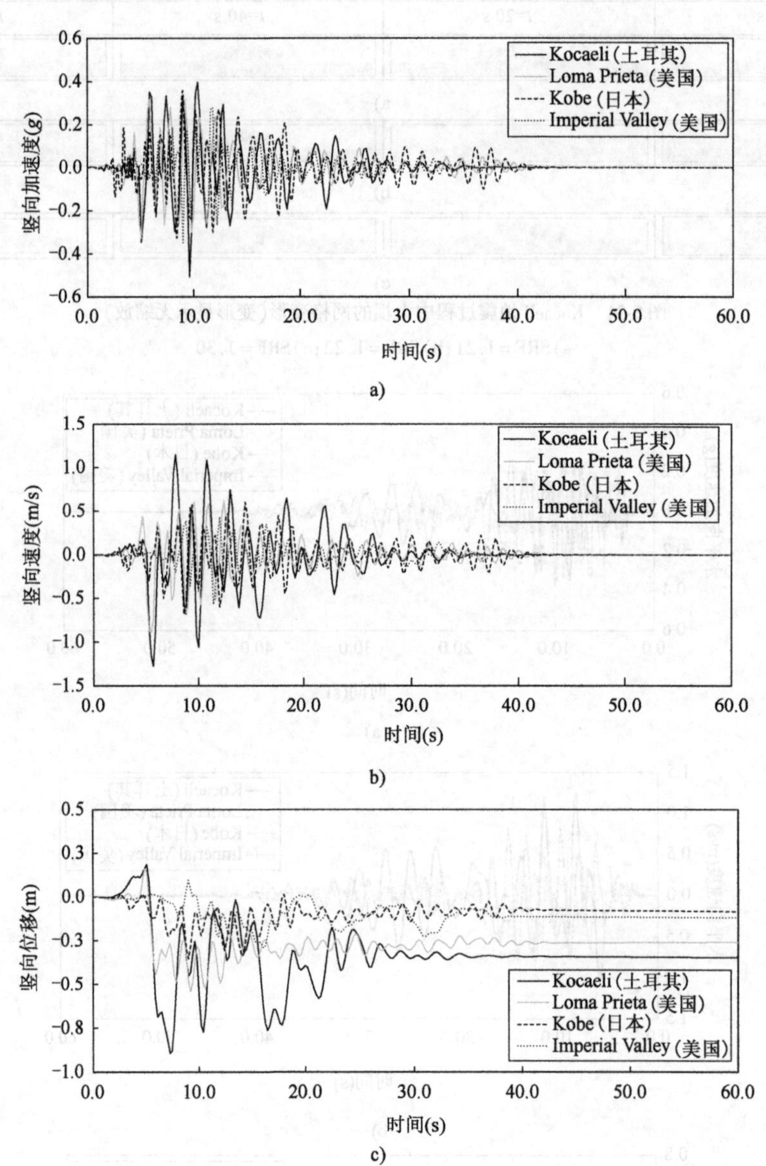

图 5-33 不同 SRF 值下坝顶垂直地震响应与地震持续时间的关系

a)竖向加速度分量；b)竖向速度分量；c)竖向位移分量

通过指定的分段响应加速度谱生成人工地震加速度幅值，并利用人工地震加速度振幅分析地震动特性对土坝边坡地震安全系数的影响。图 5-22 显示了 5%阻尼下弹性响应加速度拟合地震反应谱曲线。通过使用计算机代码 SIMQKE_GR 拟合不同 T_g 和 A_{max} 值的人工指定弹性响应加速度谱(图 5-23)来创建人工地震加速度振幅。30 m 和50 m高的坝坡地震安全系数与不同地震动特征参数值(T_g 和 A_{max})的关系如图 5-34所示。安全系数值随着 T_g 和 A_{max} 值的增加而减小，但峰值响应周期 T_g 对土坝的地震稳定性影响更大。EFEM 和 PSM(水平体力分量 $A_h=0.3g$)结果的比较表明，如果地震的峰值响应周期很长，EFEM 产生的安全系数值将接近 PSM。换言之，由于忽略了地震的动态过程和岩土材料的力学行为，PSM 获得的土坝稳定性分析结果可能是保守的。图 5-35 和图 5-36 分别显示了不同 T_g 和 A_{max} 值下大坝的残余变形（比例系数为 5.0）。地震动特征参数 T_g 对土坝残余变形的影响也比 A_{max} 更为显著。

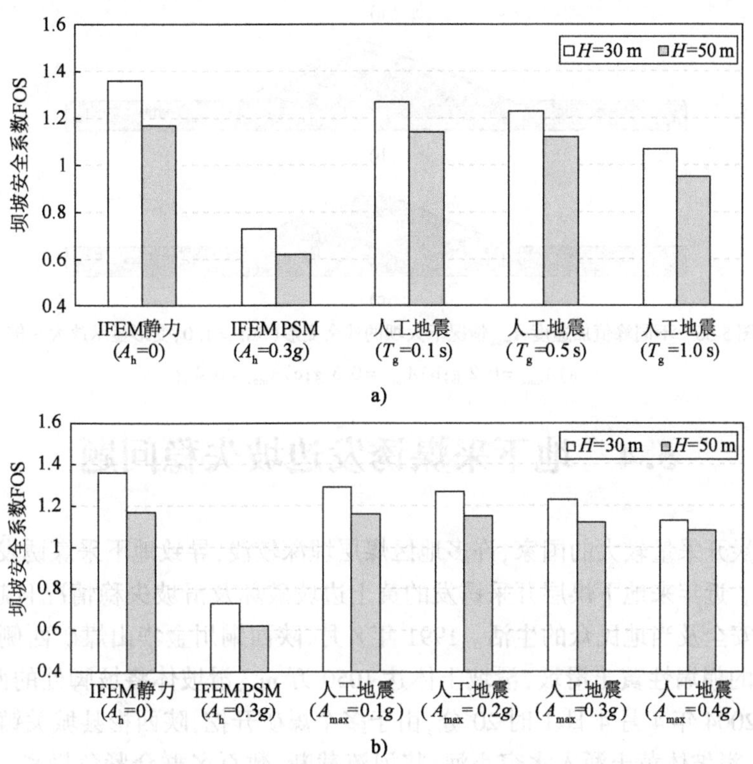

图 5-34 不同坝高下地震反应谱特征对坝坡地震安全系数的影响

a）峰值响应周期 T_g（$A_{max}=0.3g$）；b）峰值加速度 A_{max}（$T_g=0.5$ s）

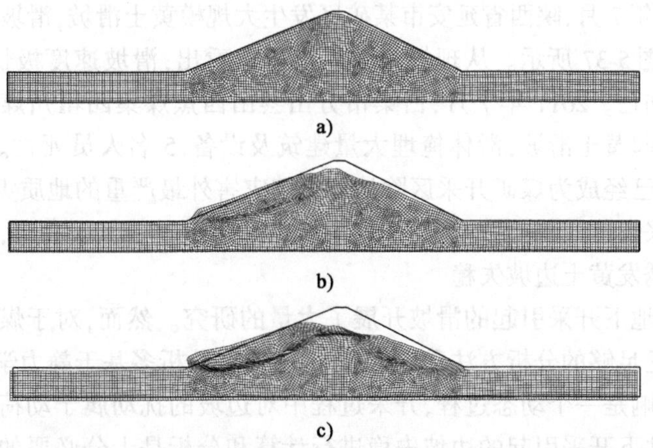

图 5-35 不同峰值响应周期 T_g 情况下大坝的残余变形（SRF = 1.0，变形显示放大 5 倍）

a）$T_g=0.1$ s；b）$T_g=0.5$ s；c）$T_g=1.0$ s

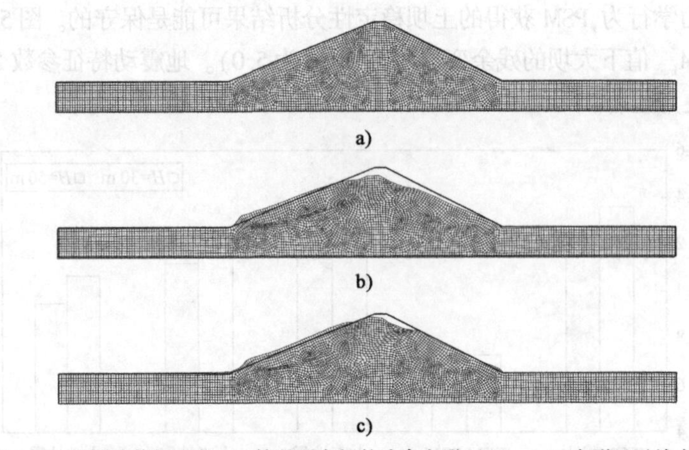

图 5-36　不同峰值加速度 A_{max} 情况下大坝的残余变形(SRF = 1.0,变形显示放大 5 倍)

a) A_{max} = 0.2 g;b) A_{max} = 0.3 g;c) A_{max} = 0.4 g

5.4　地下采煤诱发边坡失稳问题

我国是煤炭开采量较大的国家,许多地区煤层埋深较浅,导致地下采煤诱发的地表变形及塌陷问题严重。近年来地下煤层开采诱发的黄土边坡破坏及滑坡失稳情况日趋严重,严重影响了煤矿生产安全及当地民众的生活。1991 年 8 月,陕西铜川金华山煤矿西侧黄土梁边由采煤引起大规模的崩塌性黄土滑坡,滑坡土体达 1050 万 m^3,滑坡体将坡脚处的西龙村埋没,摧毁大片农田。2004 年 4 月 4 日 1 时 20 分,由于多个煤矿开挖,陕西彬县城关镇下沟村发生大面积山体滑坡,滑坡体黄土涌入水帘小河,将河流截断,数百名群众紧急撤离。2005 年,受采空区塌陷影响甘肃华亭煤矿区砚峡村发生了大型滑坡,体积达到 395 万 m^3,致使砚峡村部分房屋出现裂缝及倒塌,学校、医院、信用社等公用设施遭到不同程度的破坏,直接经济损失达2000余万元。2010 年 7 月,陕西省延安市某矿区发生大规模黄土滑坡,滑坡体积达到 10 万 m^3,滑坡及坡体开裂如图 5-37 所示。从现场滑体特征可以看出,滑坡速度极快,滑体冲向对面斜坡,但未造成人员伤亡。2011 年 7 月,吕梁市方山县山西焦煤集团霍州煤电有限责任公司方山店坪煤矿发生一起黄土滑坡,滑体掩埋大量建筑及设备,5 名人员死亡。由此可见,地下采煤引发的滑坡灾害已经成为煤矿开采区除地面塌陷灾害外最严重的地质灾害形式。根据成玉祥等的研究,地下采煤形成采空区,当开采煤层的采深介于 30 ~ 100 m 时,就会产生较为强烈的地表变形,从而诱发黄土边坡失稳。

国内外学者对地下开采引起的滑坡开展了大量的研究。然而,对于煤矿井下开采引起的边坡失稳,目前缺乏足够的分析方法和评价标准,且现有分析多基于静力学理论。地下煤矿开采对地表边坡的影响是一个动态过程,开采过程中对边坡的扰动属于动荷载。运用动力学理论和方法,对煤矿井下开采引起的边坡失稳进行计算和分析是十分必要的。本节以陕西矿区某煤矿发生的典型黄土滑坡为研究对象,采用 EFDM 和大变形计算方法,分析了不同煤层开挖高度下开采扰动对地表黄土边坡安全系数的动态影响,提出了一种适用于地下采煤引起的黄土边坡失稳和渐进破坏过程的分析方法。将实际问题简化为二维平面应变均质土坡问题,利用 ABAQUS 有限元软件的显式动力分析模块和大变形模型对问题进行分析研究。根据实际工程情况,建立了黄土边坡下煤层开挖模型。模型中黄土边坡的坡度比为 1:2,坡高为 30 m。计算模型尺寸和网格划分如图 5-38 所示。其中 H 为煤层开挖顶板深度,h 为煤层开挖高度。采用二维四边减缩积分单元对边坡模型进行网格划分,共划分了 14076 个单元和 28658 个节点。由于煤矿开采扰动过程具有显著的动力学特征(与时间相关),因此适合采用显式计算方法及动力学理论进行计算和分析。将模型的底部和两侧设置为零加速度边界,以保证计算域中产生的加速度、速度和位移不被反射。但该边界条件会使边界节点的位移和速度变化为零,因此需要尽量远离计算分析区域设置,以免影响位移和应力分布。煤层开挖顶板深度为 100 m,开挖速度为 10 m/d,分别对煤层开挖高度 h 为 2.5 m、5 m、7.5 m 时的边坡稳定性进行计算分析。采用莫尔-库仑强度准则对黄土边坡土体强度进行了计算和分析。黄土的物理力学参数见表 5-5。

a)

b)

图 5-37 矿区采矿诱发黄土边坡开裂及滑坡

a) 地下采煤诱发滑坡;b) 采空区塌陷引起坡体开裂

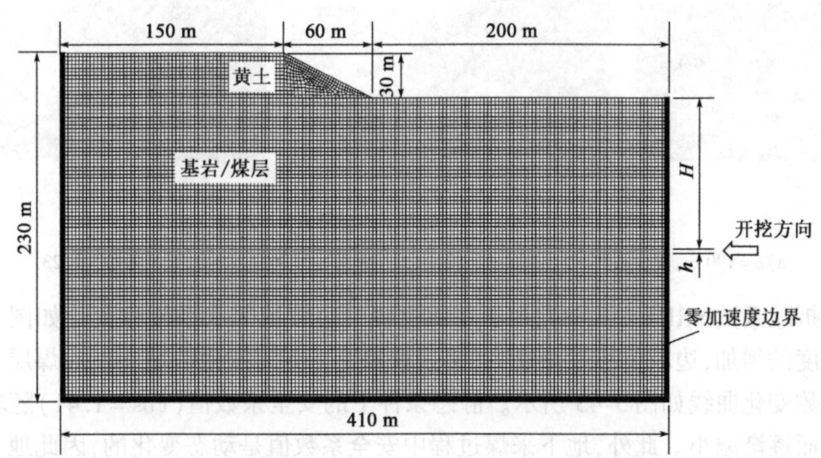

图 5-38 地下采煤边坡计算模型尺寸及网格划分示意图

计算参数汇总表 表 5-5

参数地层	密度 ρ (kg/m^3)	弹性模量 E (GPa)	黏聚力 c (kPa)	内摩擦角 φ (°)	泊松比 υ	最大剪切模量 G_{max} (MPa)	参考剪应变 γ_{ref}	阻尼比
地表黄土	2000	—	30	20	0.25	75	0.03	0.2
地下基岩及煤层	2500	1.0	—	—	0.25	—	—	0.05

图 5-39 ~ 图 5-41 分别为不同煤层开挖高度下采煤过程中边坡的位移云图。从采煤过程中边坡的位移和边坡安全系数的变化可以看出，安全系数值随着开挖工作面到边坡脚的距离 L 的减小而逐渐减小（负值表示到边坡脚的距离），而边坡位移逐渐增大，边坡稳定性逐渐降低。

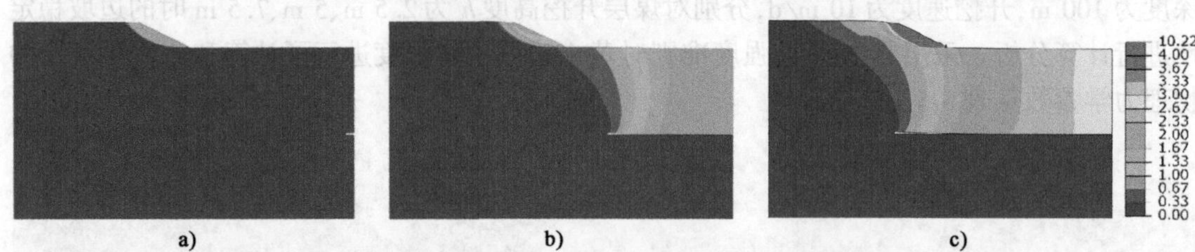

图 5-39 h = 2.5 m 时不同开采位置边坡及地层的位移云图

a) L = 190 m，安全系数 = 1.39；b) L = 10 m，安全系数 = 1.33；c) L = −50 m，安全系数 = 1.3

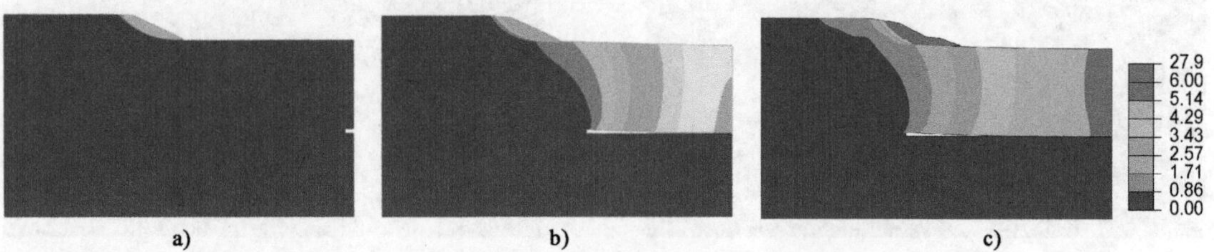

图 5-40 h = 5 m 时不同开采位置时边坡的位移云图

a) L = 190 m，安全系数 = 1.39；b) L = 10 m，安全系数 = 1.37；c) L = −50 m，安全系数 = 1.25

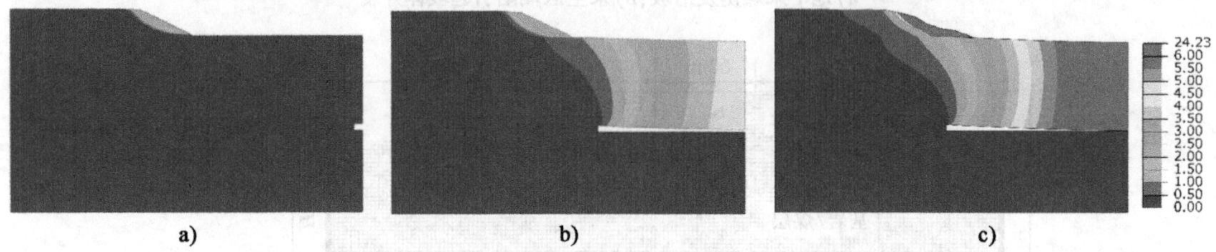

图 5-41 h = 7.5 m 时不同开采位置时边坡的位移云图

a) L = 190 m，安全系数 = 1.39；b) L = 30 m，安全系数 = 1.36；c) L = 0，安全系数 = 1.23

当强度折减系数 SRF = 1.33 时，地下采煤过程中边坡顶部水平位移变化如图 5-42 所示。随着开挖深度的增加，边坡位移逐渐增大，接近坡脚正下方时发生滑坡。不同煤层开挖高度下边坡安全系数变化曲线如图 5-43 所示。静态条件下的安全系数值（Fos = 1.41）随着采矿开挖进度的增加而逐渐减小。此外，地下采煤过程中安全系数值是动态变化的，因此地下采煤引起的边坡失稳也是一个渐进破坏过程。不同煤层开挖高度 h 的计算结果表明，安全系数的拐点相似，均在距坡脚水平 40 m 处（图 5-43）。当煤层开挖高度为 7.5 m 时，安全系数值明显下降,说明超过 5 m 的煤层开挖高度将对地面边坡的稳定性产生显著影响。本节采用 EFEM 及大变形计算方法分析了地下采煤对地表黄土边坡稳定性的影响,首先使用黄土动三轴试验结果对黄土动力本构模型进行验证,并对 EFEM 和 IFEM 两种方法进行对比分析,对地下采煤情况下地表边坡稳定性问题进行了计算分析。此外,探讨了一种新的边坡稳定性分析方法,用于分析地下采煤等动态扰动情况下地表边坡的稳定性,该方法计算效率高且能够分析边坡的渐进破坏过程。地下采煤对地表边坡稳定性的影响是一个动态的过程,地表边坡失稳也是一个渐进破坏的过程,因此必须使用动力学方法及土动力学理论分析该类型边坡的稳定性问题。

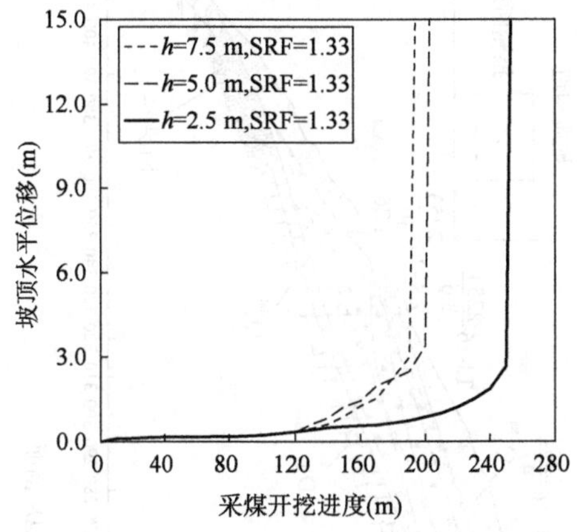

图 5-42 地下采煤过程中边坡顶部水平位移变化

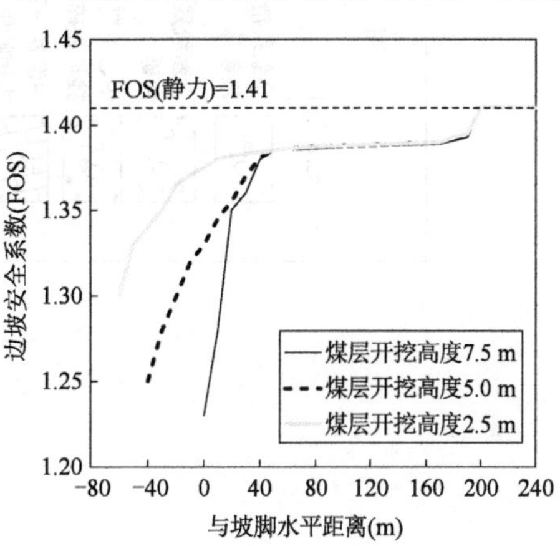

图 5-43 地下采煤过程中边坡安全系数变化

5.5 地震诱发山体滑坡问题

5.5.1 二维问题分析

立节北山滑坡位于舟曲县立节镇白龙江左岸山体(东经 104°03′57.9″,北纬 33°54′00.9″),山体受白龙江侵蚀切割作用形成“V”形河谷。该滑坡地层结构主要为:滑坡地层结构自上而下主要为第四系上更新统马兰黄土,中、下更新统滑坡堆积碎石土及残坡积碎石土,中上志留统千枚岩、板岩及中泥盆统灰岩。滑坡体主要分布于坡体中上部,滑坡与沟谷底部的落差大,直接威胁沟底立节镇主城区安全。该滑坡于 1979—2018 年多次出现复活滑动并引发泥石流灾害。1979 年该滑坡导致滑坡体上部 100 余户居民房屋损毁。2020 年 8 月北山再次发生滑坡并造成通村道路局部塌陷,后在暴雨作用下滑坡体转化为泥石流流入沟谷底部并堵塞白龙江。2021 年 1 月 14 日,甘南州舟曲县立节镇北山滑坡再次出现复活迹象,坡体多处出现裂缝和错落。舟曲县地处青藏高原东缘、西秦岭西翼与岷山山脉交会地区,该地属于舟曲—武都地震亚带,属于地震活跃地区(抗震设防烈度为 8 度,地震动峰值加速度为 0.2g,特征周期为 0.45 s)。1884 年该地发生地震,引发大型滑坡及崩塌数十处,造成 430 人死亡。2008 年汶川地震导致舟曲山区大面积岩土体松动,使滑坡频率明显提高。因此有必要对立节北山滑坡的地震稳定性及失稳破坏范围进行分析预测,并为滑坡灾害防治提供依据。立节北山滑坡中上部滑坡体地层剖面如图 5-44 所示。

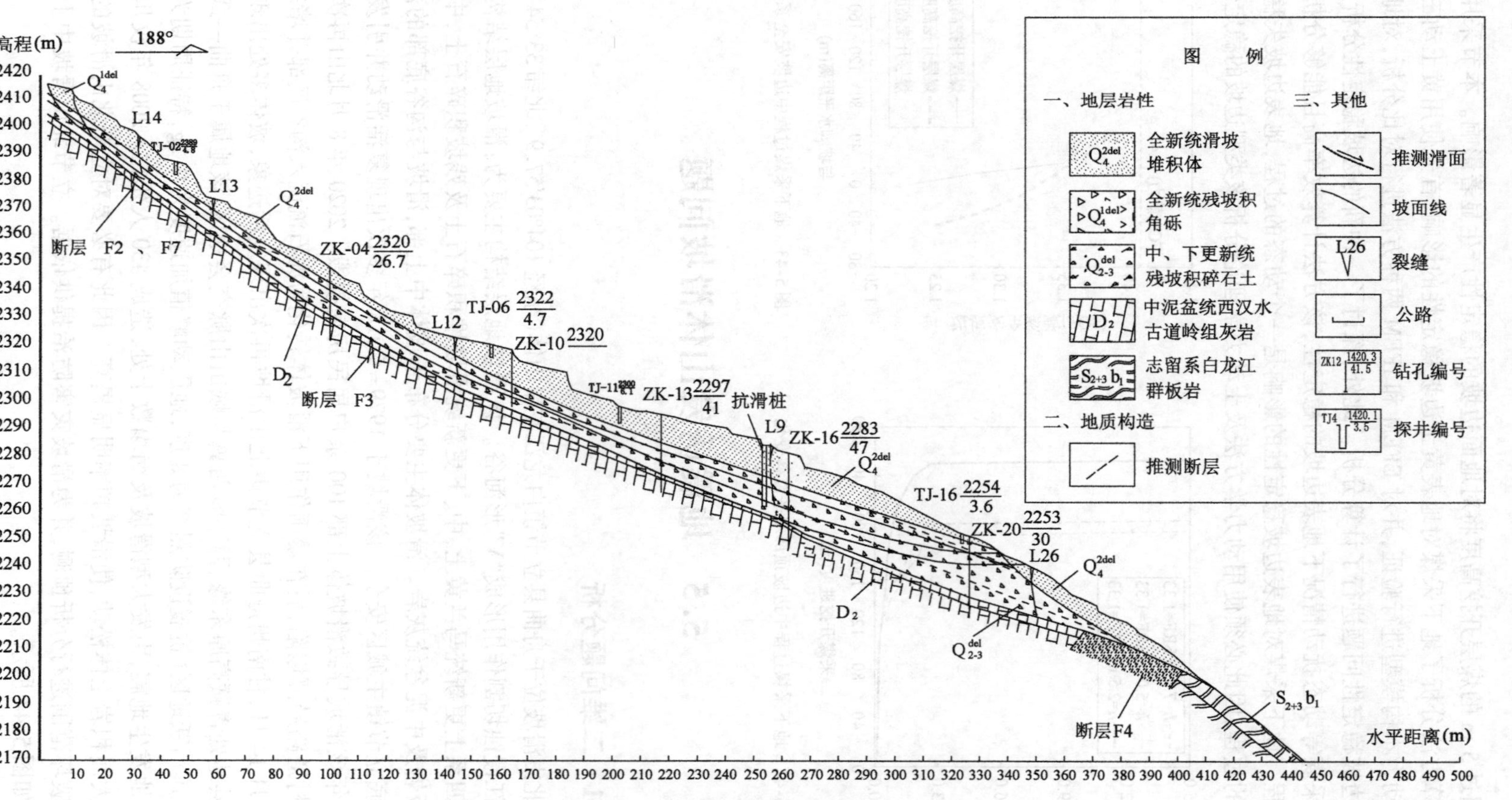

图5-44 中上部滑坡体地层剖面

将地震诱发山体滑坡问题简化为二维平面应变问题，分析滑坡在地震条件下的稳定性及破坏过程。滑坡地层结构较边坡复杂且一般高度较大，因此土体的刚度和强度需考虑初始应力的影响，土体的最大剪切刚度由下式确定。

$$G_{max}=\kappa p_a\left(\frac{\sigma_m}{p_a}\right)^n \tag{5-10}$$

式中，κ 为初始刚度系数；$\sigma_m=(\sigma_1+\sigma_2+\sigma_3)/3$；$p_a$ 为标准大气压；n 为幂次系数。强风化的残坡积层土体的黏聚力 c 采用下式计算：

$$c=c_0\left(\frac{\sigma_m}{p_a}\right)^n \tag{5-11}$$

式中，c_0 为地表土体的黏聚力。随着深度增加，土体强度逐渐增大，直至达到基岩的强度。地震荷载分别选取土耳其 Kocaeli 和美国北岭（Northridge）地震加速度时程作为横向及竖向输入分量，模型两侧为无反射边界条件。假定基岩在地震过程中不会出现塑性变形，为完全弹性体。基岩上部风化残积层强度参数：初始黏聚力 $c_0=40$ kPa，内摩擦角 $\varphi=30°$。土动力学参数：初始刚度系数 $\kappa=800$，$n=0.3$，最大阻尼比 $D_{max}=0.2$，参考剪应变 $\gamma_{ref}=0.167$。此外，假定滑动面的摩擦系数 $\mu=0.3$。滑坡计算材料分区及单元网络划分如图 5-45 所示。

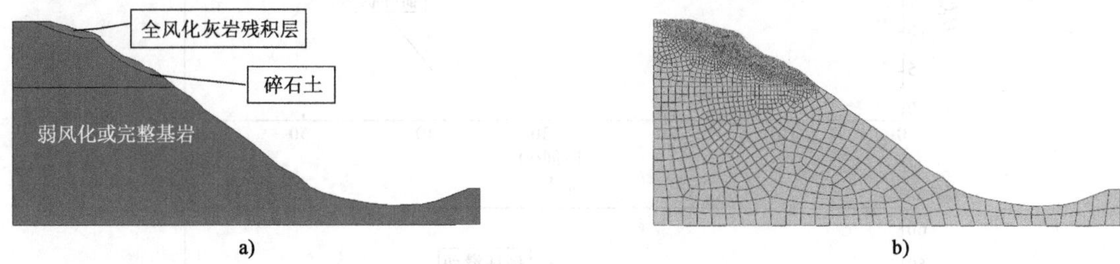

图 5-45　滑坡计算材料分区及单元网格划分图

a）地层划分；b）网格划分

强度折减系数 SRF 达到 1.05 后滑坡开始失稳滑动，即滑坡的安全系数为 1.05。图 5-46 为地震过程中滑坡体的位移云图。图 5-47 为滑坡体监测点的水平位移及速度分量随时间变化曲线。从计算结果可以看出，滑坡从形成滑动面到发生滑动是一个完整的破坏过程，并且该滑坡属于牵引式滑动破坏，即前缘首先滑动，破坏卸荷之后带动后缘产生滑动；滑坡体并未完全滑动到坡脚沟谷底部，而是一半停留在上部坡面，只有一部分滑入谷底，且水平方向最大滑动距离为 1.46 km。

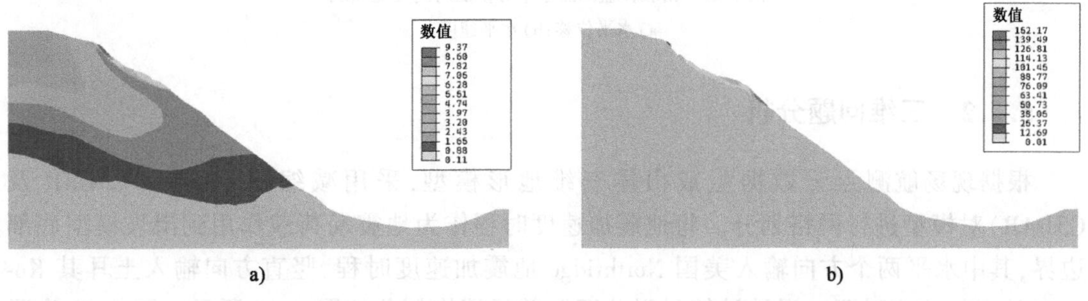

图　5-46

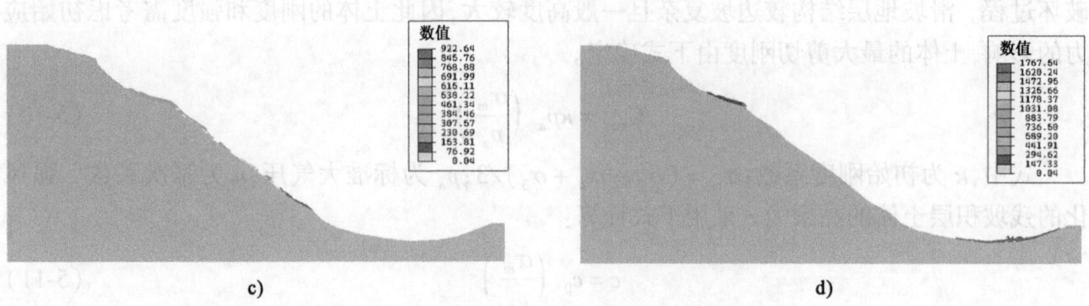

图 5-46　地震过程中滑坡体的位移云图

a) 第 25 s; b) 第 40 s; c) 第 60 s; d) 最终状态

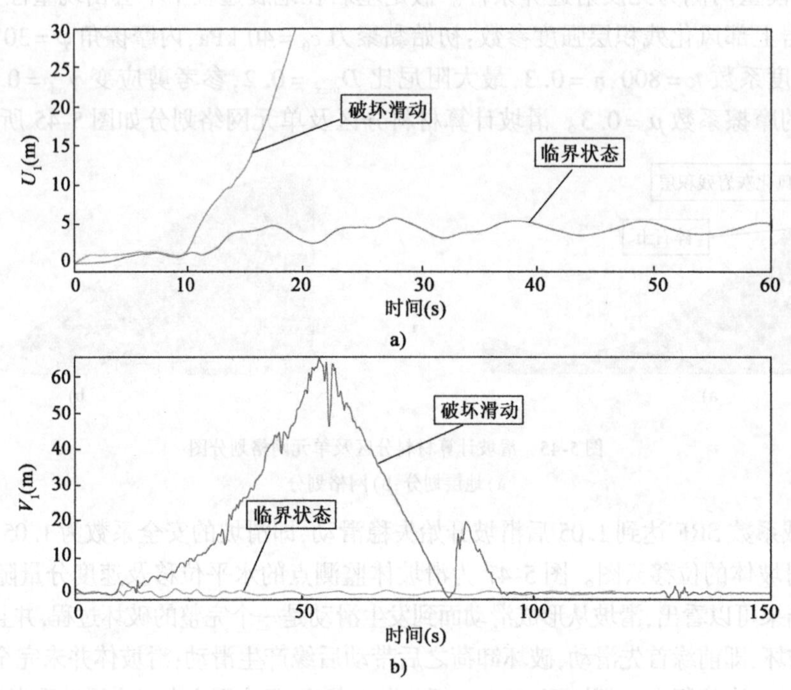

图 5-47　滑坡体监测点水平分量随时间变化曲线

a) 水平位移; b) 水平速度

5.5.2　三维问题分析

根据现场航测点云数据生成山体三维地形模型,采用减缩积分单元(C3D8R 及 C3D4R)对模型进行网格划分。将地震加速度时程作为地震动荷载作用到滑坡模型底部边界,其中水平两个方向输入美国 Northridge 地震加速度时程,竖直方向输入土耳其 Kocaeli 地震加速度时程。滑坡计算材料分区及单元网格划分如图 5-48 所示。图 5-49 为通过强度折减得到的滑坡达到临界状态(失稳滑动前)时的计算结果,图 5-50 为滑坡体滑动破坏过程中的位移云图。滑坡稳定性分析结果以广义剪应变和位移云图的形式展示，其中由广义剪应变可看出滑坡滑动面，由位移则能确定滑坡体的滑动距离。计算结果显示立节北山滑坡在地震条件下进行强度折减后最终确定的安全系数为 $F_s = 0.96$。从图5-50可看出滑坡在地震中后期启动，滑坡体在下滑过程中出现解体，只有少部分停留在坡体中上部，大部分滑入沟谷底部并越过白龙江抵达对岸，所以地震情况下北山滑坡极易失稳且大部分滑坡体会滑入沟谷底部堵塞白龙江，并掩埋立节镇大部分城区。滑坡水平方向最大滑动距离为1.73 km。地震情况下滑坡计算结果如表5-6所示，三维模型计算结果确定的安全系数数值更低，且滑坡的滑动距离更远。

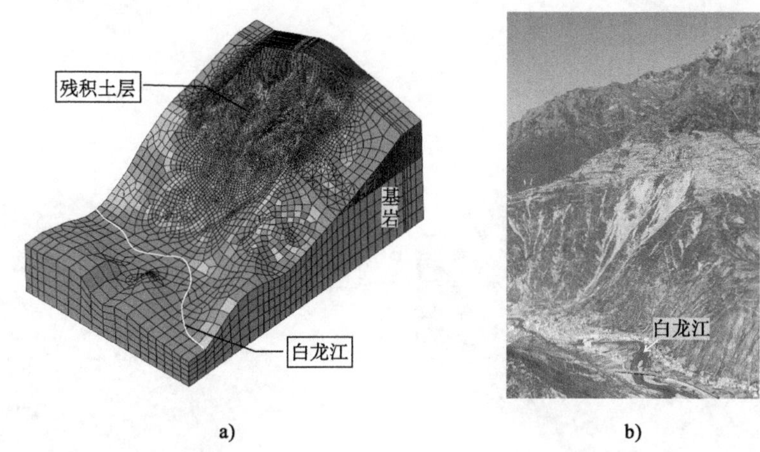

a)　　　　　　b)

图5-48　滑坡计算材料分区及单元网格划分图

a）模型网格划分；b）现场照片

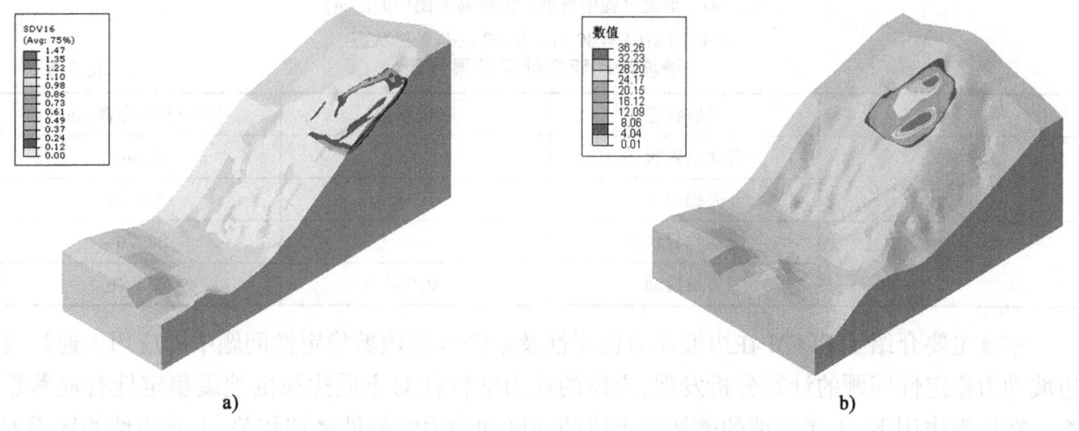

a)　　　　　　b)

图5-49　滑坡达到滑动临界状态时的计算结果

a）广义剪应变云图；b）位移云图（单位：m）

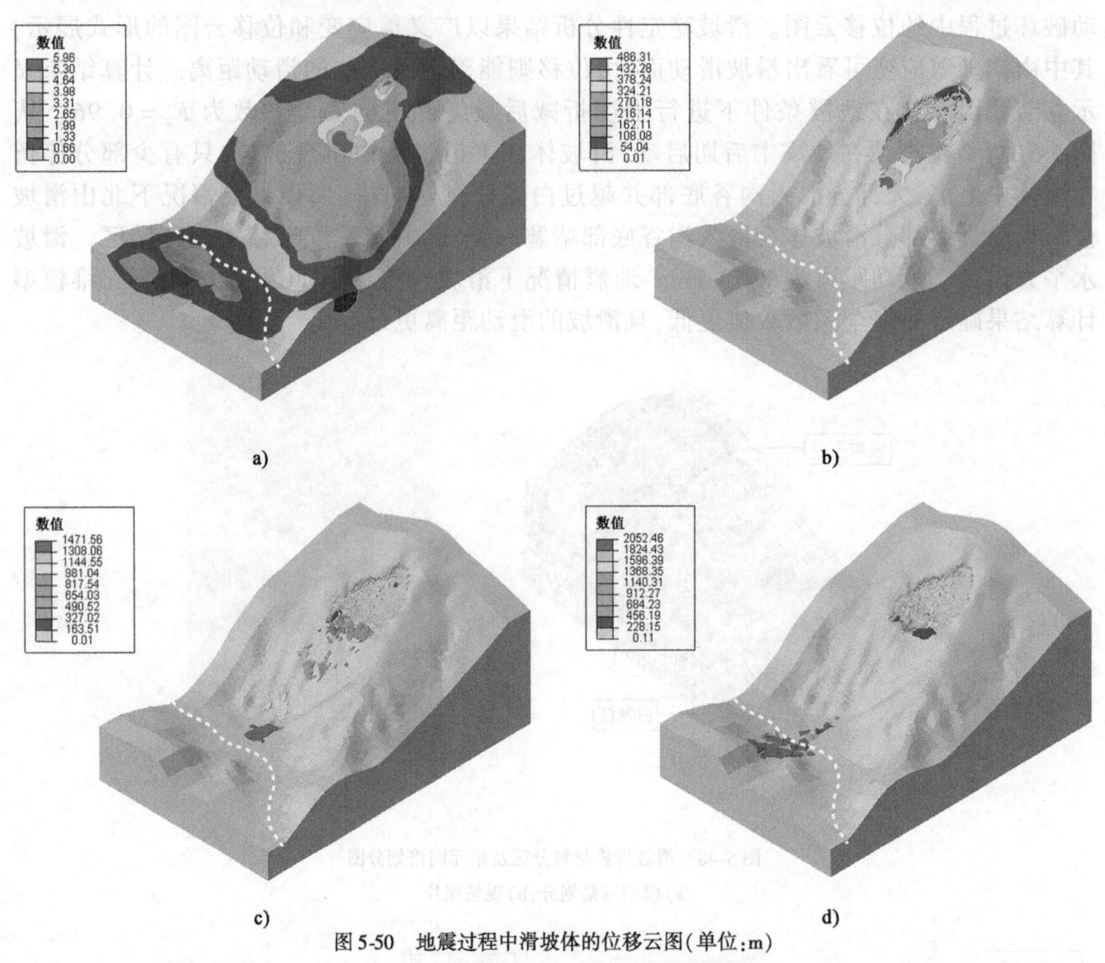

图 5-50　地震过程中滑坡体的位移云图(单位:m)

a)第 10 s;b)第 30 s;c)第 60 s;d)最终状态

滑坡滑动距离计算结果列表　　表 5-6

模型	滑坡状态	安全系数	变形/滑动距离(m)
二维	滑动临界状态	—	5.36
	失稳滑动	1.05	1767.54
三维	滑动临界状态	—	38.26
	失稳滑动	0.96	2052.46

本章主要介绍了 EFEM 在边坡动力稳定性及地铁基坑边坡稳定性问题中的应用。通过对边坡动力稳定性问题的计算分析发现,土体的动力学特性对土质边坡的地震稳定性有显著影响。在地震作用下,土质边坡的破坏与土体的强度和动力学特性密切相关,土质边坡的地震安全系数应由土体的强度和动力参数共同确定。如果不考虑土体的动力学行为,则无法通过强度折减法获得边坡的地震安全系数。另外,边坡破裂面的摩阻力特性是边坡地震破坏过程和滑动距离的主要影响因素,且高边坡的摩阻力特性对滑动距离的影响大于小边坡。而地震动峰值阶段持续时间越长、加速度量级越大,边坡地震破坏风险越大。综合以上分析可知,利用显式有限元法可更有效地开展滑坡灾害破坏过程及潜在影响区域的分析、预测和评价工作。

本章还通过 EFEM 及大变形计算方法分析了地震条件下甘肃立节北山滑坡的稳定性及失稳破坏过程。在地震情况下,立节北山滑坡的失稳破坏是一个从坡体变形到出现局部滑动直至整体滑动的发展过程,并非是达到极限状态后突然发生的。取滑坡中心剖面,按二维平面应变假定计算出的安全系数大于 1.0,这似乎说明地震情况下滑坡处于稳定状态,但是三维计算确定的安全系数更低,为 0.96。此外,三维情况下计算出的滑坡体滑动距离为 1.73 km,比二维问题计算结果高 17% 。因此二维分析结果偏于保守,须使用三维、动力学及大变形计算方法预测滑坡破坏范围。综上,EFEM、三维及大变形计算方法适用于地震条件下滑坡稳定性及破坏过程问题的计算分析;相比于传统的 IFEM,显式计算方法可模拟滑坡渐进破坏过程及确定滑坡失稳后的滑动距离及破坏范围,并且具有显著优势。

本章参考文献

[1] MA Z Y,LIAO H J,DANG F N,et al. Seismic slope stability and failure process analysis using explicit finite element method[J]. Bulletin of engineering geology and the environment,2020, 80(5):1-15.

[2] MA Z Y,DANG F N,LIAO H J,et al. Seismic stability and failure process analysis of earth-filled dam[J]. Arabian journal of geosciences,2020,13(17):463-479.

[3] 丛凯,马宗源,李瑞冬. 立节北山滑坡地震稳定性及破坏过程三维有限元分析[J]. 西北地质,2023,56(2):283-291.

[4] 马宗源,魏睿真,党发宁. 山区残积土动力特性及地震稳定性分析[J]. 水利与建筑工程学报,2023,21(3):84-90.

[5] BATHE K J,WILSON E L. Numerical methods in finite element analysis[M]. Englewood Cliffs,New Jersey:Prentice-Hall, Inc. ,1976.

[6] GRIFFITHS D V,LANE P A. Slope stability analysis by fihite elements [J]. Geotechnique, 1999,49(3):387-403.

[7] ITASCA Consulting Group. Fast Lagrangian Analysis of Continua,version 8.0,user's manual [M]. Minneapolis:Itasca Consulting Group,Inc. ,2015.

[8] JIBSON R W. Methods for assessing the stability of slopes during earthquakes—A retrospective [J]. Engineering geology,2011,122(1/2):43-50.

[9] LESHCHINSKY D,SAN K C. Pseudostatic seismic stability of slopes:design charts[J]. Journal of Geotechnical Engineering,1994,120(9):1514-1532.

[10] LI A J,LYAMIN A V,MERIFIELD R S. Seismic rock slope stability charts based on limit analysis methods[J]. Computers and geotechnics,2009,36(1-2):135-148.

[11] LIN C W,SHIEH C L,YUAN B D, et al. Impact of Chi-Chi earthquake on the occurrence of landslides and debris flows:example from the Chenyulan River watershed,Nantou,Taiwan-ScienceDirect [J]. Engineering geology,2004,71(1-2):49-61

[12] NEWMARK N M,HALL W J. Earthquake spectra and design[R]. Earthquake Engineering Research Institute,Berkeley,California,1982.

[13] PIERO G. Help documentation of SIMQKE_GR, version 2.7. [M]. Italy: University of Brescia, 2012.

[14] Seismosoft. Help documentation of SeismoSignal 2016 released [M]. USA: Seismosoft Ltd., 2016.

[15] SCHNABEL P B, LYSMER J, SEED H B. SHAKE: A Computer Program for Earthquake Response Analysis of Horizontally Layered Sites[R]. Earthquake Engineering Research Center, University of California, Berkeley, 1972.

[16] 王振华,马宗源,党发宁. 等效线性和非线性方法土层地震反应分析对比[J]. 西安理工大学学报,2013,29(4):421-427.

[17] SEED H B, WONG R T, IDRISS I M, et al. Moduli and damping factors for dynamic analyses of cohesionless soils[J]. Journal of the geotechnical engineering, 1986, 112(11):1016-1032.

[18] SUN J I, GOLESORKHI R, SEED H B. Dynamic moduli and damping ratios for cohesive soils [R]. Earthquake Engineering Research Center, University of California, Berkeley, 1988.

[19] BAKER R, SHUKHA R, OPERSTEIN V, et al. Stability charts for pseudo-static slope stability analysis[J]. Soil dynamics and earthquake engineering, 2006, 26(9):813-823.

[20] SIMULIA D S. Abaqus 6.17 help documentation[M]. Paris: Dassault Systems Corp, 2017.

[21] TANG C, ZHU J, LI W L, et al. Rainfall-triggered debris flows following the Wenchuan earthquake[J]. Bulletin of engineering geology and the environment, 2009, 68(2):187-194.

[22] BRAY J D, TRAVASAROU T. Pseudostatic coefficient for use in simplified seismic slope stability evaluation [J]. Journal of geotechnical and geoenvironmental engineering, 2009, 135 (9):1336-1340.

[23] YIN Y P, WANG F W, SUN P. Landslide hazards triggered by the 2008 Wenchuan earthquake, Sichuan, China[J]. Landslides, 2009, 6(2):139-151.

[24] YIN Y P, ZHENG W M, LI X C, et al. Catastrophic landslides associated with the M8.0 Wenchuan earthquake [J]. Bulletin of engineering geology and the environment, 2011, 70(1): 15-32.

[25] 何芳,徐友宁,陈华清,等. 西北地区矿山地质灾害的现状及其时空分布特征[J]. 地质通报,2008,(8):1245-1255.

[26] 成玉祥,裴迎慧,陈毛宁,等. 地下采煤引起的破裂效应对斜坡稳定性影响分析[J]. 干旱区资源与环境,2020,34(11):125-131.

[27] 马宗源,焦贝,党发宁,等. 地下采煤情况下地表黄土边坡稳定性分析[J]. 地震工程学报,2022,44(5):1017-1023.

6 显式离散元方法在路基路面问题中的应用

6.1 路基动力夯实及水泥混凝土路面打裂压稳问题简介

路基动力夯实技术一般分为表层压实、传统强夯和新型液压夯实三种。表层压实技术主要使用碾压或冲击压路机对路基表层土体进行压实，压实影响深度较小，用于路基表层平整处理。传统强夯和新型液压夯实两种方法的共同特点为将夯锤提升至一定高度后释放，使夯锤在重力作用下加速下落锤击地面，以此达到夯实路基土体的目的；两者的不同点为液压夯实的夯锤质量及提升高度均小于强夯，但其锤击频率要高于强夯。液压夯实技术是一种新兴的高效夯实技术，该技术填补了传统的表层压实技术（如碾压、振动压实）和传统强夯技术之间的空白。该技术主要用于桥台背、涵侧回填补压，提高桥台背路基的压实度，减少工后沉降，从而减少或消除桥头跳车病害。其基本的工作原理是：用液压缸将夯锤提升至一定高度后释放，夯锤在重力和液压蓄能器的共同作用下加速下落，落下后击打带缓冲垫且静压在地面上的夯板，并通过夯板夯击地面。在装载机工作装置的牵引下，夯锤能机动灵活地对不同的位置进行准确、快速的夯实，从而满足对作业面积的单点或连续夯实要求。几种常规路基压实技术示意图如图 6-1 所示。

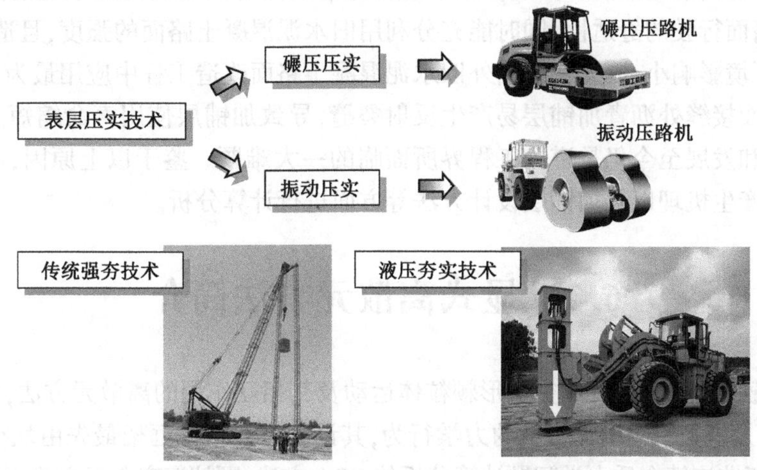

图 6-1 几种常规路基压实技术示意图

填石路基被广泛应用于公路、铁路路基及工民用建筑等领域，并且多需进行夯实处理。Scott 等及 Thilakasiri 等人使用试验方法研究了地基动力夯实问题。国内研究人员也对路基动力夯实问题进行了相关的试验研究。同试验研究相比，利用解析及数值方法进行研究可以在耗费较少的人力物力及时间投入下得到路基动力夯实过程更为系统的规律性研究成果，进而推进路基动力夯实技术的革新以及新设备的研发。填石路基的密实程度通常使用孔隙率作为衡量标准进行评价。连续介质力学数值计算方法(如有限元或有限差分方法)不能直接计算得出动力夯实过程中土体孔隙率的变化,只能通过人为设定(如通过本构模型控制体应变)间接进行计算分析。离散元方法[如颗粒流离散元法(Particle Flow Distinct Element Method,PFDEM)]可以直接确定土体变形过程中孔隙率的变化,从而有望对路基土体的动力夯实效果进行模拟分析。Bertrand 等人基于颗粒流离散元方法及试验测试手段对粗石料集合体的单轴抗压及抗剪强度进行了研究,证明颗粒流离散元方法能够很好地模拟粗石料的力学行为。Cheng 等人的研究进一步验证了颗粒流离散元方法对粗粒土及碎石土的适用性。Iwashita 等人的研究说明颗粒流离散元方法同样适用于模拟砂土的应变局部化现象。Wada 等人基于颗粒流离散元方法研究了刚性球体高速冲击颗粒堆积体问题。Mayne 等人研究了动力夯实过程中路基内部冲击应力的分布及扩散规律。石建光等人使用颗粒流离散元方法分析了骨料级配对混凝土性能的影响。常在等人基于颗粒间孔隙率的变化使用颗粒流离散元法分析了砂土强度与剪胀性的关系。蒋明镜等人使用颗粒流离散元方法研究了无黏性土的静力触探问题。本章使用颗粒流离散元方法考虑土体动力滞回特性,以填石路基孔隙率的变化为依据对路基动力夯实过程及关键因素进行计算分析。

水泥混凝土路面是高等级公路主要的路面结构形式之一,20 世纪 90 年代便在我国得到广泛应用。截至 2023 年末,我国水泥混凝土路面总里程达 330 万 km,约占全国公路点里程的三分之一。就目前国内外水泥混凝土路面使用状况而言,存在着不少问题,尤其是一些早期修建的水泥混凝土路面出现了不同程度的结构性破坏和功能性缺陷,严重影响了道路的服务水平及车辆的行驶安全。目前旧水泥混凝土路面的加铺改造主要有两种措施:一是加铺沥青混凝土面层,二是加铺水泥混凝土面层。由于沥青加铺层能有效地提升旧水泥混凝土路面的使用性能,提升路面行驶的舒适性,同时能充分利用旧水泥混凝土路面的强度,且造价低、施工方便、对交通及环境影响小,因此在国内外旧水泥混凝土路面改造工程中应用最为广泛。然而旧水泥混凝土路面接缝处沥青加铺层易产生反射裂缝,导致加铺层使用寿命缩短。如何控制反射裂缝的产生和发展至今仍是道路工程界所面临的一大难题。鉴于以上原因,本章对沥青加铺层反射裂缝产生机理以及加铺层设计方法等方面进行计算分析。

6.2 显式离散元方法简介

颗粒流离散元方法是一种研究圆形颗粒体运动及其相互作用的离散元方法,主要用来分析砂土、破碎岩石及混凝土等颗粒材料的力学行为,其计算方案基本框架最先由坎德尔(Cundall)等提出。有别于非连续介质力学问题计算分析的 DDA 方法,颗粒流离散元方法更适用于模拟散体颗粒组成的材料(如砂土或碎石土)以及具有脆性破坏特性的材料(如岩石或混凝土)。本节使用颗粒流离散元计算程序 PFC(Particle Flow Code)的二维版本 PFC2D 进行计算分析。PFC 采用显式的计算方案,可以分析振动、冲击等动力学问题,也可以分析稳态荷载或重力作用下的破坏失稳等静力问题。PFC 使用微观颗粒的接触本构关系来模拟宏观材料的力学行为,摆脱了连续介质力学本构关系的假定,从而更直接描述颗粒材料内部接触、碰撞及转动等力学行为。具体计算过程为,首先使用力-位移方程将颗粒间接触产生的位移转化为颗粒的接触力,之后根据运动方程以及更新颗粒的位移,同时计算颗粒所受的体力。使用线弹性的接触模型进行计算分析,可以考虑球体间的摩擦,模拟砂、卵砾石及碎石土的力学行为。线弹性接触关系的表达式为

$$\Delta F_{n}=k_{n}\Delta U_{n},\Delta F_{s}=k_{s}\Delta U_{s},\Delta F_{s}=\mu\Delta F_{n} \tag{6-1}$$

式中,ΔF_{n}、ΔF_{s} 分别为法向和切向力增量;k_{n}、k_{s} 分别为法向和切向接触刚度;μ 为摩擦系数;ΔU_{n} 和 ΔU_{s} 分别为颗粒质心的法向和切向位移增量。颗粒流离散元方法的边界条件可以由刚性墙体来控制,颗粒-颗粒及颗粒-墙体接触关系如图 6-2 所示,其中 c_{n} 和 c_{s} 分别为法向和切向的黏结力,对于无黏性土,c_{n} 和 c_{s} 取值为零,f_{f} 为颗粒滑动摩擦引起的摩擦力。每个颗粒具有三个方向自由度:x 轴向位移、y 轴向位移及 z 轴向转动。PFC2D 颗粒包含碟形和球形两种模式,其中碟形颗粒之间为线接触(类似平面应变问题),球形颗粒之间为点接触(类似平面应力问题)。

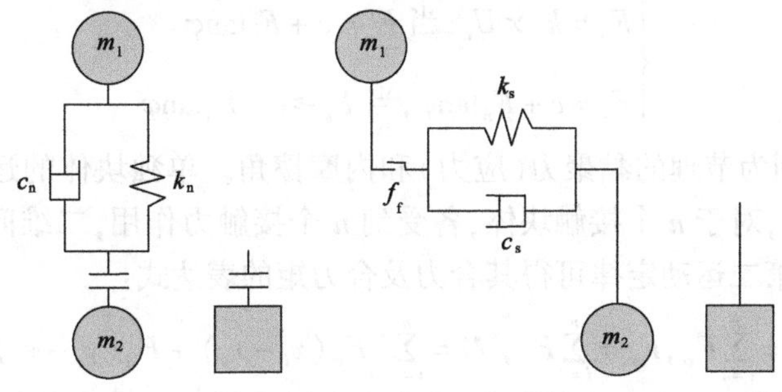

图 6-2 颗粒-颗粒及颗粒-墙体接触关系示意图

节理面切割连续介质形成不同的块体单元,单个块体内部满足连续介质的变形协调和本构关系方程,但块体间为非连续变形的接触关系,块体间的接触本构关系是通过接触刚度来实现的,DDA 中的本构关系为块体所受的合外力与块体位移之间的关系。DDA 方法的计算网格与岩体受裂隙及解理切割的块体一致,可以反映岩体的连续和不连续特性。DDA 方法通过不连续面间的相互约束建立整个系统的力学平衡条件,但与一般的连续介质法不同,它引入了非连续接触和惯性力,采用运动学方法来解决非连续的静力和动力问题,其特点是考虑了变形的不连续性和引入了时间因素,既可以计算静力问题,又可以计算动力问题,同时也可分析小变形及大变形问题。DDA 方法兼具有限元与离散元法的部分优点,块体内部的连续变形使用类似有限元分片插值离散方法求解,而块体间的接触及相对运动则使用离散元的接触算法求解。但是,岩体物理力学性质极为复杂,简单的接触模型无法完全描述节理岩体的力学特性,并且该方法将耗用大量的计算机内存及计算时间,因此计算方法还有待进一步优化和改良。

对于可变形块体,内部可以使用连续介质体本构模型进行分析;而刚性块体间则使用各种接触模型,如点接触和面接触模型。块体离散元方法最早由 Cundall 于 1971 年提出,该方法适用于研究在准静力学或动力学条件下的节理系统或块体集合的力学问题,最初用来分析岩石边坡的运动。由于该方法抓住了岩体变形的非线性和非连续性等物理本质,近三十年来得到了进一步发展,并且在岩石力学许多领域都有了成功的应用。离散单元法的理论基础来源于气动弹性力学、有限元法和有限差分法。块体离散元方法的变形块体及块体间接触关系如图 6-3所示,一般使用弹簧元将两个接触单元进行连接,可变形块体内部使用有限差分单元进行划分,块体整体可以发生刚体转动。假定块体间的法向接触力 F_{n} 与块体之间接触产生的法

向重叠位移成正比,则块体接触产生的法向力可写为下式形式。

$$\Delta F_{n} = k_{n} \times \Delta U_{n} \tag{6-2}$$

式中,ΔF_{n} 为法向力增量;k_{n} 为法向接触刚度;ΔU_{n} 为法向接触位移增量。块体接触面上的剪切力增量可写为下式形式。

$$\Delta F_{s} = k_{s} \times \Delta U_{s} \tag{6-3}$$

式中,ΔF_{s} 为剪切力的增量;k_{s} 为接触面的切向接触刚度;ΔU_{s} 为切向相对位移增量。块体发生法向分离,即接触重叠量小于零时,块体间作用力表现为拉力,当拉力超过节理的抗拉强度时,法向作用力随即消失。节理面的切向滑动破坏采用莫尔-库仑强度准则进行描述,在每次迭代时验算剪切力 F_{s} 是否超过 $c + F_{n}\tan\varphi$,如果超过,则表示块体之间产生滑动,此时剪切力取极限值 $c + F_{n}\tan\varphi$,否则 F_{s} 与 U_{s} 为线性关系,即:

$$\begin{cases} F_{n} = k_{n} \times U_{n}, \text{当 } F_{s} < c + F_{n}\tan\varphi \\ F_{s} = c + F_{n}\tan\varphi, \text{当 } F_{s} \geqslant c + F_{n}\tan\varphi \end{cases} \tag{6-4}$$

式中,c 和 φ 分别为节理的黏聚力(应力)和内摩擦角。单独块体的运动可以视为外力及转动惯量对其的作用,对于 n 个接触块体,各受到 n 个接触力作用,二维问题具有 x 和 y 方向两个分量,使用牛顿第二运动定律可得其合力及合力矩的表达式:

$$F_{x} = \sum_{i=1}^{n} F_{xi}, F_{y} = \sum_{i=1}^{n} F_{yi},\ M = \sum_{i=1}^{n} \left[F_{yi}(x_{i} - x_{0}) + F_{xi}(y_{i} - y_{0}) \right] \tag{6-5}$$

式中,F_{x}、F_{y} 分别为 x、y 方向上的合力;M 为合力矩。其中(x_{0}, y_{0})为块体质心坐标,力矩以逆时针方向为正。设块体质量为 m,转动惯量为 I,考虑重力块体质心的运动方程为下式形式。

$$\frac{\partial^{2} u_{x}}{\partial t^{2}} = \frac{F_{x}}{m}, \frac{\partial^{2} u_{y}}{\partial t^{2}} = \frac{F_{y}}{m} - g, \frac{\partial^{2} \theta}{\partial t^{2}} = \frac{M}{I} \tag{6-6}$$

对式(6-6)进行数值积分,可得到岩块质心沿 x 和 y 方向的速度和位移:

$$\begin{cases} \dot{u}_{x}(t_{1}) = \dot{u}_{x}(t_{0}) + \ddot{u}_{x}\Delta t \\ \dot{u}_{y}(t_{1}) = \dot{u}_{y}(t_{0}) + \ddot{u}_{y}\Delta t \\ u_{x}(t_{1}) = u_{x}(t_{0}) + \dot{u}_{x}\Delta t \\ u_{y}(t_{1}) = u_{y}(t_{0}) + \dot{u}_{y}\Delta t \end{cases} \tag{6-7}$$

式中,t_{0} 为起始时间;Δt 为时间增量步;$t_{1} = t_{0} + \Delta t$。对于大变形过程中块体接触-碰撞-脱离问题的模拟,可以采用胞元分格检索的方法实现。如图 6-4 所示,在计算区域中建立一个胞元组成的空间,块体在胞元空间中发生碰撞接触,在两个及两个以上块体的矩形包络空间进入某个胞元后,在对应的胞元中判断块体是否发生接触以及接触碰撞后的相互脱离。

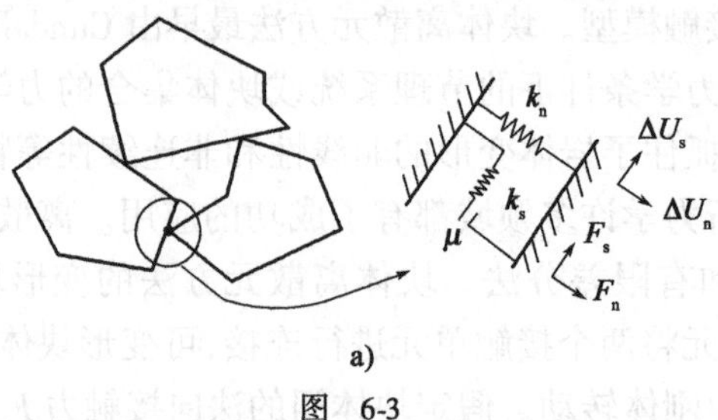

图 6-3

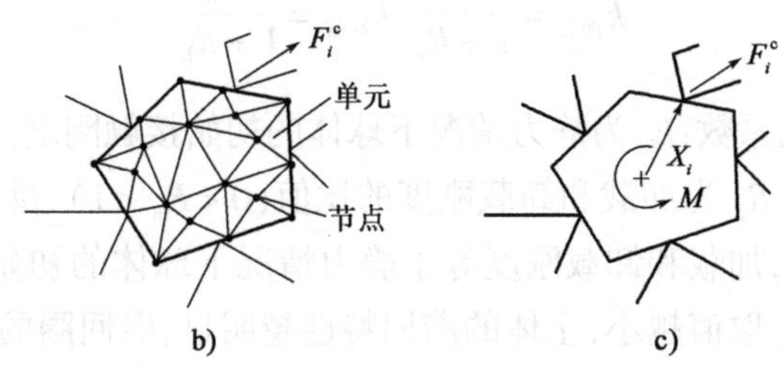

图 6-3 块体离散元方法接触本构关系

a)接触块体;b)变形块体;c)刚体转动

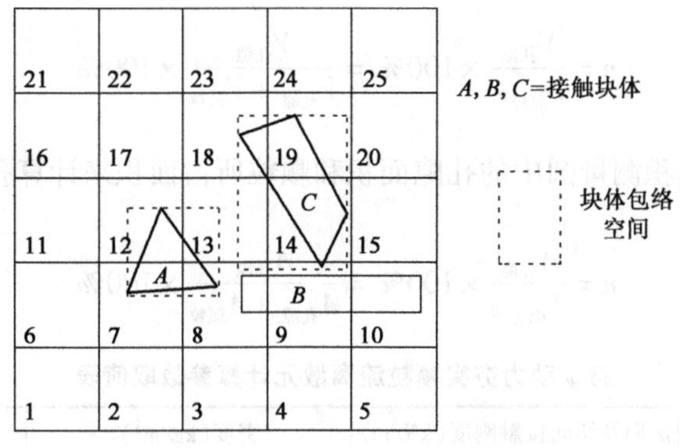

图 6-4 块体在胞元空间中的示意图

6.3 路基动力夯实颗粒流离散元数值分析

6.3.1 土的动力滞回特性及其影响

大量岩土材料动力学试验证实,岩石及土体在循环往复荷载情况下存在动力滞回效应,即土的动力反应滞后于外部作用力的变化,应力应变关系呈滞回圈形状发展。现将颗粒接触的滞回圈关系简化为分段线性的回路,如图 6-5 所示。其中,滞回过程中卸载后的接触刚度大于加载情况。与抗压强度相比,岩土材料的抗拉强度非常小,碎石土等无黏性土则基本没有抗拉强度,所以在不考虑抗拉强度情况下,碎石土的动力滞回圈只能出现在接触力的正向区域,如图 6-5 中线段 *OA*、*AB*、*BO* 所围区域。根据静力情况下颗粒的初始接触刚度,动力滞回中加卸载刚度为

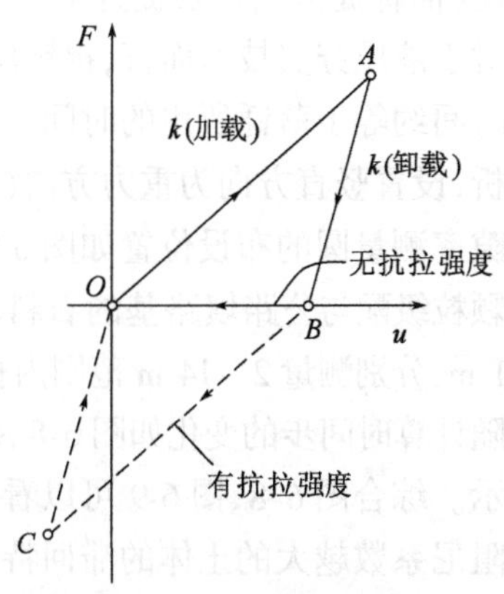

图 6-5 颗粒接触的动力滞回反应

$$k_{加载}=\frac{2R_h k_0}{1+R_h}, k_{卸载}=\frac{2k_0}{1+R_h} \tag{6-8}$$

式中，R_h 为滞回阻尼系数；k_0 为静力情况下球体的初始接触刚度。

从式(6-8)可以看出 R_h 为加载和卸载刚度的比值($0<R_h<1$)，反映土体动力滞回特性的显著程度；当 $R_h=1.0$ 时，加载和卸载刚度等于静力情况下球体的初始接触刚度，此时土体不具有动力滞回特性，而 R_h 取值越小，土体的滞回特性越明显，滞回圈的面积也越大。线性接触模型的接触刚度分为法向和切向两种，计算分析中法向和切向接触刚度的数值相同。计算分析中所用计算参数如表 6-1 所示。根据路基土体孔隙率 n 的变化来衡量动力夯实效果，土力学中孔隙率 n 的计算公式如下：

$$n=\frac{V_{孔隙}}{V_{总体积}}\times 100\%=\frac{V_{孔隙}}{V_{孔隙}+V_{颗粒}}\times 100\% \tag{6-9}$$

PFC 中基于单位面积测量圆中的孔隙面积和颗粒所占面积来计算孔隙率，具体如下：

$$n=\frac{A_{孔隙}}{A_{测量圆}}\times 100\%=\frac{A_{孔隙}}{A_{孔隙}+A_{颗粒}}\times 100\% \tag{6-10}$$

路基动力夯实颗粒流离散元计算参数取值表 表 6-1

材料	法向及切向接触刚度(kN/m)	密度(kg/m^3)	摩擦系数
填石路基	1.5×10^3	1600	1.0
墙体	同土体	—	0.0
夯锤	同土体	3000	0.0

对比式(6-9)和式(6-10)可以看出，PFC 中计算孔隙率方法与土力学中的是一致的。PFC 中测量圆计算颗粒间孔隙率示意图如图 6-6 所示。夯锤简化为半径为 0.5 m 的圆形球体，锤重为 3 t，落锤高度(锤体中心到地面距离)为 2 m。夯锤运动过程具体可分为机械加载提升夯锤(简称提锤)，以及提升至一定高度后释放夯锤自由下落(简称落锤)与接触地面三个阶段。对于液压夯实技术而言，提锤所用的时间一般约为落锤所用时间的 2 倍，夯锤接触地面持续的时间约等于落锤所用的时间。对夯锤这三个阶段所用的时间均按照液压夯实情况进行计算分析，设置竖直方向为重力方向(重力加速度 $g=9.81\ m/s^2$)。路基颗粒流离散元计算模型及孔隙率测量圆的布设位置如图 6-7 所示，其中模拟填石路基的颗粒粒径范围为 0.1～0.2 m，这种颗粒级配与公路填路基的石料粒径相似。路基内部共布设 7 个孔隙率测量圆，测量圆半径为 1 m，分别测量 2～14 m 范围内孔隙率的变化。不同滞回阻尼系数情况下路基内部土体的孔隙率随计算时间步的变化如图 6-8 所示。路基土体孔隙率减小量与滞回阻尼系数的关系如图 6-9 所示。综合图 6-8、图 6-9 可以看出土体滞回阻尼系数越大，土体越不易被夯实。这是因为滞回阻尼系数越大的土体的滞回特性越不明显，提锤和落锤过程中土体的回弹效果越明显，土体的夯实效果越不明显；滞回阻尼系数越小，提锤和落锤过程中土体的回弹量越小，路基土体的夯实效果越好。

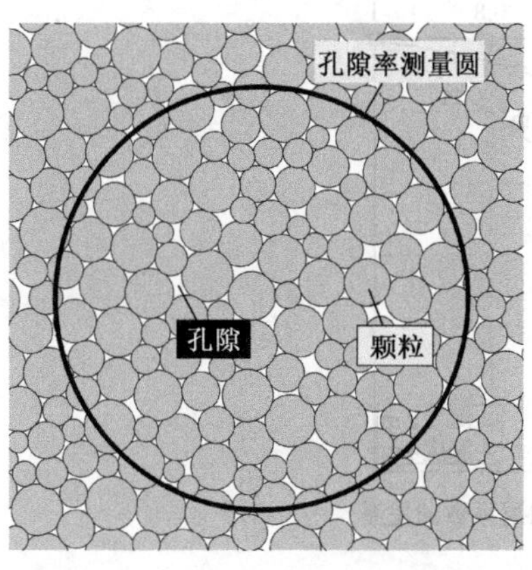

图6-6 测量圆计算颗粒间孔隙率示意图

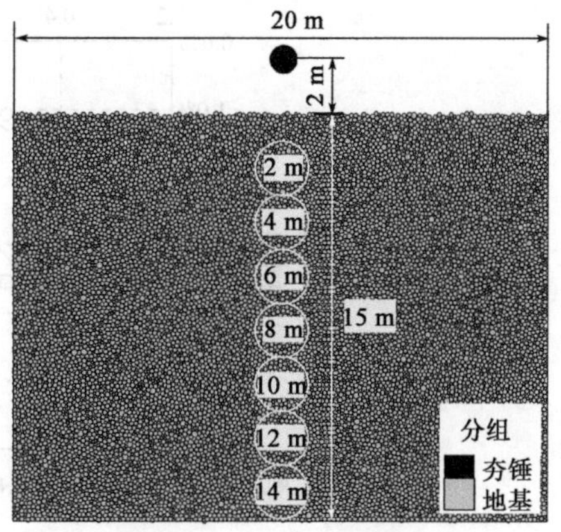

图6-7 路基颗粒离散元计算模型及孔隙率测量圆位置图

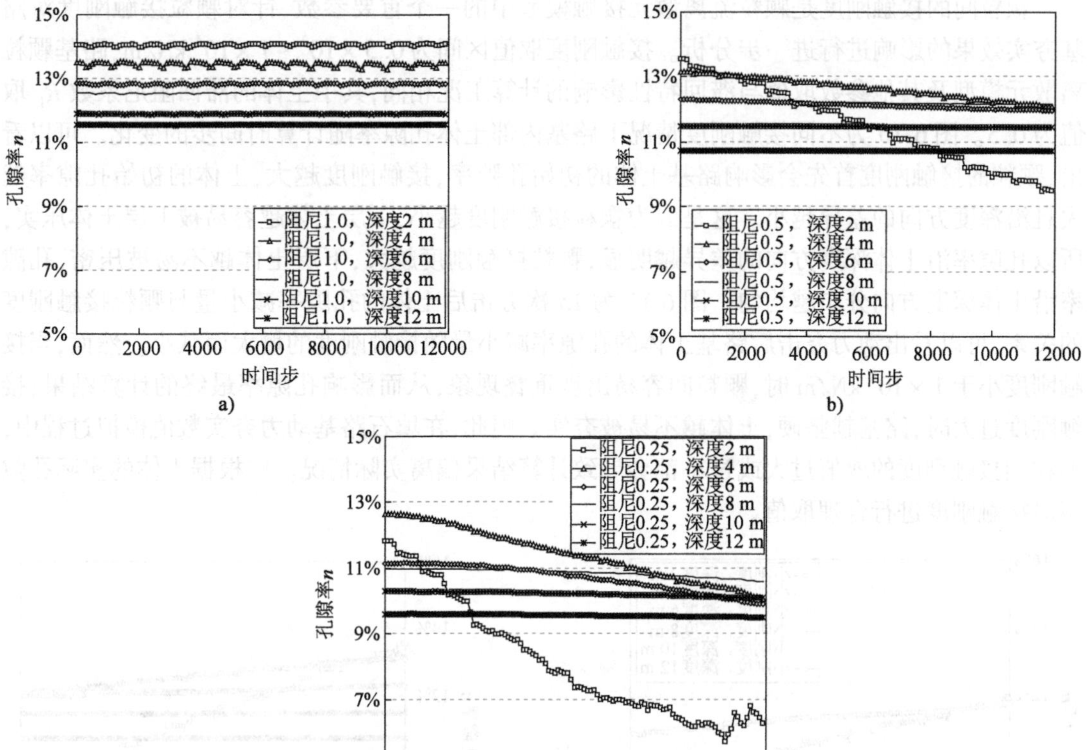

a)

b)

c)

图6-8 不同滞回阻尼系数情况下路基内部土体的孔隙率变化

a) $R_h=1.0$；b) $R_h=0.5$；c) $R_h=0.25$

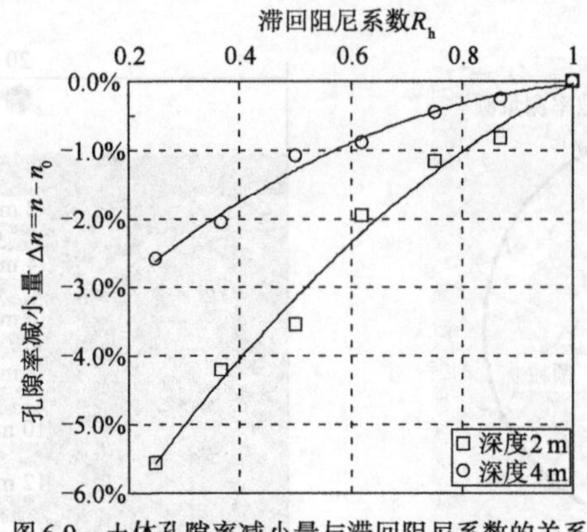

图6-9 土体孔隙率减小量与滞回阻尼系数的关系

6.3.2 接触刚度的影响

颗粒间的接触刚度是颗粒流离散元接触模型中的一个重要参数，针对颗粒接触刚度对路基夯实效果的影响进行进一步分析。接触刚度取值区间为$0.5\times10^3\sim1\times10^4$ kN/m，路基颗粒离散元模型及其他参数取值与滞回特性影响的计算工况相同，其中土体的滞回阻尼系数R_h取值为0.5。图6-10为不同接触刚度情况下路基内部土体孔隙率随计算时间步的变化。可以看出，颗粒的接触刚度首先会影响路基土体的初始孔隙率，接触刚度越大，土体的初始孔隙率越大且沿深度方向的差异越小。这是因为颗粒接触刚度越小，下层土体越容易被上层土体压实，所以孔隙率沿土体深度方向的差异越明显；颗粒接触刚度越大，下层土体越不易被压密，孔隙率沿土体深度方向分布越均匀。图6-11为15次夯击后土体的孔隙率减小量与颗粒接触刚度的关系，可以看出动力夯击后路基土体的孔隙率减小量随接触刚度的增大而减小。然而，当接触刚度小于1×10^3 kN/m时，颗粒间容易出现重叠现象，从而影响孔隙率最终的计算结果；接触刚度过大时，路基越坚硬，土体越不易被夯实。因此，在填石路基动力夯实数值模拟过程中，颗粒间接触刚度的取值过大或过小都会导致计算结果偏离实际情况。应根据土体的实际孔隙率对接触刚度进行合理取值。

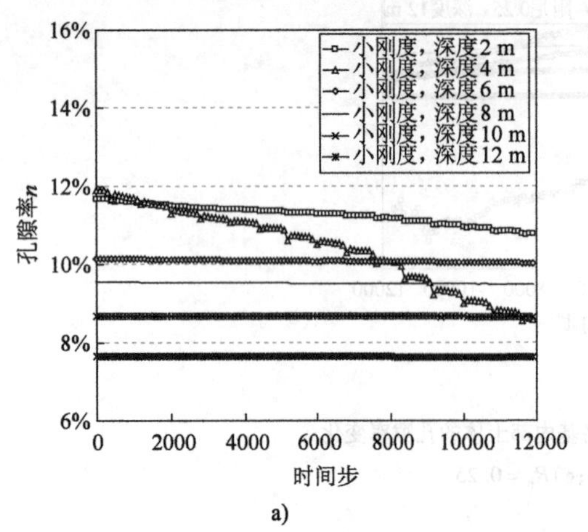

a)

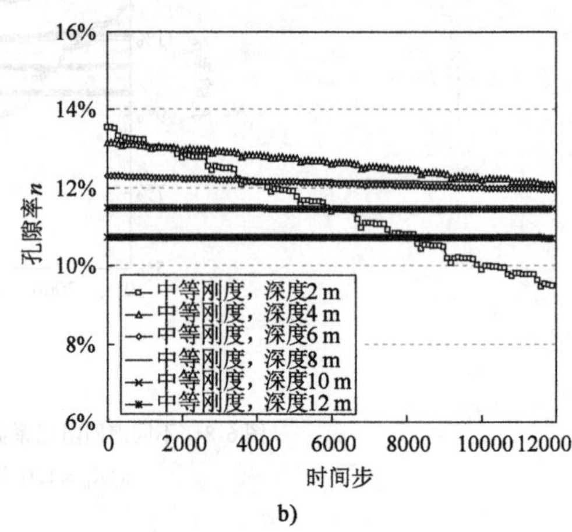

b)

图 6-10

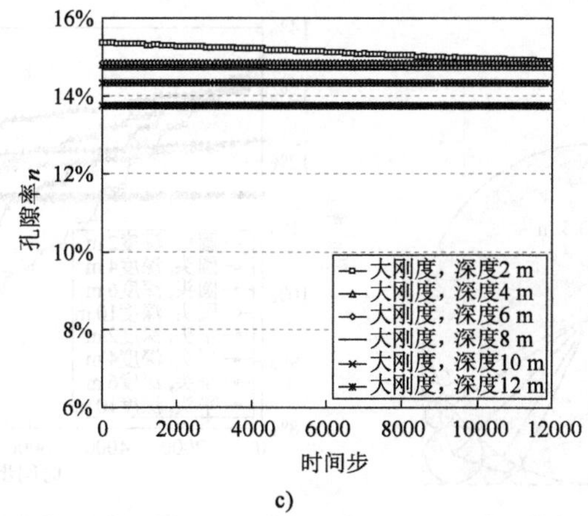

c)

图 6-10 不同接触刚度情况下路基内部土体的孔隙率变化

a) $k=0.75\times10^3$ kN/m; b) $k=1.5\times10^3$ kN/m; c) $k=7.5\times10^3$ kN/m

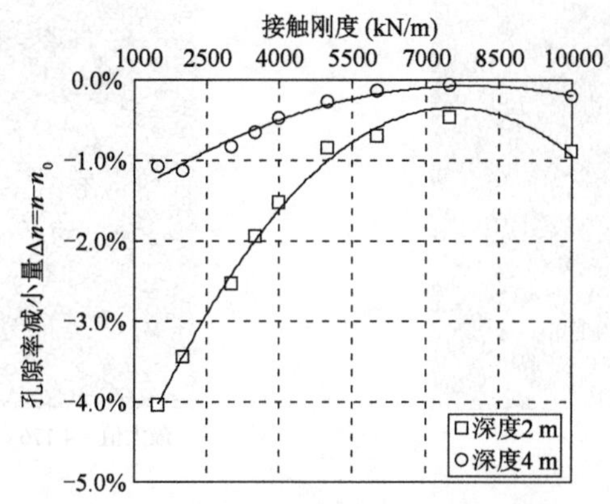

图 6-11 路基土体孔隙率减小量与接触刚度的关系

6.3.3 夯锤底面形状的影响

本节主要分析夯锤底面形状对夯实效果的影响。由于颗粒离散元不能生成底面为完全平面的夯锤计算模型，故使用多颗粒组合，生成底面为近似平面的夯锤模型，其中组成夯锤的颗粒间采用足够大黏结力相互黏结，并且约束水平向及转动方向的自由度，使颗粒组合成为一个整体，平头夯锤模型如图 6-12 所示。路基颗粒模型及计算参数取值与接触刚度影响计算工况相同。图 6-13 为不同夯锤底面形状情况下孔隙率随计算时间步的变化。图 6-14 为不同锤头夯击在地层中引起的土体颗粒速度矢量图。图 6-15 为不同锤头 15 次夯击后路基中孔隙率减小量等值线图。由图 6-15 可以看出，相同深度土层中，圆头夯锤引起的土体孔隙率减小量均大于平头夯锤。由图 6-13 及图 6-14 可以看出，圆头夯锤夯击引起的土颗粒运动速度及路基土体孔隙率减小量均大于平头夯锤夯击情况，并且经过数次夯击后圆头夯锤比平头夯锤具有更大的土体贯入深度。平头夯锤夯击后的路基表面比圆头夯锤夯击更加平整，并且路基内部的夯实程度也更均匀，而圆头夯锤夯击后可能引起地表凹凸不平。

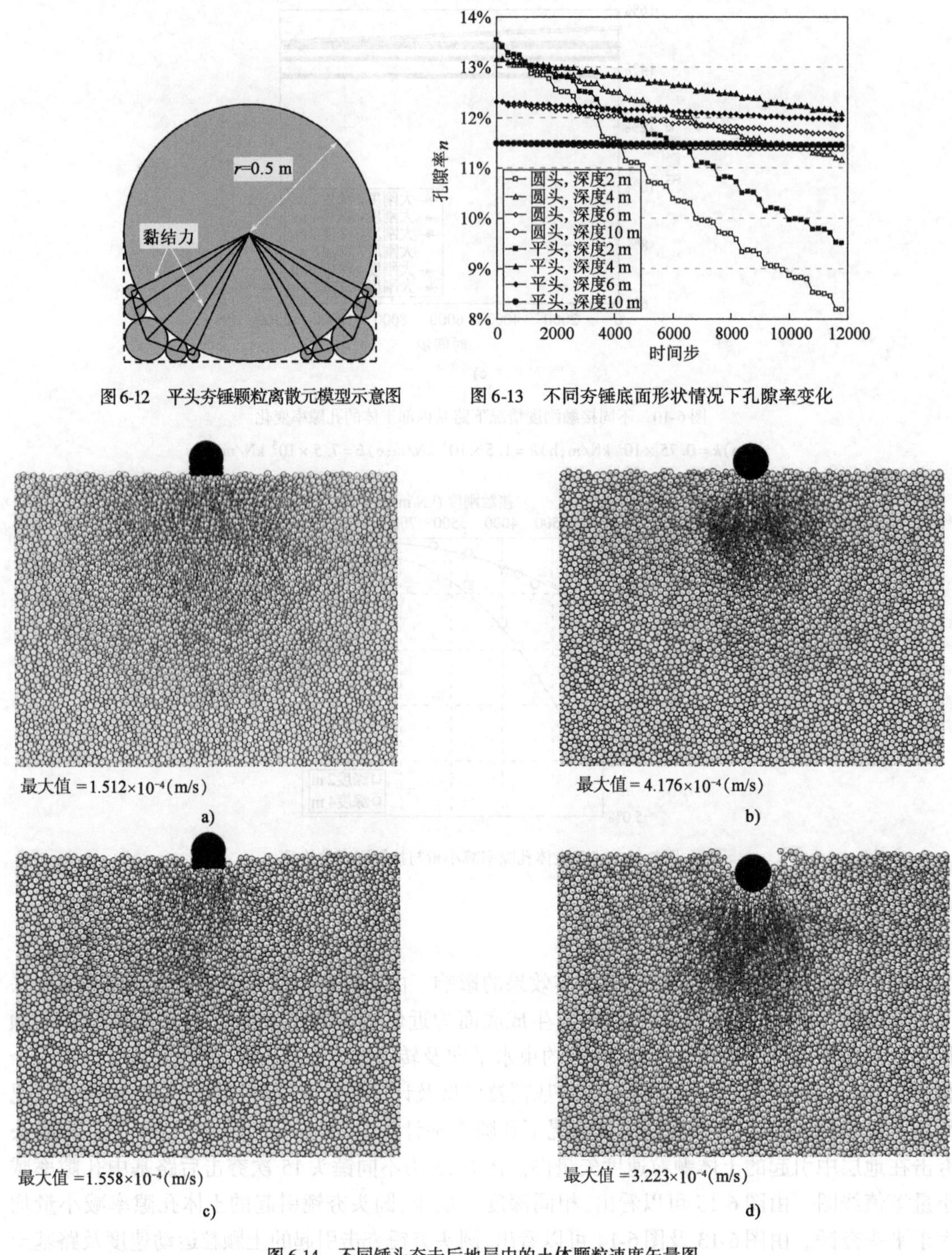

图 6-12　平头夯锤颗粒离散元模型示意图

图 6-13　不同夯锤底面形状情况下孔隙率变化

a)

b)

c)

d)

图 6-14　不同锤头夯击后地层中的土体颗粒速度矢量图

a) 平头夯锤第一次夯击；b) 圆头夯锤第一次夯击；c) 平头夯锤第十次夯击；d) 圆头夯锤第十次夯击

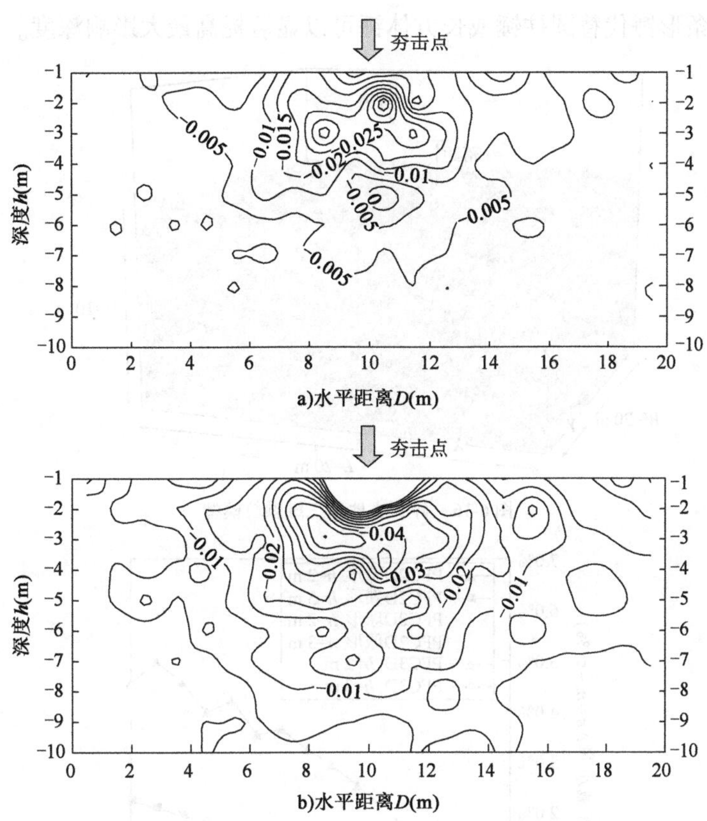

图 6-15　不同锤头夯击后路基中孔隙率减小量等值线图

a)平头夯锤；b)圆头夯锤

6.3.4　三维问题分析

在平面应变假设下，采用二维离散元程序 PFC2D 对条形压实锤的动压实问题进行了分析。实际上，压实锤的形状为圆柱体或长方体，在地基中分布着三维动应力场或激波。动力夯实问题的三维分析必须采用颗粒流离散元法。采用三维离散元程序 PFC3D 对动力夯实问题进行了三维分析。动力夯实问题三维分析的颗粒模型如图 6-16 所示。碎石土基础模型的宽度 W 为 20 m，长度 L 为 20 m，高度 H 为 10 m。PFC2D 和 PFC3D 获得的碎石土地基孔隙率减小量 Δn 与动力夯击循环次数的关系如图 6-17 所示。相同深度下，三维分析得到的碎石土地基孔隙率减小量 Δn 小于二维分析。圆柱锤或长方体锤（三维工况）对碎石土地基的改善效果不及条形锤（平面应变工况）。动力夯实的最大影响深度是经过多次动力夯击循环后土体孔隙率不再减小的最大地基深度。如果孔隙率减小量 Δn 小于 0.1%，则认为动力夯实后碎石土地基的孔隙率与初始值相比没有变化。图 6-18 为 PFC2D 和 PFC3D 软件求得的碎石土地基动力夯实最大影响深度。在进行参数分析时，当一个参数的值发生变化时，其他参数的值固定在其初始值。如图 6-18 所示，动力夯实的最大影响深度与锤重正相关，与接触刚度 k 及滞回阻

尼系数 R_h 负相关。PFC3D 三维分析得到的动力夯实最大影响深度小于 PFC2D 二维分析得到的影响深度。用条形锤代替圆柱锤或长方体锤可以显著提高最大影响深度。

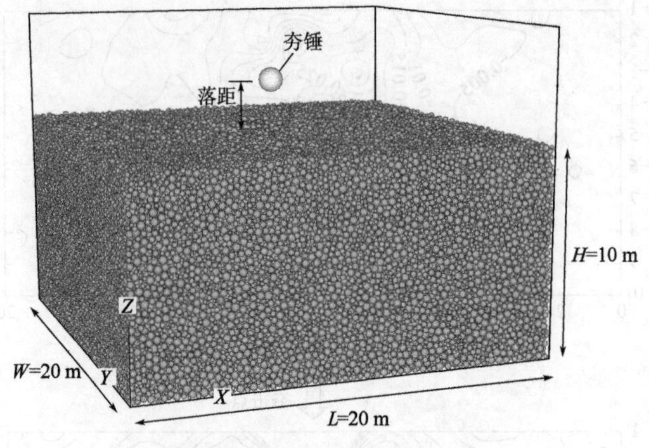

图 6-16　碎石土地基三维颗粒模型

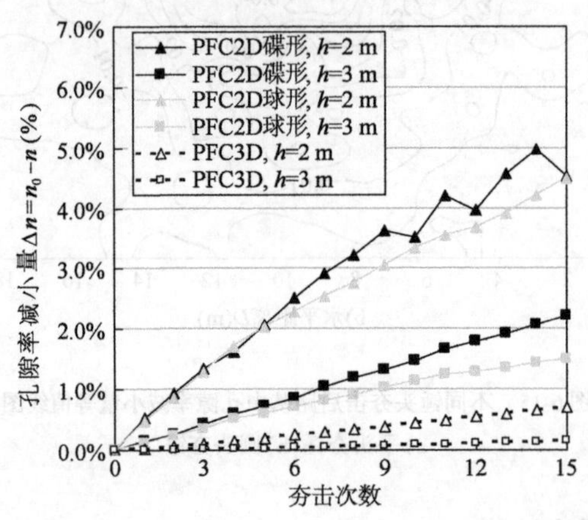

图 6-17　二维和三维分析得到的碎石土地基孔隙率减小量 Δn 与夯击次数的关系

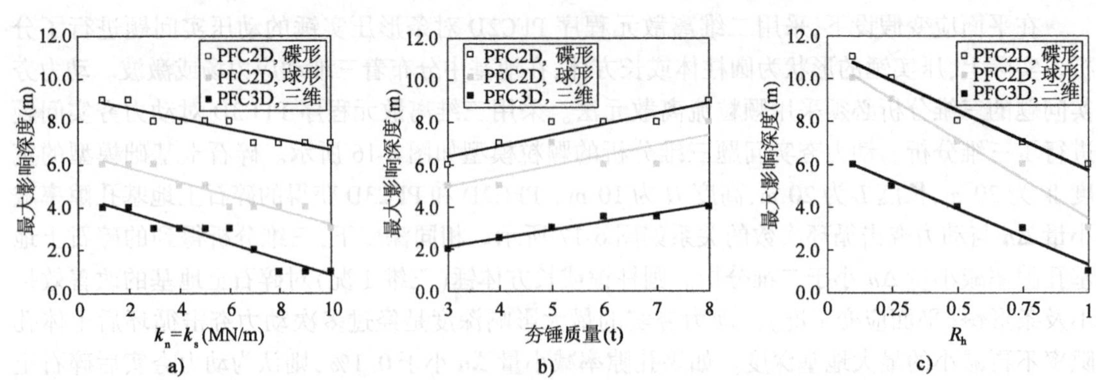

图 6-18　动力夯实后碎石土地基的最大影响深度

a）不同颗粒接触刚度 k；b）不同锤重；c）不同滞回阻尼系数 R_h

图 6-19 为 PFC2D 和 PFC3D 获得的不同锤重情况下动力夯实 15 次循环后碎石土地基的颗粒速度矢量图(球形颗粒半径 $r=0.05\sim0.2$ m,接触刚度 $k_n=k_s=3.0$ MN/m,摩擦系数 $\mu=0.5$,滞回阻尼系数 $R_h=0.5$)。颗粒的最大速度与锤重正相关,当锤重超过 3.0 t 时,压实锤的侵彻深度显著增加。相同锤重时,三维分析得到的颗粒最大速度和压实锤的侵彻深度均小于二维分析。图 6-20 所示为 PFC2D 在不同锤重情况下,15 次循环压实后碎石土(球体颗粒填充)地基的颗粒沉降(垂直位移)等高线。如图 6-19 和图 6-20 所示,动力夯实后地基孔隙率变化区域大于土体变形分布区域,说明碎石土孔隙率的变化不仅与土体颗粒的运动(位置变化)有关,还与颗粒的自旋有关。动力夯实的最大影响深度不能单纯通过颗粒的运动来评估,还需要考虑颗粒自旋引起的孔隙率变化。在连续介质力学(如有限元法)中,颗粒自旋对动力夯实改进效果和最大影响深度的影响难以用数值方法或解析方法来评价。采用颗粒流离散元法进行动力夯实模拟时,可以很容易地考虑颗粒自旋引起的孔隙率变化,为研究动力荷载作用下碎石土更复杂的力学特性提供了理论依据。

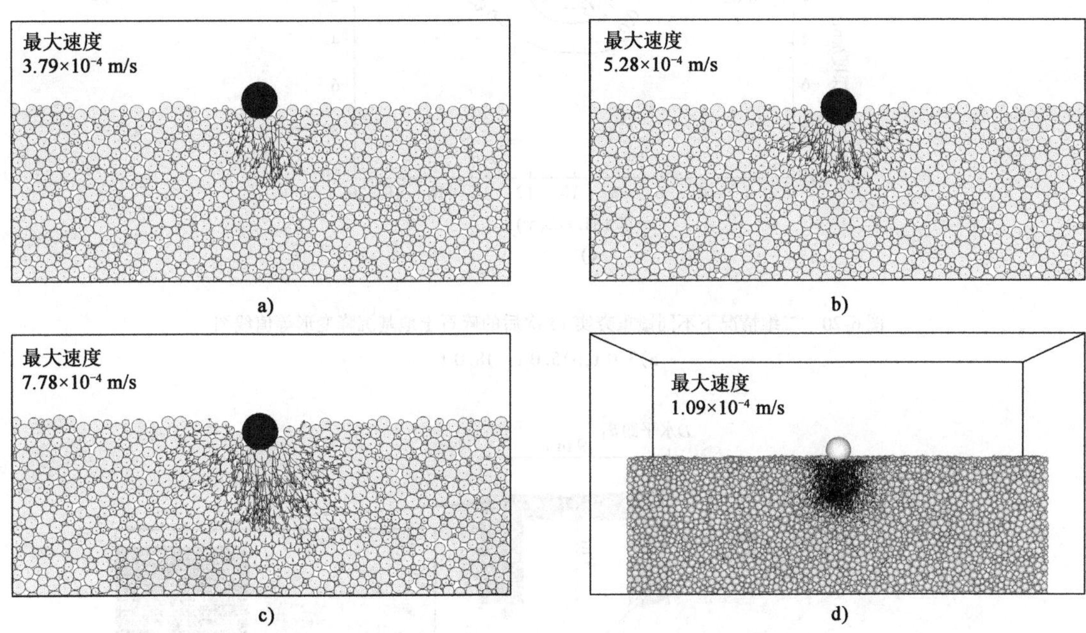

图 6-19 不同锤重夯实 15 次后碎石土地基的颗粒速度矢量图

a)3.0 t(PFC2D 圆柱体夯锤);b)5.0 t(PFC2D 圆柱体夯锤);c)8.0 t(PFC2D 圆柱体夯锤);d)5.0 t(PFC3D 球体夯锤)

6.3.5 桥头路堤动力夯实问题

碎石土路基与混凝土桥梁基础的二维颗粒模型如图 6-21 所示。混凝土桥梁基础是由大小相等的密集排列的颗粒组成的。锤头落差为 2.0 m。计算参数的初始值为:半径区间 $r=0.05\sim0.2$ m,接触刚度 $k_n=k_s=5.0$ MN/m,摩擦系数 $\mu=0.5$。在桥梁基础上设置几个测量圈,计算动力夯实引起的动水平应力。测量圆计算的平均应力如下式所示。

$$\overline{\sigma}_{ij}=-\left(\frac{1-n}{\sum\limits_{N_p}V^{(p)}}\right)\sum_{N_p}\sum_{N_c}\left|x_i^{(c)}-x_i^{(p)}\right|\boldsymbol{n}_i^{(c,p)}f_j^{(c)} \tag{6-11}$$

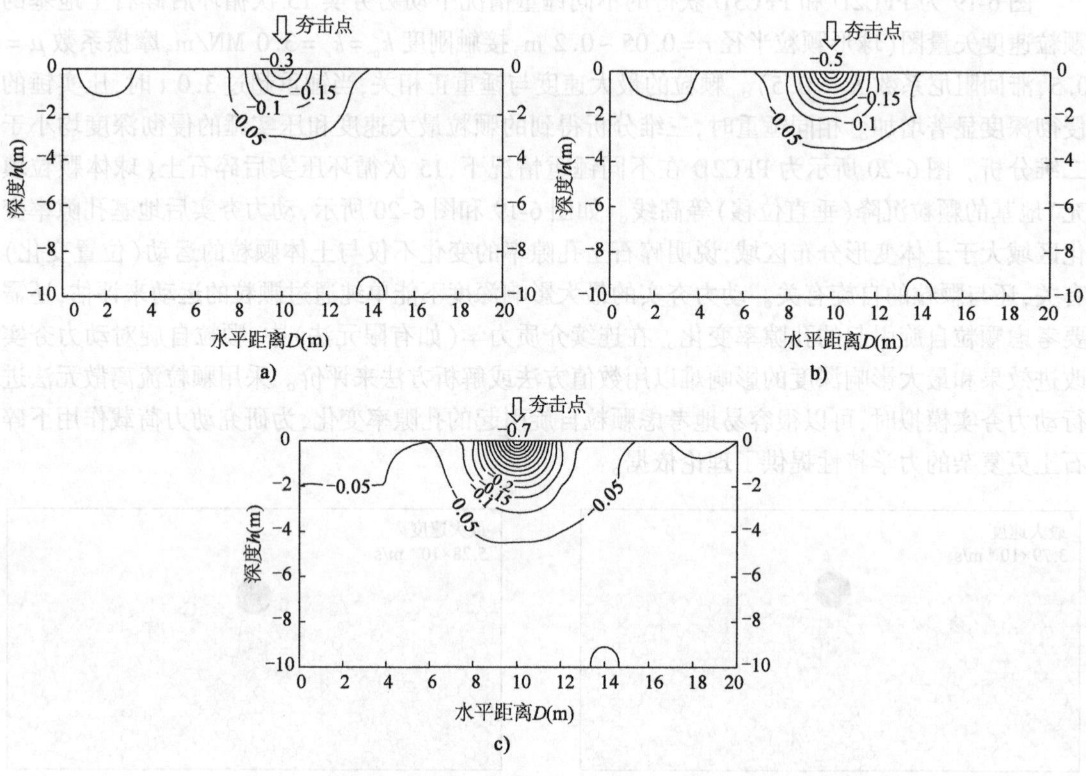

图6-20　二维情况下不同锤重夯实15次后的碎石土地基沉降变形等值线图

a)3.0 t;b)5.0 t;c)8.0 t

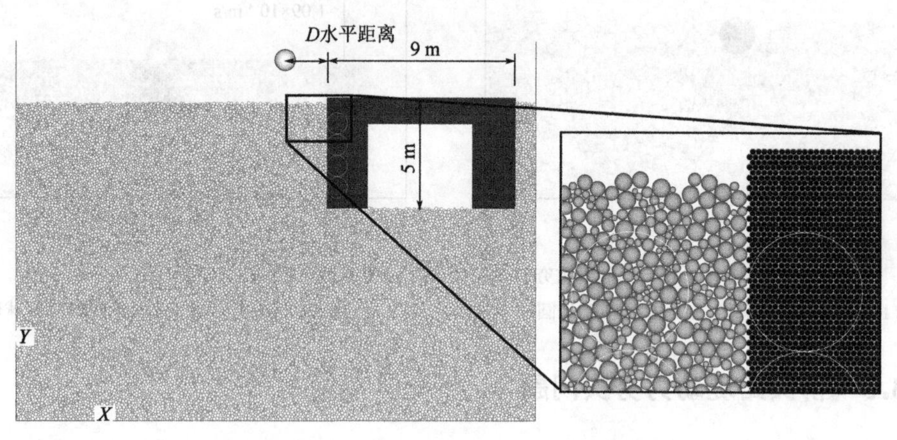

图6-21　碎石土路基和桥梁基础的二维颗粒模型

式中,$\overline{\sigma}_{ij}$为测量圆内的平均应力;N_p 为测量圆内所含球体的个数;N_c为球体之间接触点的个数;n 为测量圈内孔隙率;$V^{(p)}$ 为颗粒的体积(二维问题近似取为单位厚度颗粒的面积);$x_i^{(p)}$和$x_i^{(c)}$ 是质心的位置及球体接触点的位置;$\boldsymbol{n}_i^{(c,p)}$ 是从质心到接触位置的单位法向量;$f_j^{(c)}$ 表示接触力,由粒子接触和平行键同时产生。

图6-22展示了不同质量夯锤夯实过程中桥梁基础不同深度处的水平向动应力随计算时步的变化规律。图6-23为锤头与碎石土路基、桥梁基础之间的接触力。随着锤重的提高,动力夯实引起的混凝土桥梁基础动应力显著增大。采用有限元法,结合弹性土和桥梁基础模型,对同一问题进行了分析。动力夯实过程中桥梁基础最大动应力约为450 kPa。与连续介质力学数值方法(如FEM)中数值方法计算的结果相比,使用离散元计算的桥梁基础水平向动应力相对较小。砾石土是由离散的石粒组成的,动压夯实能量通过石粒的接触和碰撞耗散。动力夯实的大部分能量通过连续介质(如黏土或粉土)传递,对桥梁基础的影响增强。

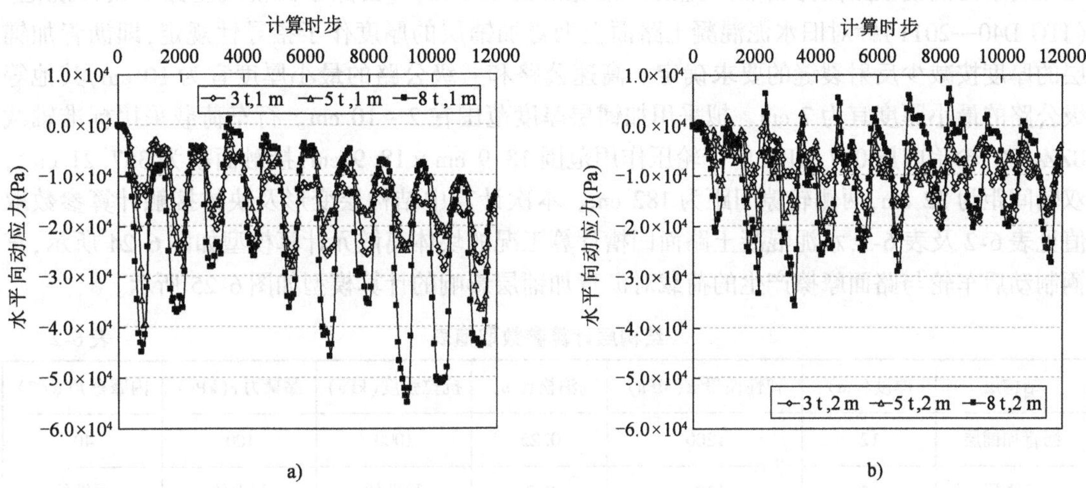

图6-22　桥梁结构的水平向动应力与夯击过程计算时步的关系

a)桥梁1 m深度;b)桥梁2 m深度

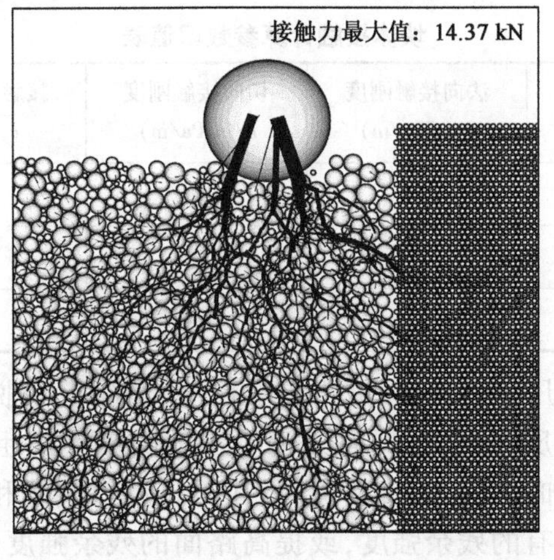

图6-23　锤头、碎石土路基和桥梁基础之间的接触力

6.4 水泥混凝土路面打裂压稳的块体离散元数值分析

6.4.1 水泥混凝土路面夯击凹槽分析

使用二维块体离散元计算软件 UDEC(Universal Distinct Element Code)对水泥混凝土路面打裂压稳问题进行计算分析。本次计算模型设定:水泥混凝土单块路面板长度为 5 m,厚度为 22 cm,水泥混凝土路面夯击后产生的凹槽宽度为 0.1 m。《公路水泥混凝土路面设计规范》(JTG D40—2011)针对旧水泥混凝土路面上沥青加铺层的厚度作了指导性规定,即沥青加铺层的厚度按减少反射裂缝的要求确定。高速公路和一级公路的最小厚度宜为 10 cm,其他等级公路的最小厚度宜为 7 cm。拟采用加铺层厚度范围在 2 ~ 10 cm。行车荷载采用标准轴载 BZZ-100,轮胎内压 0.7 MPa,单个轮压作用范围 18.9 cm × 18.9 cm,接触面积为 357.21 cm^2,双轮间距为 32 cm,两侧轮隙间距为 182 cm。本次计算中结构层变形及块体接触计算参数取值见表 6-2 及表 6-3,水泥混凝土路面凹槽计算工况的块体离散元计算模型如图 6-24 所示,车辆制动后车轮与路面摩擦产生的荷载对沥青加铺层影响的计算模型如图 6-25 所示。

结构层计算参数取值表 表 6-2

结构层	厚度(cm)	弹性模量 E(MPa)	泊松比 υ	抗拉强度(kPa)	黏聚力 c(kPa)	内摩擦角 φ(°)
沥青加铺层	12	1200	0.25	1000	100	40
补强层	15	1200	0.3	弹性体	弹性体	弹性体
水泥混凝土路面	22	刚性体	—	—	—	—
路基	200	100	0.3	弹性体	弹性体	弹性体

块体接触计算参数取值表 表 6-3

接触面	法向接触刚度 k_n(GPa/m)	切向接触刚度 k_s(GPa/m)	接触黏结强度 c_e(kPa)	接触摩擦角 φ_e(°)
水泥混凝土路面与沥青加铺层	10	10	100	20
水泥混凝土路面裂隙之间	10	10	0	20
水泥混凝土路面与路基	1.0	1.0	10	20

水泥混凝土路面打裂压稳的目的:减小板块尺寸、消除板底脱空,从而防止沥青加铺层或水泥混凝土加铺层出现反射裂缝;提高处治后水泥路面界面粗糙度,使沥青加铺层与路面板充分连接,防止沥青加铺层发生推移破坏;在防止反射裂缝和层间推移的基础上,尽可能保留水泥混凝土路面原有的残余强度,或提高路面的残余强度。本节将采用块体离散元方法,确定不产生反射裂缝的最佳面板破碎块度,沥青加铺层不产生推移时的最佳界面粗糙度,在确保不产生反射裂缝和层间推移之后的最佳路面残余强度,以及可容忍的原路面接缝宽度。本节将问题简化为二维平面应变情况进行计算分析,提取单个既有水泥混凝土

面板(长度5 m)建立模型。采用的坐标:离散元计算中均采用笛卡儿坐标,以公路延伸向为x轴,垂直路面方向为y轴,规定公路里程向前及垂直路面向上为正方向。计算区域:水平方向取单块水泥混凝土板宽度5 m,路面下路基深度3 m。计算边界:路基模型左右两侧为滚动边界条件,水泥混凝土或沥青路面为自由边界。计算块体:沥青路面和路基为可变形块体,其中沥青路面为线弹性理想塑性材料,路基为线弹性材料;水泥混凝土路面为刚性不可变形块体。本节主要分析凹槽深度对沥青加铺层及旧水泥混凝土面板联合体抗剪强度的影响,并提出针对水泥混凝土路面的最佳处治方案。计算分析中取水泥混凝土路面击打后形成的凹槽宽度为10 cm,凹槽间隔0.8 m,具体设置如图6-24中的大样图所示。车辆制动荷载对沥青加铺层影响的计算模型如图6-25所示。

从路面受静力剪切工况计算结果可以看出,当水泥混凝土路面无凹槽时[图6-26a)],剪应力(τ_{xy})在沥青层内均匀分布,且沿沥青层深度方向逐渐减小。当水泥混凝土路面存在凹槽时[图6-26b)、c)、d)],剪应力主要集中在水泥混凝土面板表面凹槽内。这说明当路面剪切力较小时,沥青层抗剪能力主要由凹槽承担,当路面剪切力较大时,沥青层开始发挥抗剪能力,但剪应力最大值仍然在凹槽内出现。从不同凹槽深度情况下沥青层极限抗剪强度与凹槽深度的关系(图6-27)可以看出,沥青加铺层与旧水泥混凝土路面联合抗剪切的能力随凹槽深度的增加逐渐增大,当凹槽深度达到3 cm时,抗剪切强度显著提高。从不同凹槽深度情况下沥青路面受车辆制动动荷载作用的计算结果(图6-28)可以看出,沥青层的破坏单元主要集中在车轮与沥青层接触处。图6-29为荷载不同凹槽深度情况下,车辆制动造成沥青层破坏单元数与凹槽深度的关系,可以看出,车辆制动时车轮对沥青加铺层造成的剪切及拉伸破坏随凹槽深度的增加逐渐减小。路面剪切荷载与沥青层水平位移的关系如图6-30所示,沥青层极限剪切位移与凹槽深度的关系如图6-31所示。综合以上分析,经过击打后旧水泥混凝土路面存在凹槽,使得水泥混凝土路面及沥青路面间抗滑移性能有较大提升,且可以有效保证新铺设沥青路面的强度,建议采用原有击头设计方案。

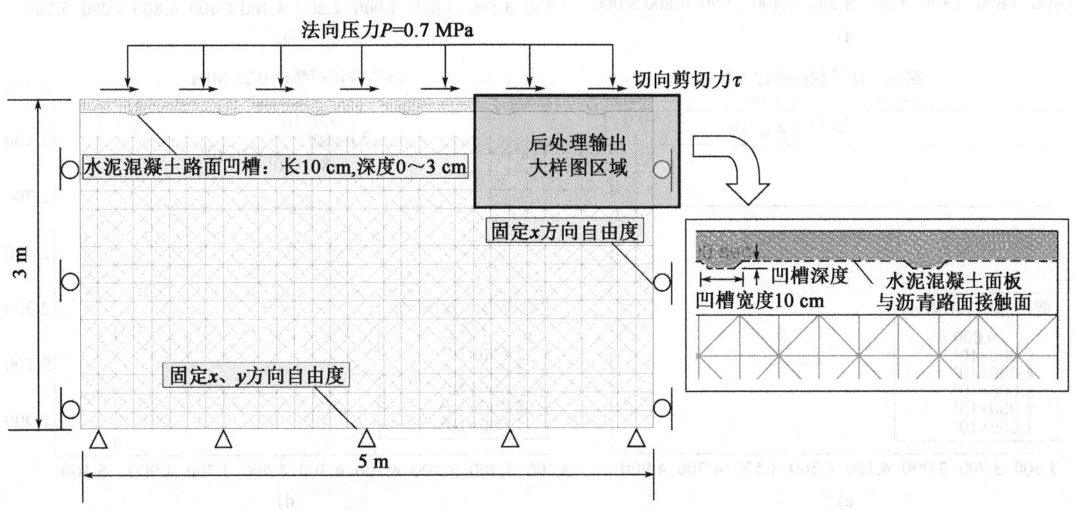

图6-24　水泥混凝土路面凹槽计算工况(凹槽间距0.8 m)块体离散元计算模型示意图

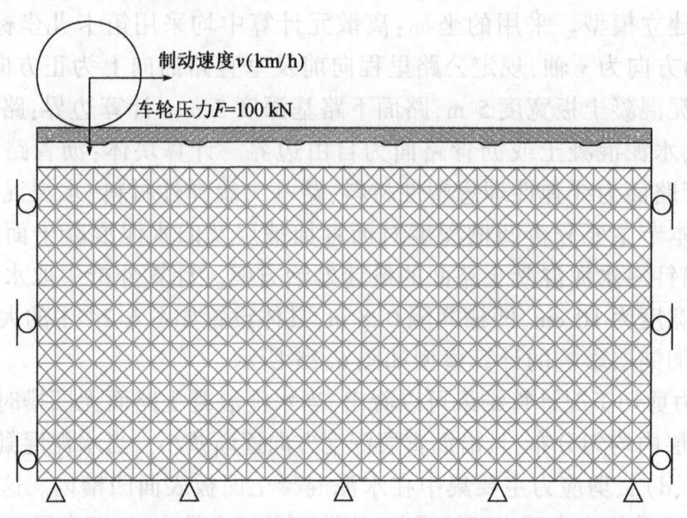

图 6-25　车辆制动荷载对沥青加铺层影响的计算模型示意图

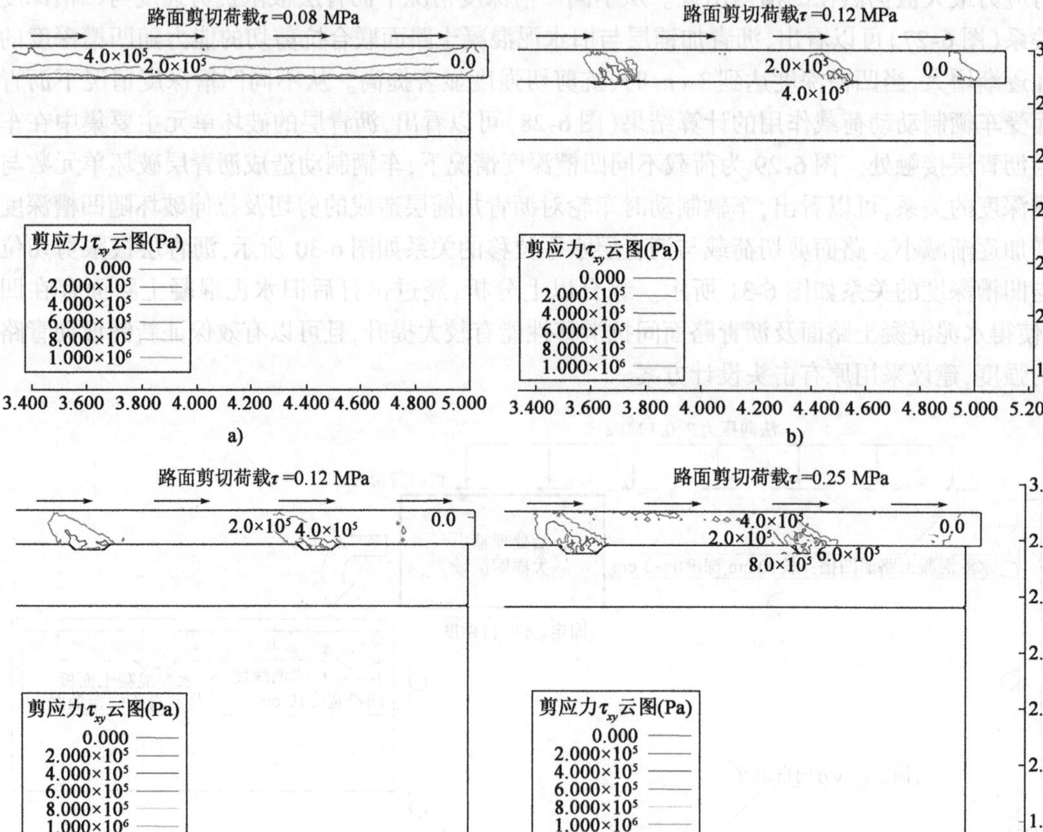

图 6-26　不同凹槽深度沥青路面受水平剪力作用时的剪应力等值线图

a) 无凹槽；b) 凹槽深度 1 cm；c) 凹槽深度 2 cm；d) 凹槽深度 3 cm

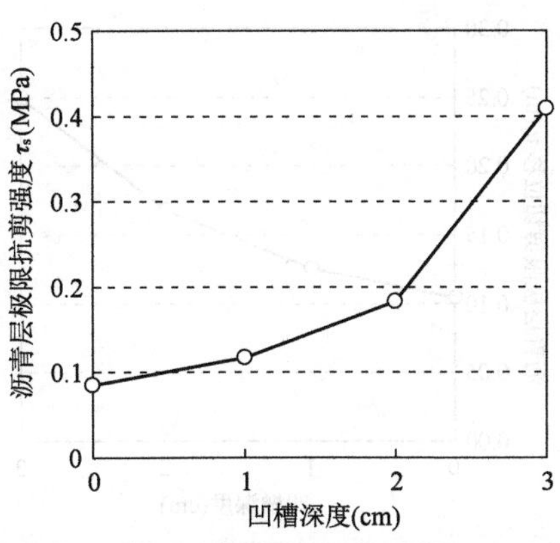

图 6-27 沥青层极限抗剪强度与凹槽深度的关系

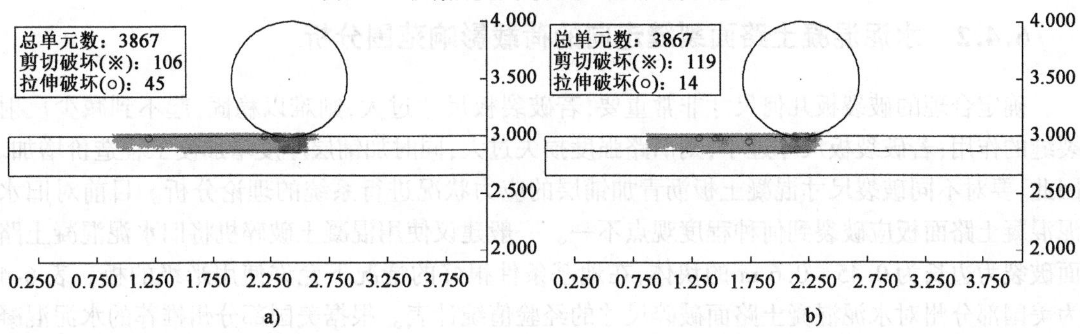

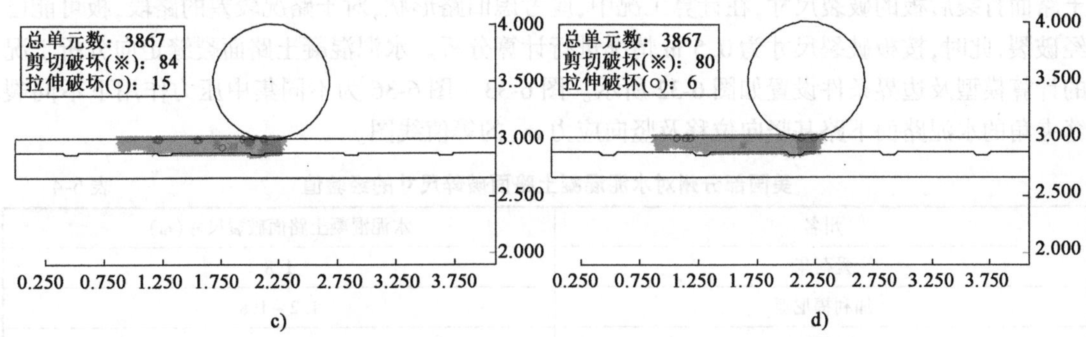

图 6-28 不同凹槽深度情况下车辆以 20 km/h 制动至静止沥青层破坏单元图(单位：m)

a)无凹槽；b)凹槽深度 1 cm；c)凹槽深度 2 cm；d)凹槽深度 3 cm

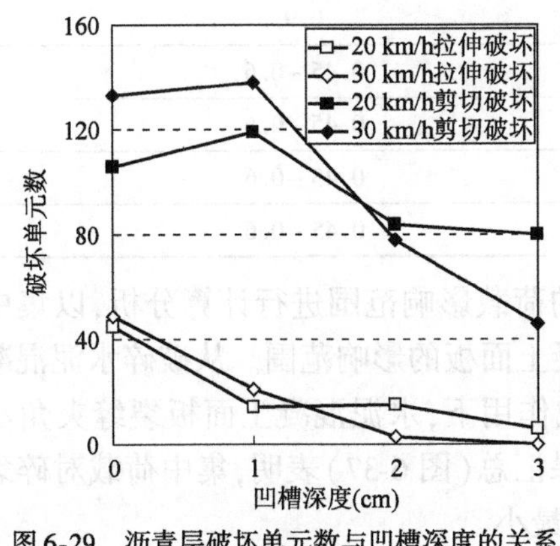

图 6-29 沥青层破坏单元数与凹槽深度的关系

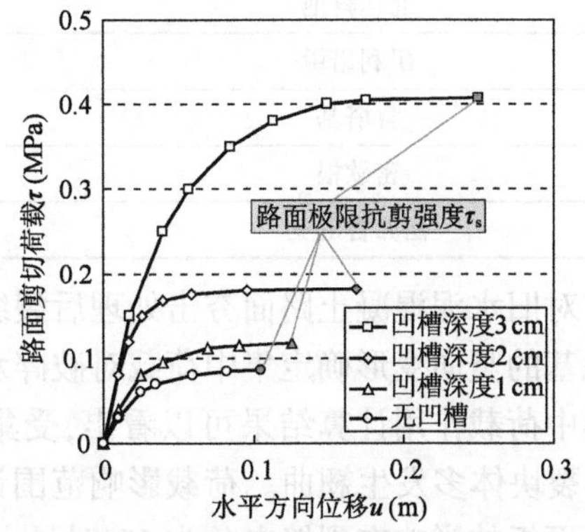

图 6-30 路面剪切荷载与沥青层水平位移的关系

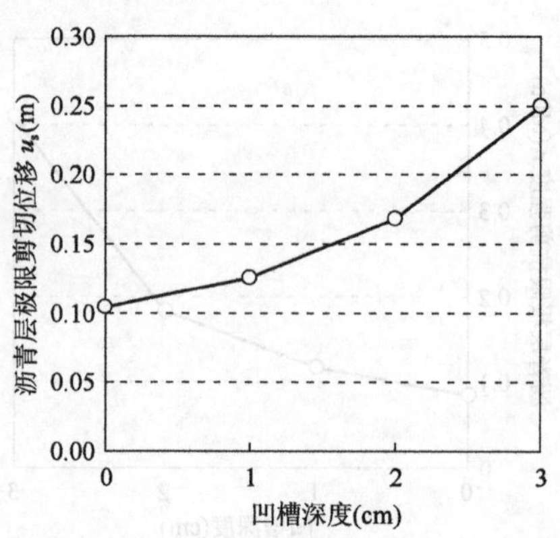

图 6-31　沥青层极限剪切位移与凹槽深度的关系

6.4.2　水泥混凝土路面裂缝走向的荷载影响范围分析

确定合理的破裂板几何尺寸非常重要，若破裂板尺寸过大，则难以稳固，起不到减少反射裂缝的作用；若破裂板尺寸过小，则旧路强度损失过大，同时加铺层厚度增加使工程造价增加。因此，要对不同破裂尺寸混凝土板沥青加铺层的应力状况进行系统的理论分析。目前对旧水泥混凝土路面板应破裂到何种程度观点不一。一般建议使用混凝土破碎机将旧水泥混凝土路面破裂为边长为0.45～0.6 m的块体，在地基条件很好的情况下允许使用米级的板。表6-4为美国部分州对水泥混凝土路面破碎尺寸的经验值统计表。根据美国部分州推荐的水泥混凝土路面打裂后板的破裂尺寸，在计算工况中，应考虑旧路形状，对于路况较差的路段，板可能已经破裂，此时，按板破裂尺寸为0.5 m情况进行计算分析。水泥混凝土路面裂缝走向分析工况的计算模型及边界条件设置如图6-32所示。图6-33～图6-36为不同集中压力作用下不同裂缝夹角的水泥路面下路基竖向位移及竖向应力 σ_{yy} 的等值线图。

美国部分州对水泥混凝土路面破碎尺寸的经验值　　表6-4

州名	水泥混凝土路面破裂尺寸(m)
爱荷华	1.8
加利福尼亚	1.2～1.8
明尼苏达	0.9～1.2
纽约	0.9
北达科他	0.9
伊利诺伊	0.45～0.6
肯塔基	0.45～0.6
密歇根	0.45～0.6
西弗吉尼亚	0.45～0.6

本节对旧水泥混凝土路面夯击处理后裂缝走向的荷载影响范围进行计算分析，以集中荷载引发地基的竖向变形确定集中荷载对破碎水泥混凝土面板的影响范围。从破碎水泥混凝土面板受集中荷载作用计算结果可以看出，受集中荷载作用下，水泥混凝土面板裂缝夹角小于90°时，碎裂块体多发生翘曲。荷载影响范围计算结果汇总(图6-37)表明，集中荷载对碎裂水泥混凝土面板的影响在裂缝夹角为45°时最大，90°时最小。

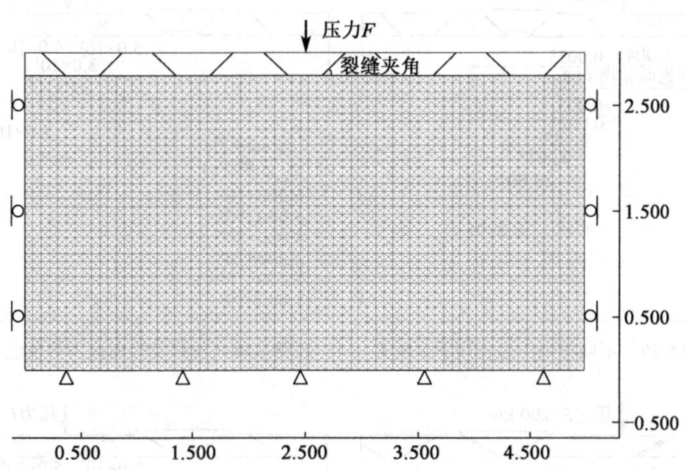

图 6-32 水泥路面裂缝及路基网格划分示意图(单位:m)

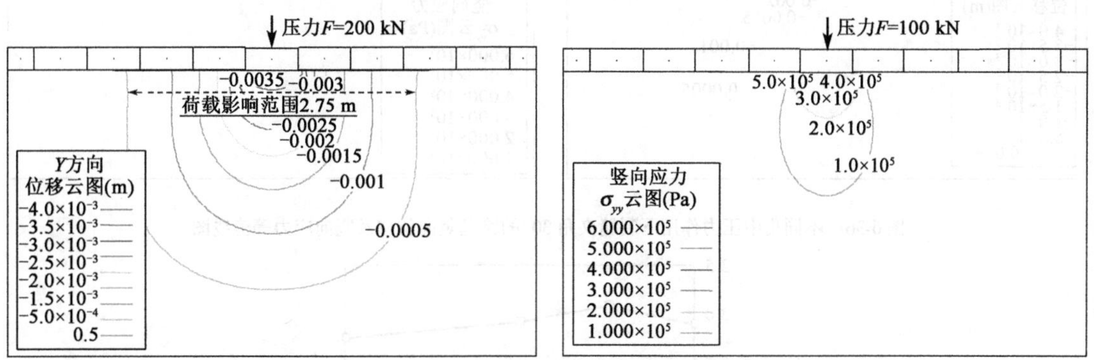

图 6-33 不同集中压力作用下及裂缝夹角 90°的路基竖向位移及竖向应力等值线图

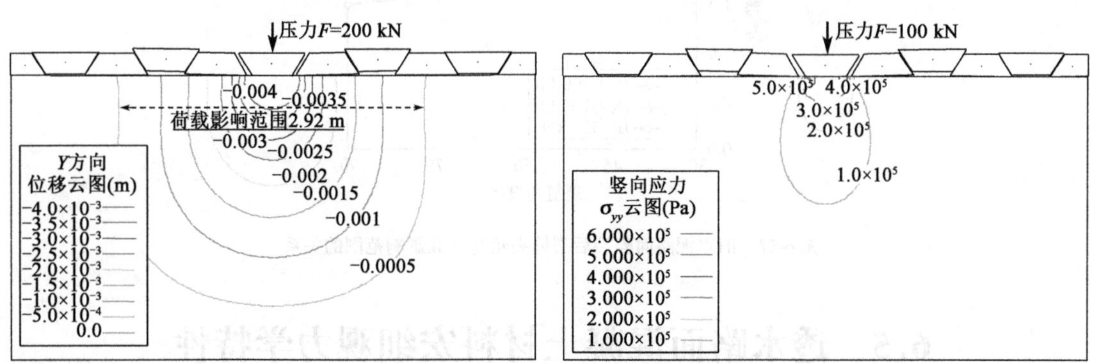

图 6-34 不同集中压力作用下裂缝夹角 60°的路基竖向位移及竖向应力等值线图

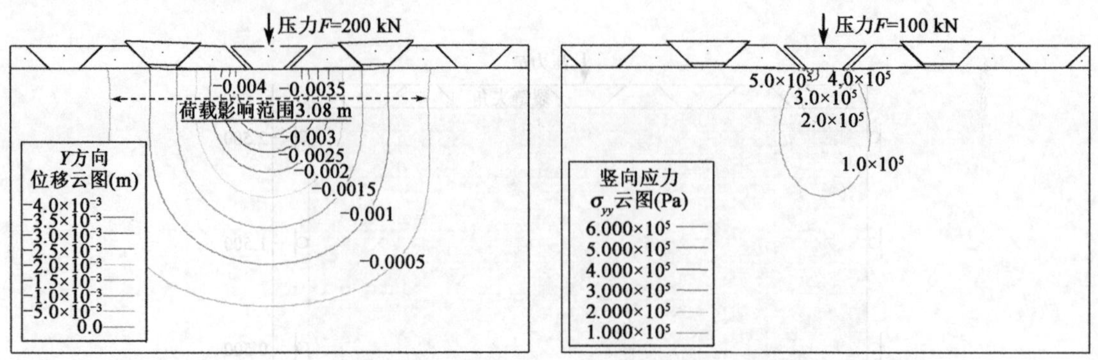

图 6-35 不同集中压力作用下裂缝夹角 45°的路基竖向位移及竖向应力等值线图

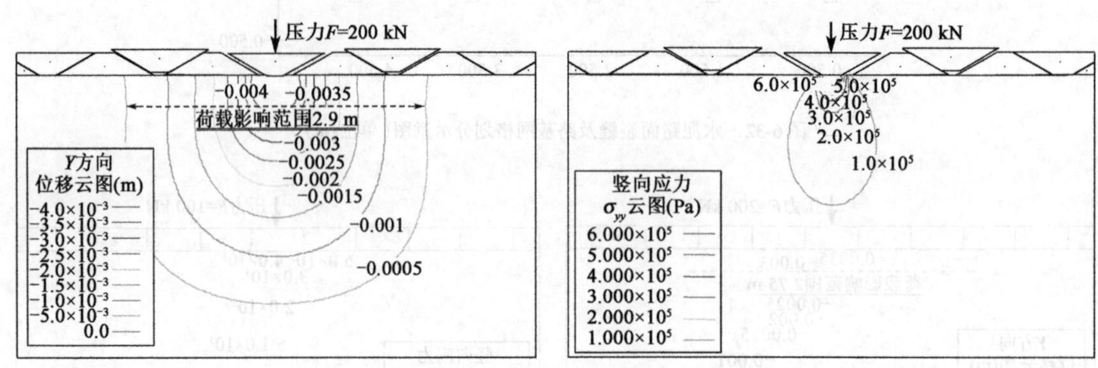

图 6-36 不同集中压力作用下裂缝夹角 30°的路基竖向位移及竖向应力等值线图

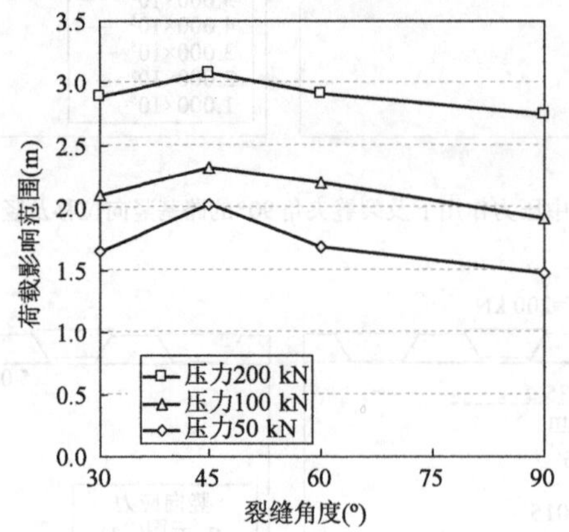

图 6-37 旧水泥路面碎裂后裂缝夹角与荷载影响范围的关系

6.5 透水路面混凝土材料宏细观力学特性

不透水路面不仅会导致城市路面积水问题,也是引发城市热岛效应的主要因素,对城市生态环境造成严重破坏。目前,研发人员针对城市道路积水及内涝问题研发了多种透水路面材料,其中透水混凝土材料应用范围最广。透水混凝土具备类似混凝土材料的强度及力学性能,同时又具有透水、透气以及质量轻的特点。透水混凝土(Pervious Concrete 或 Porous Concrete)是一种由单一或间断级配的粗骨料、水泥、外加剂、掺合料以及水等依据一定的配合比通过压制、振捣等方式制成的特殊混凝土。路面用透水混凝土材料除具备透水功能外,还要满足路面的承载要求,因此在进行透水混凝土配合比设计时,需在透水性与强度之间寻求平衡。透水混凝土及路面应用场景如图 6-38 所示。

a)

b)

c)

图 6-38 透水混凝土及路面应用场景

a)透水混凝土;b)运动场路面;c)公园路面

透水混凝土的透水性、强度以及孔隙率之间存在相关性,透水性随孔隙率增大而提高,强度则随孔隙率的增大而降低。根据骨料黏结剂的不同,透水混凝土可分为水泥型、树脂型、烧结透水砖型及沥青型等。20 世纪中叶,美国最先将透水混凝土应用于公路与机场跑道建设工程中,以提高道路的排水能力。之后,美国佛罗里达州、亚利桑那州、内华达州、加利福尼亚州修建了大量的透水沥青混凝土路面。美国爱荷华州立大学研究人员对透水混凝土进行了比较全面的研究,其中包括透水混凝土的配合比设计、养护方法、工作性能及其影响因素、施工和质量控制等。日本混凝土协会在 1995 年设立了"生态混凝土研究委员会",进行了透水混凝土方面的研究,并将取得的成果应用于实际工程。英国研究人员使用无砂透水混凝土浇筑常规刚性混凝土路面,该试验路面最初的工作性能良好,但是使用十年后由于冻融循环、水力抽吸等作用,该路面破坏严重。法国道桥(Des Poutest Chaussee)实验室进行了大量透水混凝土的相关试验,试验混凝土为轧制碎石加少量砂配合普通矿渣水泥或火山灰矿渣水泥配制而成。法国戴高乐机场将厚 10 cm 的透水混凝土铺筑在路面基层与面板之间,来提高路面基层的排水能力,同时也将透水混凝土材料运用于路面、护坡绿化地带。韩国研究人员对透水混凝土的吸声性能展开了研究,采用碎石和不掺细骨料的再生骨料分析了透水混凝土的抗压强度和吸声性能。

学者们对混凝土力学特性及强度理论已有较为深入的研究,且基于连续介质力学理论框架建立了较为系统的混凝土强度理论及本构模型体系。随着数值计算方法及分析软件的迅速发展,已有很多研究从骨料、砂浆及其界面等细观层面建立混凝土材料数值模型,利用数值分析方法分析混凝土的性能。通过对透水混凝土强度的宏观力学试验测试及细观离散元数值实验,对透水混凝土的力学性能进行深入分析,从透水混凝土(骨)料-黏结剂-界面细观结构层面出发,揭示其宏细观力学特性的关系,并以此研发高抗压强度及透水性能好的透水混凝土最佳配合比设计和生产方法。该研究成果不仅可应用于公园、体育场、停车场等轻载道路的透水路面,还可为城市重载道路的透水型路面设计、施工以及质量检测提供有力支持,从而产生显著的经济和社会效益。

6.5.1 室内试验结果

(1)水胶比对透水混凝土抗压强度及渗透系数的影响

水胶比是混凝土耗水量与胶凝材料之比,是影响透水混凝土性能的关键因素。它直接影响混凝土的力学性能,如和易性、强度和耐久性。为了分析水胶比对透水混凝土抗压强度和渗透系数的整体影响,制作了几组不同水胶比的透水混凝土样品,进行了抗压强度和透水性能的测试。设计孔隙率为20%,粉煤灰掺量为5%,硅灰掺量为10%,减水剂掺量为1.2%。不同水胶比及其配合比情况下透水混凝土的渗透系数详见表6-5。

不同水胶比及其配合比情况下透水混凝土的渗透系数 表6-5

水胶比	骨料(kg)	水泥(kg)	粉煤灰(kg)	硅灰(kg)	水(kg)	减水剂(kg)	渗透系数(mm/s)
0.23	1467	462	27.1	54.3	125	4.35	3.1
0.25	1467	454	26.7	53.4	125	4.28	3.4
0.27	1467	447	26.3	52.6	125	4.21	3.7
0.30	1467	437	25.7	51.4	125	4.11	2.8

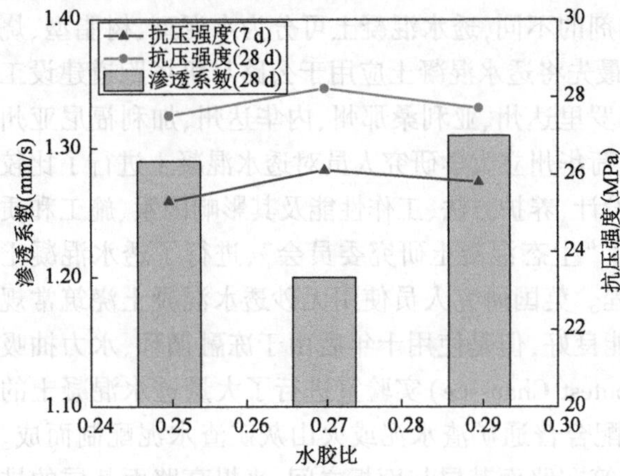

图6-39 透水混凝土抗压强度、渗透系数与水胶比的关系

图6-39显示了抗压强度和渗透系数与水胶比的关系。由图可知,随着水胶比的变化,抗压强度与渗透系数呈负相关关系。当水胶比为0.27时,抗压强度在养护7 d和28 d最高,而渗透系数最小。水胶比对透水混凝土的影响是显著的。当目标孔隙率相同时,使用较小的水胶比会产生更多的材料,如水泥和其他胶凝剂。掺入低含水率的水泥浆会导致流动性变差,形成不同湿度的混凝土团块,从而降低防水混凝土的抗压强度,因为黏结材料可能无法完全包裹骨料。在这种情况下,结合材料还会阻塞由混合不均匀导致的骨料之间的孔隙,从而降低透水混凝土的渗透性。当水胶比过高时,胶凝材料的比例会较低。材料不能完全包裹骨料,骨料之间黏结形成的强度取决于胶结材料,因此强度仍不能达到较高水平。增加水胶比和其他胶凝材料可降低骨料用量,导致透水混凝土的孔隙率增加。这会形成更多的开口,从而提高渗透系数。此外,界面黏附缺陷也会导致孔隙率增加,进而使渗透系数增大。当水胶比为0.27时,水泥浆体在所需孔隙率下流动良好,使其能够均匀地覆盖粗骨料。浆料与粗骨料之间附着力强,分布均匀,形成良好的机械互锁。综上所述,本试验的最佳水胶比为0.27。

(2)孔隙率对透水混凝土抗压强度及渗透系数的影响

孔隙率影响试验的粉煤灰掺量固定为5%,水胶比为0.27,硅灰和减水剂的掺量分别为10%和0.8%。不同孔隙率及其配合比情况见表6-6。透水混凝土抗压强度、渗透系数与孔隙率的关系如图6-40所示。

不同孔隙率及其配合比 表6-6

孔隙率	骨料(kg)	水(kg)	水泥(kg)	硅灰(kg)	粉煤灰(kg)	减水剂(kg)
18%	1467	109	344	40	18	3
20%	1467	100	315	37	17	3
22%	1467	90	286	33	15	3

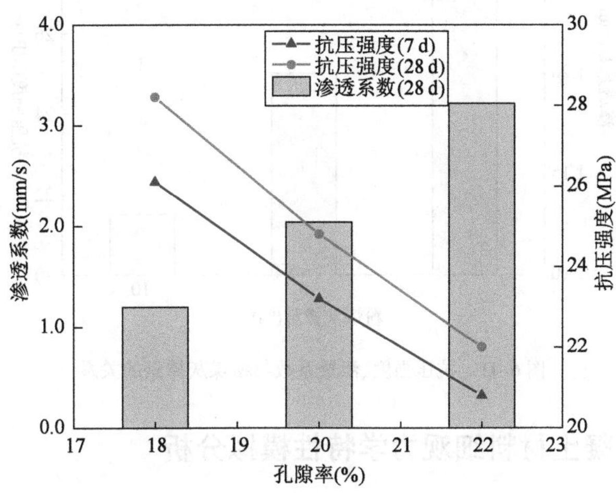

图6-40 透水混凝土抗压强度、渗透系数与孔隙率的关系

由图6-40可知，在一定水胶比下，随着孔隙率的增大，透水混凝土的抗压强度逐渐降低，渗透系数逐渐增大。孔隙率对透水混凝土抗压强度和渗透系数的影响呈相反的趋势。水胶比一定时，孔隙率较低，表明水泥浆体紧密包裹骨料，抗压强度较高。然而，较低的孔隙率在一定程度上阻碍了水的流动。相反，当孔隙率较高时，骨料之间的黏结较弱，导致抗压强度下降。但孔隙率的增加为水流提供了更畅通的路径，提高了渗透系数。综合考虑透水混凝土的抗压强度和渗透性，18%的孔隙率是一个优化值。

(3)粉煤灰对透水混凝土抗压强度及渗透系数的影响

研究表明，在透水混凝土中掺入粉煤灰可以在保持强度的同时，降低透水混凝土的密度。研究发现，孔隙率和水胶比的最佳值分别为20%、0.27。本小节测试了粉煤灰掺量对透水混凝土性能的影响，设计硅灰掺量为10%，粉煤灰掺量分别为0%、5%、10%。随着粉煤灰掺量的增加，透水混凝土抗压强度在养护7 d和28 d呈现先升高后降低的趋势(图6-41)。粉煤灰掺量从0%增加到10%时，渗透系数降低9%。经分析，综合考虑抗压强度和渗透性，确定粉煤灰掺量为5%时为最佳值。由此可见，粉煤灰对透水混凝土的抗压强度和渗透系数均有显著影响。适当提升粉煤灰掺量可有效增加透水混凝土的抗压强度，这是因为它取代了一部分水泥，从而增加了粗骨料之间的摩擦，改善了和易性，填补了骨料之间的空隙。然而，当粉煤灰掺量超过一定水平时，抗压强度有所下降。这是因为粉煤灰过多，替换过多的水泥颗粒，导致水泥浆体黏结强度不足。渗透系数随粉煤灰掺量的增加而减小，虽然降低幅度较小，但仍能满足透水混凝土的透水性能要求。这是由于掺加适量的超细活性粉煤灰可以强化骨料间水泥砂浆的黏结特性，优化了界面过渡层的结构，从而提高了透水混凝土的强度。同时，胶结材料不会堵塞粗骨料骨架重叠形成的孔隙，保持了一定的孔隙空间和连通性，满足透水性要求。

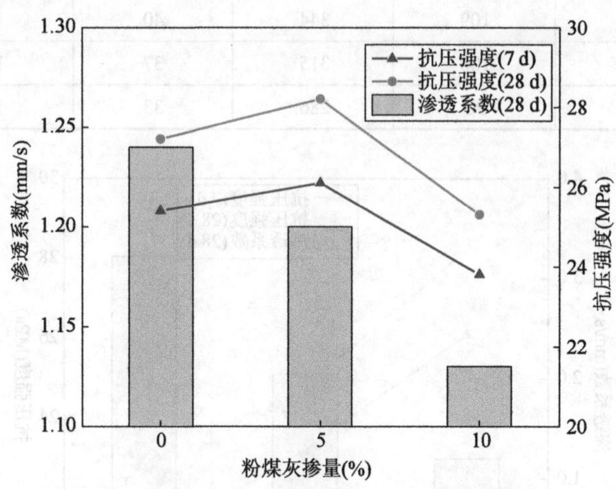

图 6-41　抗压强度、渗透系数与粉煤灰掺量的关系

6.5.2　透水混凝土材料细观力学特性模拟分析

PFC3D 软件是基于非连续介质力学方法开发的，用来模拟圆形颗粒介质的运动及其相互作用的离散元计算程序，主要用来分析砂土、破碎的岩石及混凝土等颗粒材料的力学行为。有别于非连续介质（块体）离散元方法，颗粒离散元方法更适合模拟由散体颗粒组成的材料以及具有脆性破坏特性的材料（如岩石或混凝土）。首先使用力-位移方程将颗粒间接触产生的位移转化为颗粒的接触力，再根据颗粒的运动方程计算确定颗粒的位移，同时计算颗粒所受的体力。颗粒流离散元接触模型如图 6-42 所示，其中图 6-42a）为线弹性接触库仑摩擦模型，在此基础上添加摩擦系数和黏结力即为库仑摩擦及黏结模型，能够模拟无黏性土及混凝土的力学行为。接触关系的数学表达式如下：

$$F_n = k_n U_n, F_s = k_s U_s, F_s = \mu F_n \tag{6-12}$$

式中，k_n 为法向接触刚度（N/m）；k_s 为切向接触刚度（N/m）。颗粒间分别受法向及切向黏结力作用，可以用来模拟黏性土颗粒的接触关系，其中 f_c^n 为法向接触黏结力（N），f_c^s 为切向接触黏结力（N）。使用二维离散元方法进行计算分析时，每个颗粒只具有三个自由度，分别为 x 轴向位移、y 轴向位移及 z 轴向转动。图 6-42c）为平行黏结模型，主要反映岩石及混凝土等黏结力较大的颗粒材料的力学行为。颗粒流离散元方法的边界条件可以由刚性墙体来控制，对于无黏性土，其颗粒间的黏结力为 0，仅有颗粒滑动摩擦引起的摩擦力。建立由颗粒离散元构成的六面体透水混凝土模型，通过控制 6 个墙体速度达到施加围压和垂直应力的目的，并通过控制墙体的速度实现伺服式加载，以保持应力的稳定性。墙体的摩擦系数为 0，墙体的法向刚度为球体平均刚度。所采用的试样模型如图 6-43 所示，离散元计算中均采用笛卡儿坐标，透水泥凝土三轴试验模型如图 6-43c）所示，试样尺寸为 100 m × 10 cm × 10 cm 的立方体，通过离散元模拟的三轴试验计算结果如图 6-44 和图 6-45所示；颗粒切向及法向接触刚度分别为 2.2×10^7 kN/m 和 2.2×10^7 kN/m；

颗粒摩擦系数取 0.5；弹性模量取 50 GPa；透水混凝土压缩试验模型上下左右前后六面均为刚性光滑墙体边界；巴西劈裂试验模型上下两侧为刚性光滑墙体边界。将单轴压缩试验计算结果与工程实测结果对比，优化合理的计算参数，再进行不同围压情况下的压缩试验计算。具体工况如表 6-7所示。

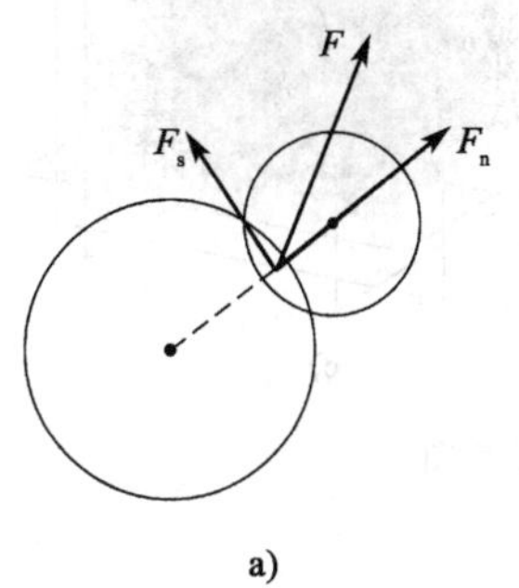

a)

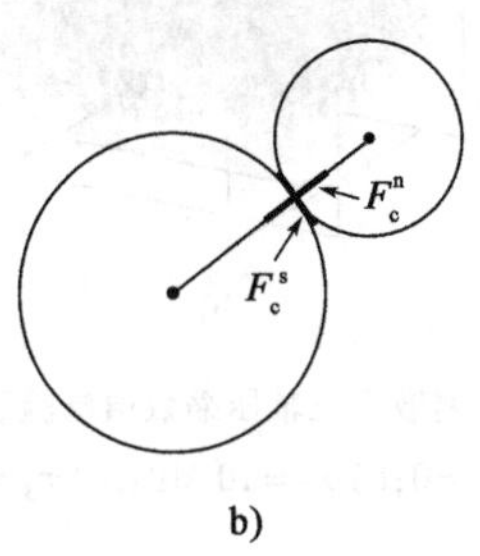

b)

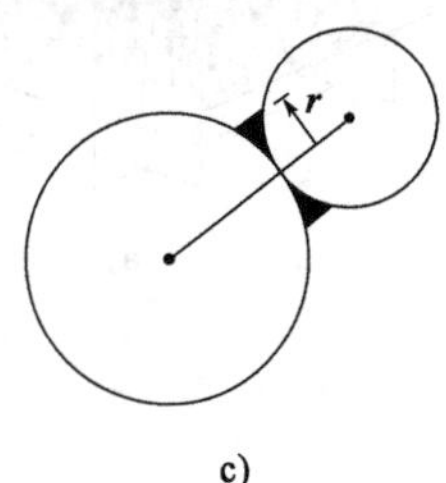

c)

图 6-42 颗粒流离散元方法的颗粒接触模型

a)线弹性接触库仑摩擦；b)接触绑定；c)平行黏结

a)

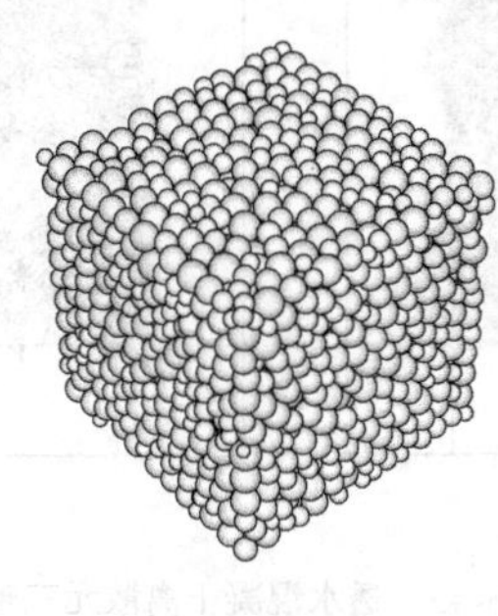
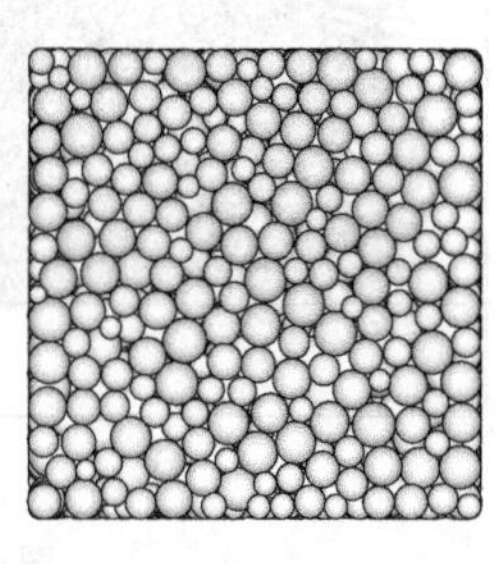

b)

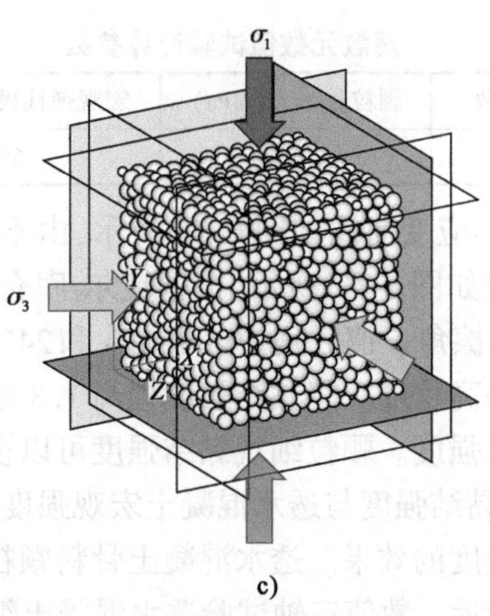

c)

图 6-43 透水混凝土试样及其离散元模型

a)测试试样；b)离散元模型；c)三轴试验数值模拟

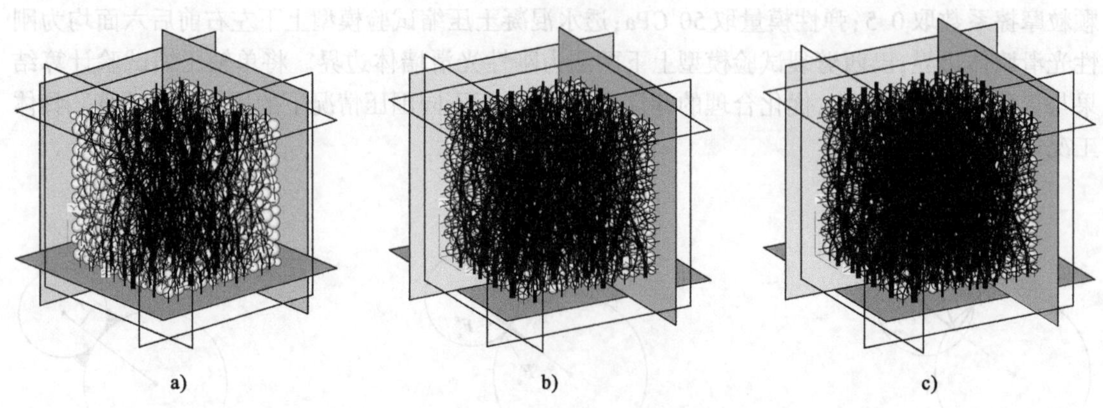

图 6-44　透水混凝土离散元三轴压缩数值试验破坏后的颗粒接触力链图

a) $\sigma_3 = 0$；b) $\sigma_3 = 10$ MPa；c) $\sigma_3 = 20$ MPa

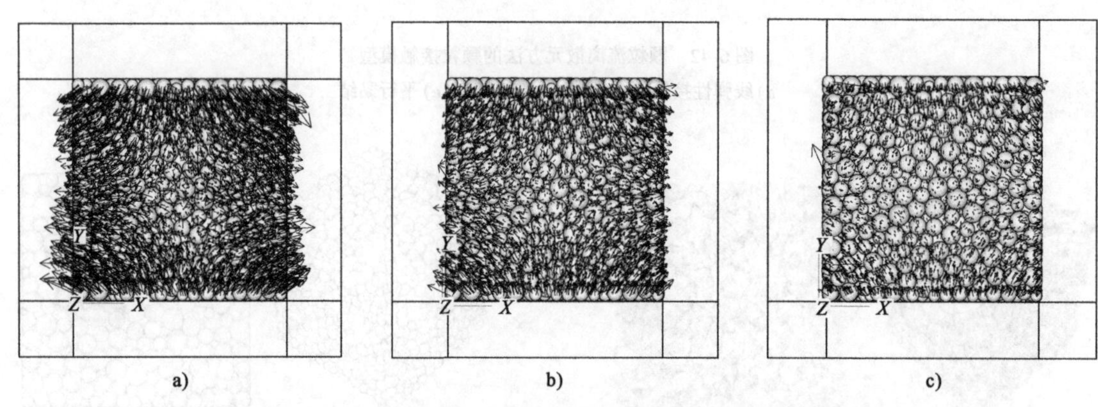

图 6-45　透水混凝土离散元三轴压缩数值试验破坏后的颗粒位移矢量图

a) $\sigma_3 = 0$；b) $\sigma_3 = 10$ MPa；c) $\sigma_3 = 20$ MPa

离散元数值试验计算参数　　表 6-7

颗粒接触刚度(kN/m)	摩擦系数	颗粒黏结力(MPa)	宏观弹性模量(GPa)	宏观单轴抗压强度(MPa)
2.2×10^7	0.5	22	50	26.7

不同围压下压缩试验应力-应变曲线如图 6-46 所示，由不同围压下透水混凝土的峰值强度得出透水混凝土的强度包线如图 6-47 所示，根据莫尔-库仑强度准则可得出透水混凝土的抗剪强度参数黏聚力 c 及内摩擦角 φ 值分别为 0.8 MPa 和 24°。通过增大颗粒黏结强度，可以分析透水混凝土宏观强度的提高程度。将黏结强度提高 1.3 倍、1.5 倍、1.7 倍和 2.0 倍，以确定透水混凝土试样的单轴抗压强度。颗粒细观黏结强度可以视为透水混凝土骨料间砂浆的黏结强度，通过研究砂浆的细观黏结强度与透水混凝土宏观强度的关系，可以预测提高砂浆力学性能来提升透水混凝土宏观强度的效果。透水混凝土骨料颗粒细观黏结力与宏观抗压强度之间呈非线性关系，如图 6-48 所示。数值三轴试验透水混凝土细观颗粒黏结强度和宏观强度见表 6-8。当黏结力提升小于 2.0 倍时，细观强度与宏观强度的关系呈现线性趋势（线性斜率接近 1.0）。当黏结力提升 2.0 倍以上时，细观强度增加对宏观强度的影响显著增强，呈现非线性趋势（透水混凝土试件宏观强度提升幅度大于细观黏结强度）。

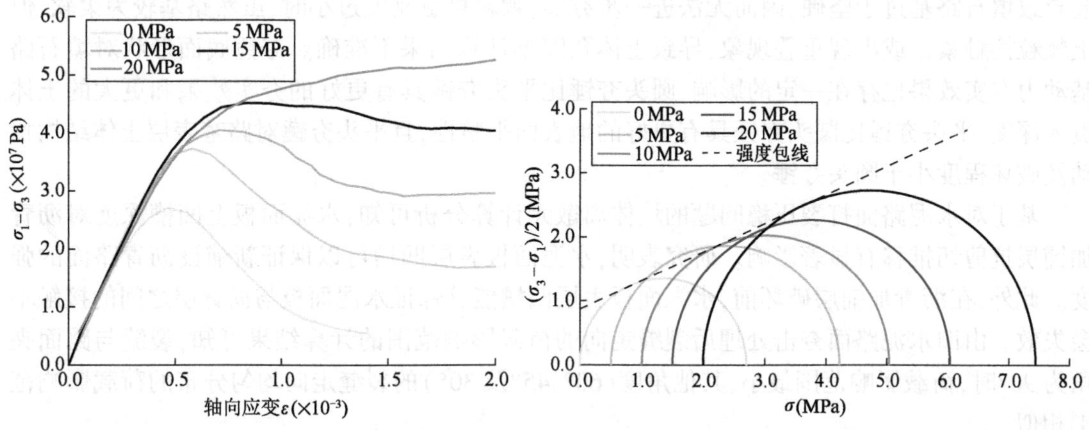

图 6-46 不同围压下压缩试验应力-应变曲线　　图 6-47 不同围压下透水混凝土的强度包线

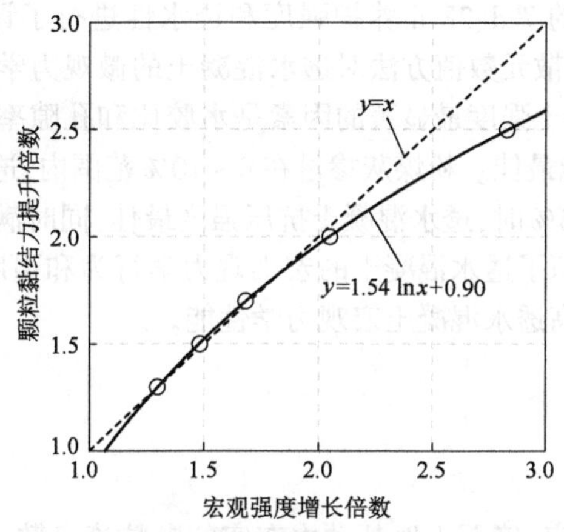

图 6-48 透水混凝土细观强度与宏观强度的关系

计算结果统计表　　表 6-8

颗粒黏结强度	提高倍数	试样宏观强度	提高倍数
22	1.0	27	1.0
28.6	1.3	35	1.30
33	1.5	40	1.48
37.4	1.7	45.4	1.68
44	2	55.3	2.05
55	2.5	76.3	2.83

基于对路基动力夯实问题的颗粒流离散元计算分析可知,颗粒流离散元方法可以直接确定碎石颗粒间孔隙率的变化,并通过孔隙率来评价填石路基的动力夯实效果。所以利用颗粒流离散元方法模拟填石路基动力夯实过程是可行的。土体动力滞回特性对填石路基动力夯实效果存在显著的影响,动力滞回特性越不明显,路基越不易被夯实,而土体动力滞回特性越明显,提锤和落锤过程中土体的回弹量越小,路基土体的夯实效果越好。颗粒接触刚度过大或过小都会影响填石路基的动力夯实效果,应对颗粒接触刚度进行合理取值。颗粒接触刚度过大

会导致填石路基过于坚硬,因而无法进一步夯实;颗粒接触刚度过小时,虽然路基较为柔软,但土颗粒接触紧密或出现重叠现象,导致土体孔隙率计算结果不准确。夯锤底面形状对填石路基动力夯实效果也存在一定的影响,圆头夯锤比平头夯锤具有更好的夯实效果和更大的土体贯入深度,平头夯锤比圆头夯锤具有更好的地表面平整性,且平头夯锤对路基表层土体结构扰动及破坏程度小于圆头夯锤。

基于对水泥路面打裂压稳问题的块体离散元计算分析可知,水泥面板上凹槽深度对沥青加铺层抗剪切推移有显著影响。研究表明,水泥面板表层凹槽可以保证新铺设沥青路面的强度。此外,在沥青加铺层破坏前,水泥面板表层凹槽能够保证水泥面板与沥青层之间的接触不会失效。由旧水泥路面夯击处理后裂缝走向的荷载影响范围的计算结果可知,裂缝与路面夹角为90°时,荷载影响范围最小,其他角度(60°、45°及30°)的裂缝走向均匀分布的荷载影响范围相似。

本章还通过单轴压缩试验,研究了不同水胶比、孔隙率和粉煤灰掺量对透水混凝土性能的影响。试验对透水混凝土的7 d、28 d养护强度和透水性进行了评价,并对配合比进行了优化。此外,采用三维颗粒离散元数值方法对透水混凝土的微观力学性能进行了模拟分析。研究结果表明,影响透水混凝土强度最显著的因素是水胶比和孔隙率。透水混凝土在水胶比为0.27、孔隙率为20%时性能最佳。粉煤灰掺量在0~10%范围内,透水混凝土抗压强度先增大后减小。当粉煤灰掺量为5%时,透水混凝土抗压强度最佳,同时满足工程渗透性要求。颗粒离散元数值方法有效地模拟了透水混凝土的宏细观力学行为和强度特性。研究表明,提高骨料间细观黏结强度可以提高透水混凝土宏观力学性能。

本章参考文献

[1] 马宗源,徐清清,党发宁. 碎石土地基动力夯实的颗粒流离散元数值分析[J]. 工程力学,2013,30(S1):184-190.

[2] 马宗源,廖红建,徐清清,等. 填石路基动力夯实离散元数值分析[J]. 地下空间与工程学报,2016,12(3):705-711.

[3] MA Z Y, DANG F N, LIAO H J. Numerical study of the dynamic compaction of gravel soil ground using the discrete element method[J]. Granular matter,2014,16(6):881-889.

[4] 郭筛保. 山区公路填石路基施工工艺探讨[J]. 公路与汽运,2005,2(1):56-58.

[5] 曹斌,邓捷. 高速液压夯实机的开发应用[J]. 公路交通科技(应用技术版),2012,8(7):353-356.

[6] SCOTT R A, PEARCE R W. Ground Treatment by Deep Compaction[R]. Institution of Civil Engineers, London: Telford, Ltd. ,1976.

[7] THILAKASIRI H S, GUNARATNE M, MULLINS G, et al. Investigation of impact stresses induced in laboratory dynamic compaction of soft soils[J]. International journal for numerical and analytical methods in geomechanics,1996,20(10):753-767.

[8] 张焕新,方建勤,黄水泉. 液压夯实技术补强高速公路台背路基施工工艺试验研究[J]. 公路,2010,(6):140-143.

[9] 刘本学,郝飞,张志峰,等.高速液压夯实机动力学模型试验[J].长安大学学报(自然科学版),2009,29(1):95-98.

[10] BERTRAND D, NICOT F, GOTTELAND P, et al. Modelling a geo-composite cell using discrete analysis[J]. Computers and geotechnics, 2005, 32(8):564-577.

[11] CHENG Y P, NAKATA Y, BOLTON M D. Discrete element simulation of crushable soil[J]. Géotechnique, 2003, 53(7):633-641.

[12] IWASHITA K, ODA M. Rolling resistance at contacts in simulation of shear band development by DEM[J]. Journal of engineering mechanics, 1998, 124(3):285-292.

[13] WADA K, SENSHU H, MATSUI T. Numerical simulation of impact cratering on granular material[J]. Icarus, 2006:180(2):528-545.

[14] MAYNE P Q, JONES J S. Impact stress during dynamic compaction[J]. Journal of geotechnical engineering, 1983, 109(10):1342-1346.

[15] 石建光,许岳周,叶志明.骨料级配对混凝土性能影响的细观分析[J].工程力学,2009,26(4):134-138.

[16] 常在,杨军,程晓辉.砂土强度和剪胀性的颗粒力学分析[J].工程力学,2010,27(4):95-104.

[17] JIANG M J, ZHU H H, HARRIS D. Classical and non-classical kinematic fields of two-dimensional penetration tests on granular ground by discrete element method analyses[J]. Granular matter, 2008, 10(6):439-455.

[18] JIANG M J, YU H S, HARRIS D. Discrete element modelling of deep penetration in granular soils[J]. International journal for numerical and analytical methods in geomechanics, 2006, 30(4):335-361.

[19] 蒋明镜,王新新.不同重力场下静力触探试验离散元数值分析[J].岩土力学,2013,34(3):863-873.

[20] CUNDALL P A, STRACK O D L. A discrete numerical model for granular assemblies[J]. Géotechnique, 1979, 29(1):47-65.

[21] Itasca Consulting Group. Particle flow code in 2 cimensions, version 3.1, user's manual[M]. Minneapolis: Itasca Consulting Group Inc., 1998.

[22] CUNDALL P A. Formulation of a three-dimensional distinct element model—Part I. A scheme to detect and represent contacts in a system composed of many polyhedral blocks[J]. International journal of rock mechanics and mining sciences & ceomechanics abstracts, 1988, 25(3):107-116.

[23] HART R, CUNDALL P A, LEMOSJ. Formulation of a three-dimensional distinct element model—Part Ⅱ. Mechanical calculations for motion and interaction of a system composed of many polyhedral blocks[J]. International journal of rock mechanics and mining sciences & geomechanics abstracts, 1988, 25(3):117-125.

[24] Itasca Consulting Group. UDEC-Universal Distinct Element Code User's Guide, version 4.0[M]. Minneapolis: Itasca Consulting Group Inc., 2005.

[25] SEED H B, WONG R T, IDRISS I M, et al. Moduli and damping factors for dynamic analyses of cohesionless soils[J]. Journal of geotechnical engineering, 1986, 112(11): 1016-1032.

[26] KEVERN J T. Advancements in pervious concrete technology[D]. Iowa: Iowa State University, 2008.

[27] KEVERN J, WANG K, SULEIMAN M T, et al. Pervious concrete construction: methods and quality control[J]. Nashville, TN, 2006: 23-25.

[28] SCHAEFER V R, WANG K, SULEIMAN M T, et al. Mix design development for pervious concrete in cold weather climates[R]. Center for Transportation Research and Education, Iowa State University, Ames, Iowa, 2006.

[29] HORIGUCHI I, MIMURA Y, MONTEIRO P J M. Plant-growing performance of pervious concrete containing crushed oyster shell aggregate[J]. Cleaner materials, 2021, 2: 100027.

[30] MAYNARD D P. A fine no-fines road[J]. Concrete contraction. 1970, 15(3): 116-117.

[31] LEGRET M, COLANDINI V, MARC C L. Effects of a porous pavement with reservoir structure on the quality of runoff water and soil[J]. Science of the total environment, 1996, 189(96): 335-340.

[32] PARK S B, SEO D S, LEE J. Studies on the sound absorption characteristics of porous concrete based on the content of recycled aggregate and target void ratio[J]. Cement and concrete research, 2005, 35(9): 1846-1854.

[33] LU J X, YAN X, HE P, et al. Sustainable design of pervious concrete using waste glass and recycled concrete aggregate[J]. Journal of cleaner production, 2019, 234: 1102-1112.

[34] Elizondo-Martínez E J, Andres-Valeri V C, Jato-Espino D, et al. Review of porous concrete as multifunctional and sustainable pavement [J]. Journal of building engineering, 2020, 27: 100967.

[35] HAN D J, CHEN W F. Constitutive modeling in analysis of concrete structures[J]. Journal of engineering mechanics, 1987, 113(4): 577-593.

[36] KIM S M, Al-Rub R K A. Meso-scale computational modeling of the plastic-damage response of cementitious composites[J]. Cement and concrete research, 2011, 41(3): 339-358.

[37] BENKEMOUN N, IBRAHIMBEGOVIC A, COLLIAT J B. Anisotropic constitutive model of plasticity capable of accounting for details of meso-structure of two-phase composite material [J]. Computers & structures, 2012, 90: 153-162.

[38] AKAND L, YANG M, GAO Z. Characterization of pervious concrete through image based micromechanical modeling[J]. Construction & building materials, 2016, 114: 547-555.

[39] PIERALISI R, CAVALARD S H D, AGUADO A. Discrete element modelling of the fresh state behavior of pervious concrete[J]. Cement and concrete research, 2016, 90: 6-18.

[40] SCHLÜTER W, JEFFERIES C. Modelling the outflow from a porous pavement[J]. Urban water, 2002, 4(3): 245-253.

[41] ABERA L E. Analysis of pervious concrete as a stormwater management tool using SWMM modeling[D]. Oxford: The University of Mississippi, 2015.

[42] LI X, XU Q, CHEN S. An experimental and numerical study on water permeability of concrete

[J]. Construction and building materials,2016,105:503-510.

[43] VADDY P,PANDURANGAN V,BILIGIRI K P. Discrete element method to investigate flexural strength of pervious concrete[J]. Construction and building materials,2022,323:126477.

[44] PIERALISI R,CAVALARO S H P,AGUADO A. Discrete element modelling of mechanical behaviour of pervious concrete[J]. Cement and concrete composites,2021,119:104005.

[45] ALSHAREEDAH O,NASSIRI S. Discrete element modeling of pervious concrete compressive strength to optimize mixture composition[J]. ACI materials journal,2023,120(6):5-17.

[46] 刘建伟,张翛,申俊敏,等. 水泥混凝土路面国内外现状和发展新对策[J]. 中外公路,2016,36(04):73-77.

7 山区堆积体架设公路桥梁稳定性分析

7.1 概　述

堆积体是山区常见的一种地质体，主要由坡积、残积或重力堆积而成。岩溶发育的喀斯特山区广泛分布着地下溶洞塌陷形成的岩溶崩塌堆积体。贵州是我国喀斯特地貌面积最大且山地面积占比最高的省份，受亚热带湿润季风气候影响，降水丰富且雨热同季。截至2020年，贵州省已查明的地质灾害隐患中崩塌灾害占比超过三成，逐步成为贵州省第二大地质灾害。贵州山区广泛分布着山体崩塌溶洞塌陷形成的堆积体，其表层多由粒径较小的残积土及砾石土构成，下部多由直径较大的块石及碎石构成，岩性以灰岩及白云岩等沉积岩为主。贵州山区崩塌形成的堆积体内部物质构成极不均匀，上部残积层强度低、透水性强，下部碎石土强度高、稳定性强，并且与基岩的交界面清晰，存在局部浅层及整体界面滑动等多种潜在破坏模式。

在贵州山区修建公路或铁路时，路线不可避免地会穿越这一类崩塌堆积体，其中大部分为桥梁穿越堆积体，如瓮开高速公路开州湖特大桥主墩架设在堆积体后缘开挖平台之上，如图7-1所示。在堆积体上修建公路桥梁基础时，为提高工程安全性，通常采用桥墩桩基础形式，将桥梁架设在堆积体后缘部位（图7-1）。现有相关行业规范未明确规定堆积体上修建桥梁基础的风险评估方法与处治措施，《公路桥涵地基与基础设计规范》（JTG 3363—2019）中仅在条文说明9.3.2中规定：在陡坡地基上设置桥梁基础时，应对承受基础荷载作用的边坡进行稳定性和变形分析，一般不考虑桥梁桩基的抗滑作用，“除非进行了深入研究”才可对桥梁基础与边坡进行联合分析与设计。位于边坡上的桩基础受力较为复杂，不仅要承受上部结构传递的荷载，还可能承受坡体的侧向土压力，而边坡出现滑动破坏时，侧向土压力将发展为下滑推力。此外，《公路桥涵地基与基础设计规范》（JTG 3363—2019）中还规定在堆积体或覆盖层上修建桩基础时，桩端须嵌入土层以下稳定岩层。在深厚堆积体中修建桩基础将导致桩身过长，当堆积体变形破坏时，桩基础会受到周围土体侧向推力作用，极易导致桩身弯曲受损，从而影响桥梁的服役性能。因此，在堆积体上修建桥梁基础时，一般会对堆积体开挖清方，以减小堆积体的厚度及桩身长度，达到降低堆积体变形破坏对桥梁基础影响的目的。但堆积体开挖清方会大幅增加桥梁的施工成本，开挖后还会产生多级高边坡，增大工程后期运营维护工作的难度。为保障贵州扎实推进交通强国建设工作及高质量发展，亟须开展山区崩塌堆积体失稳破坏对上部桥梁基础影响的研究工作。贵州山区广泛分布的崩塌堆积体具有其特殊的物质构成及结构特征，桥梁穿越该类型堆积体已经成为贵州山区交通基础设施建设与运维工作中不可回避的工程问题。查明该类型堆积体的失稳破坏机理及桥墩下堆积体失稳破坏对桥梁基础的影响，已成为我国西部山区交通工程研究领域的一个新的命题。

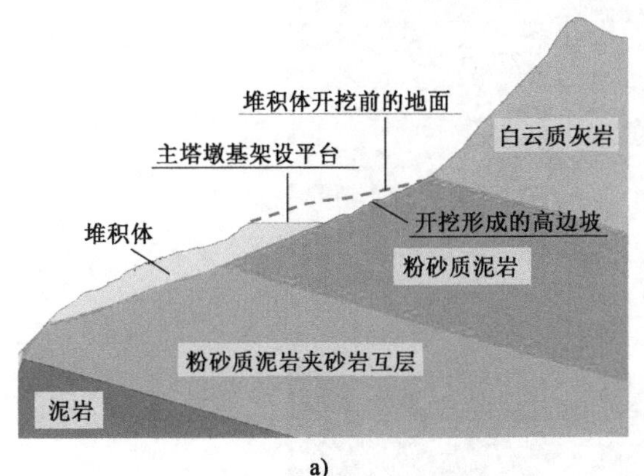

a)

b)

图 7-1 开州湖特大桥主塔墩基架设堆积体设计方案及现场照片

a)设计方案剖面；b)堆积体平台及桥墩现场照片

在建沪昆国家高速公路扩容工程某跨河谷特大桥，全桥长 898 m，桥梁上部结构采用 T 梁 + 两联拱桥形式，下部结构中两岸桥台采用扩大基础，T 梁桥及拱座采用桩基础。项目区地处贵州高原西部，场区属溶蚀-侵蚀地貌单元。场地为峡谷地形，桥面到峡谷底部河流水面垂直距离为 409 m，顺河左岸坡度 25° ~ 35°，顺河右岸坡度 40° ~ 55°。场区地面高程介于 918.2 ~ 1407.7 m 之间，相对高差约 489.5 m。场地整体稳定。大桥顺河左岸引桥（以下简称大桥引桥）穿越深厚崩塌堆积体覆盖层。堆积体最大厚度为 37 m，由上部山体崩塌坡积而形成，物质成分主要为砂岩、灰岩等碎石、块石，堆积体目前处于自然稳定状态，在施工扰动、堆载、暴雨等作用下易发生滑移崩塌。大桥位置及堆积体的现场照片如图 7-2a) 和 b) 所示。针对大桥引桥部分穿越深厚崩塌堆积体（以下简称堆积体）问题，对桥墩基础设计及堆积体处治施工方式开展研究工作。在现场工程地质勘察、现场原位测试、室内试验及理论分析工作基础上，通过二维极限平衡 + 三维 EFEM 大变形方法对堆积体开展稳定性计算分析，进一步预测分析在暴雨、地震等不利因素影响下桥梁及其支护结构的受力变形规律，揭示不同支护方案下桥墩基础结构与堆积体相互作用规律，最终优化该工程的设计与施工方案。大桥引桥的 1 ~ 5 号墩均位于堆积体区域内，原设计方案（施工图设计）处治措施为清方 + 抗滑桩支护，大桥及支护结构平面布置图如图 7-2c) 所示。堆积体整体处于自然稳定状态，桥梁从堆积体后缘通过，需对施工扰动易诱发堆积体变形及桥梁运营期间堆积体对桥梁的影响进行评估。目前依托工程已完成堆积体专项工程地质勘察及现场原位测试工作，主要为现场工程地质调查、工程地质钻探及物探以及现场原位直剪试验工作，基本确定堆积体形态特征、分布范围及成因类型。建设场区地处贵州高原西部，行政区划隶属六盘水市水城区花戛乡，属溶蚀-侵蚀地貌单元。该区域受河谷侵蚀、剥蚀后，顶部的灰岩崩塌堆积于斜坡上形成槽谷地貌。地形总体为陡坡，局部因剥蚀、侵蚀形成陡坎及陡崖。通过钻探工程对地层的揭露，地层岩性条件如表 7-1 所示。

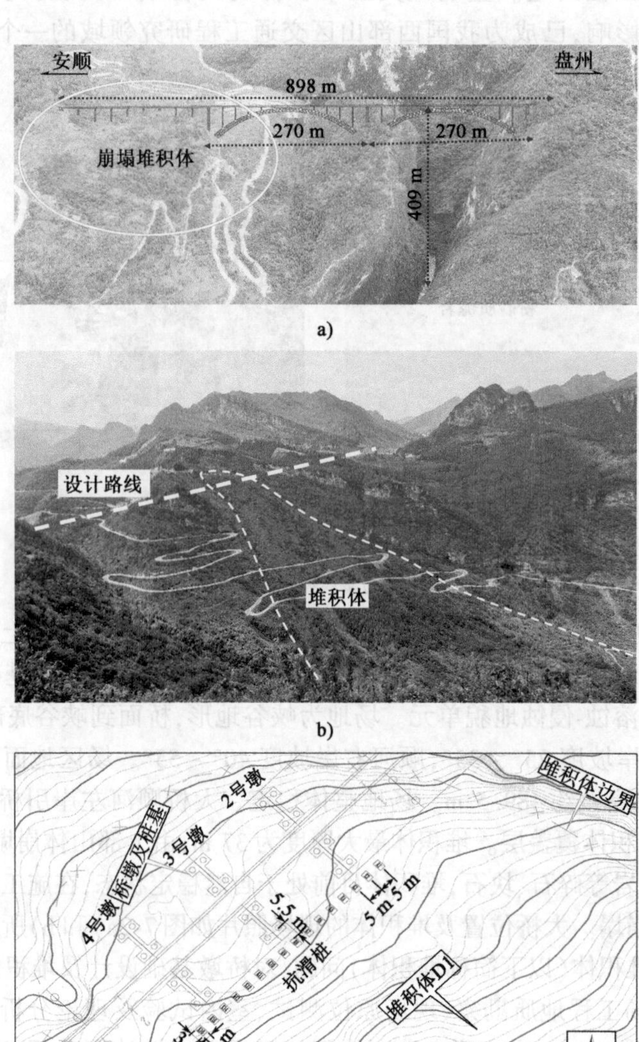

图 7-2　桥位及堆积体区域图示

a)桥位全貌；b)堆积体全貌；c)大桥及支护结构平面布置图

场区地层岩性汇总　　　　表 7-1

地层	岩性	分布区域
Q_4^{el+dl}	第四系残坡积黏土、含碎石粉质黏土、碎石土	场区均有分布
Q_4^{al+pl}	第四系冲洪积层卵石土	河谷
Q_4^{c}	第四系崩塌堆积块石土	堆积体

续上表

地层	岩性	分布区域
P_1b	二叠系下统包磨山组薄至中厚层状灰岩夹砂岩、泥岩	堆积体下卧层
P_1ly	二叠系下统龙吟组薄至中厚层状泥岩夹灰岩	堆积体下卧层
C_3mp	石炭系上统马平组厚层状白云质灰岩	堆积体周边

研究区位于扬子准地台-黔北台隆-六盘水断陷-普安旋扭构造变形区。场区发育4条断层，分别为断层F1、断层F2、断层F3、断层F4。断层F1于ZK105+200(YK105+200)与路线相交，交角近90°，为正断层，断层产状47°∠70°；断层F2于ZK105+477(YK105+477)与路线相交，交角近90°，为正断层，产状45°∠50°；断层F3于ZK105+793(YK105+791)与路线相交，交角73°，为正断层，产状74°∠85°；断层F4于ZK105+334(YK105+334)与路线相交，交角近90°，为正断层，产状55°∠70°~80°。根据《中国地震动参数区划图》(GB 18306—2015)查得场区地震反应频谱特征周期为0.40 s，地震动峰值加速度值为0.05g，对应地震基本烈度为Ⅵ度。堆积体长约700 m、宽约180 m、厚10~37 m，由上部山体崩塌堆积而成，物质成分主要为灰岩、砂岩等块石，块石含量70%~90%，粒径20~80 cm不等，最大粒径达2 m，其间充填松散的黏土，堆积体工程地质剖面如图7-3所示。堆积体与基岩接触面分布不均匀黏土，厚0.1~0.5 m。同时块石土为透水层，地下水易沿接触面富集，软化土体，降低接触面抗剪参数。桥梁从堆积体后缘通过，根据现场勘察及原位测试，结合工程类比等，堆积体物理力学参数见表7-2。

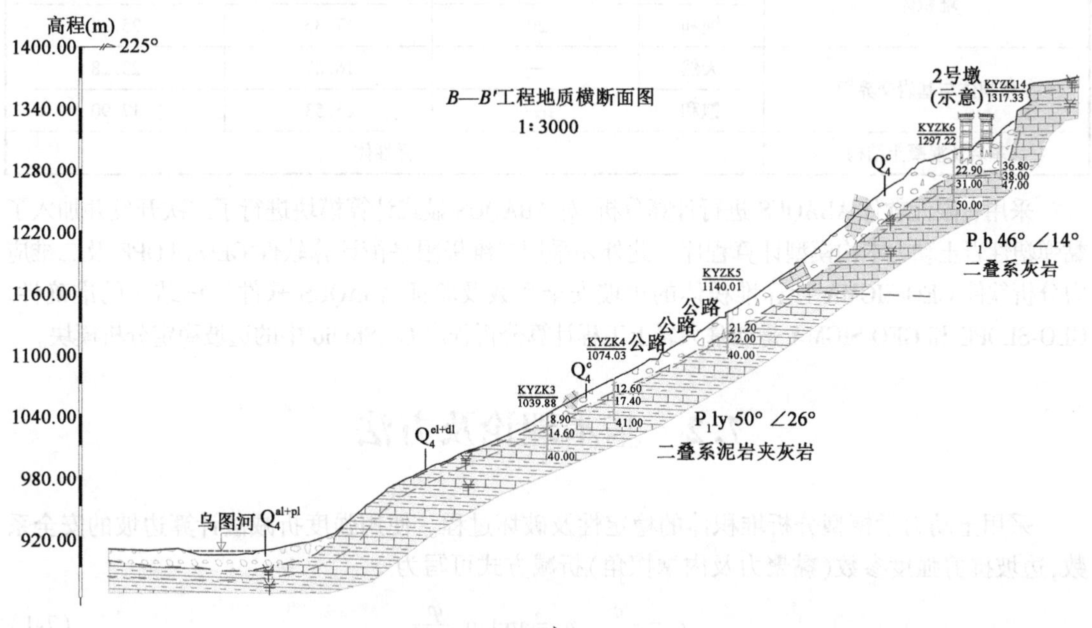

a)

图 7-3

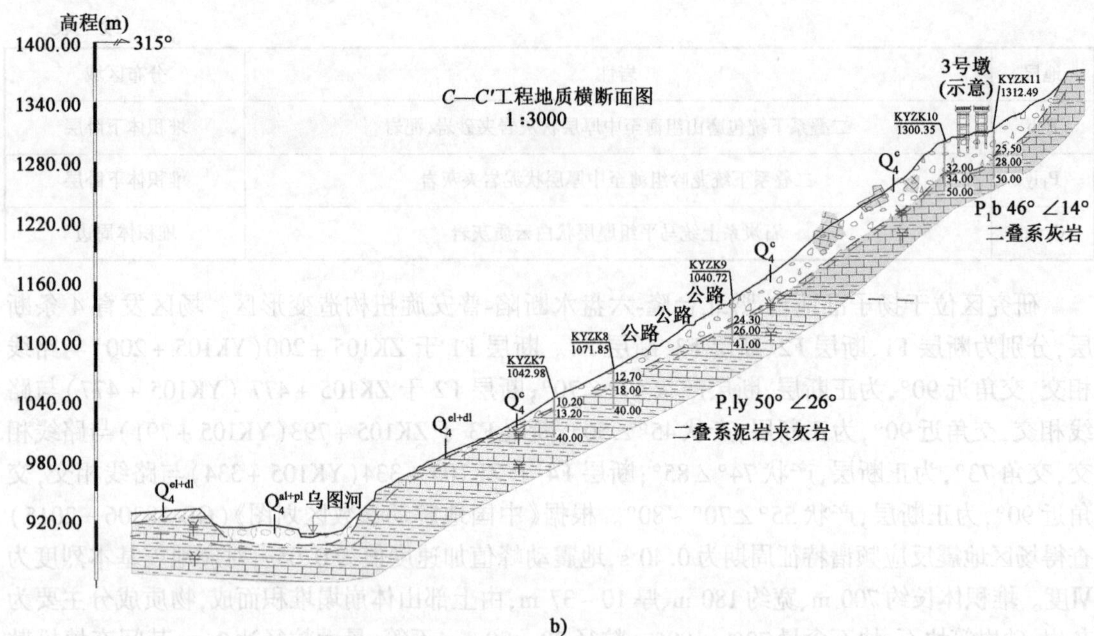

图 7-3 堆积体中心顺坡向工程地质剖面图

a) $B—B'$剖面；b) $C—C'$剖面

堆积体物理力学参数 表 7-2

名称	含水率	重度 γ(kN/m³)	黏聚力 c(kPa)	内摩擦角 φ(°)
堆积体	天然	18	20.77	35.66
	饱和	20	17.36	25.89
堆积体与基岩交界面	天然	—	16.87	23.28
	饱和	—	15.53	17.90
基岩及混凝土结构	弹性体			

采用有限元软件 ABAQUS 进行计算分析，对 ABAQUS 显式计算模块进行了二次开发并加入了黏弹塑性岩土动力本构模型计算程序。此外还采用二维极限平衡计算软件 GEO-SLOPE 及二维应力分析软件 GEO-SIGMA 计算堆积体的边坡安全系数及验证 ABAQUS 软件计算结果的准确性。GEO-SLOPE 和 GEO-SIGMA 是加拿大岩土工程计算分析程序 GeoStudio 中的边坡稳定分析模块。

7.2 基本理论及方法

采用土动力学模型分析堆积体的稳定性及破坏过程。使用强度折减法计算边坡的安全系数，边坡抗剪强度参数(黏聚力及内摩擦角)折减方式可写为

$$c_{\mathrm{f}}=\frac{c}{\mathrm{SRF}},\varphi_{\mathrm{f}}=\arctan\frac{\varphi}{\mathrm{SRF}} \tag{7-1}$$

式中，c 和 φ 分别为边坡土体原始的黏聚力及内摩擦角；c_{f} 和 φ_{f} 分别为经过折减之后的边坡土体的黏聚力及内摩擦角。边坡位移突然增大(折减系数与边坡最大位移关系曲线拐点)

时刻的折减系数确定为边坡安全系数。在折减强度参数的同时对边坡土体的动力学参数也进行折减，如下式所示：

$$G_{\max,f}=\frac{G_{\max}}{SRF},\gamma_{ref,f}=\frac{\gamma_{ref}}{SRF} \tag{7-2}$$

滑坡地层结构较边坡复杂且一般高度较大，因此土体的刚度和强度需考虑初始应力的影响，土体的最大剪切刚度由式(5-10)确定。

对于强风化的残坡积层土体强度参数 c，采用式(5-11)计算。

地震荷载选取按照规准反应谱合成的地震加速度时程作为各方向输入分量，模型两侧为无反射边界条件。假定基岩在地震过程中不会出现塑性变形，为完全弹性体。基岩上部风化残积层强度参数：初始黏聚力 $c_0=40$ kPa，内摩擦角 $\varphi=30°$。土动力学参数：初始刚度系数 $\kappa=800$，$n=0.3$，最大阻尼比 $D_{\max}=0.2$，参考剪应变 $\gamma_{ref}=0.167$，此外假定滑动面的摩擦系数 $\mu=0.3$。根据国家标准《中国地震动参数区划图》(GB 18360—2015)及公路行业标准《公路工程抗震规范》(JTG B02—2013)，使用 50 a 超越概率 10% 的加速度时程进行地震工况计算分析。参照《建筑抗震设计标准(2024 年版)》(GB/T 50011—2010)反应谱的确定原则确定基岩设计地震规准反应谱，如图 7-4 所示。将 50 a 超越概率 10% 的基岩反应谱值分别除以相应概率水准下的加速度峰值，得到动力放大系数 α，并从统计意义上给出设计规准反应谱的有关特征参数。地震影响系数曲线如图 7-5 所示，其中，α 为地震影响系数，$\alpha_{\max}$ 为反应谱最大值，T 为结构自振周期，T_g 为特征周期，η_1 为直线下降段的斜率调整系数，η_2 为阻尼调整系数，γ 为衰减指数。参数由表 7-3 列出。地震情况下采用人工合成地震波，合成地震波如图 7-6 所示。

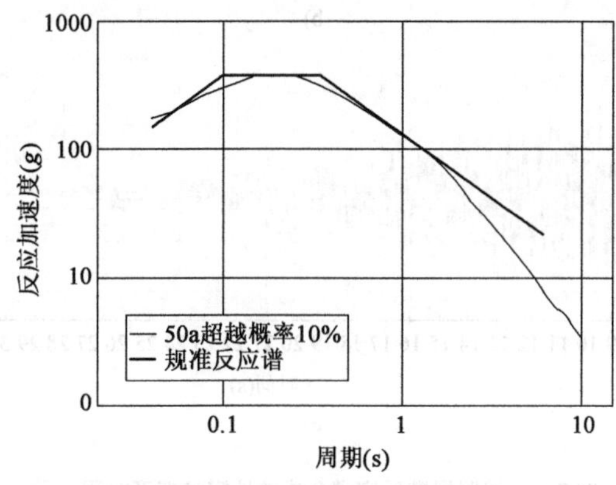

图 7-4　基岩设计规准反应谱的确定

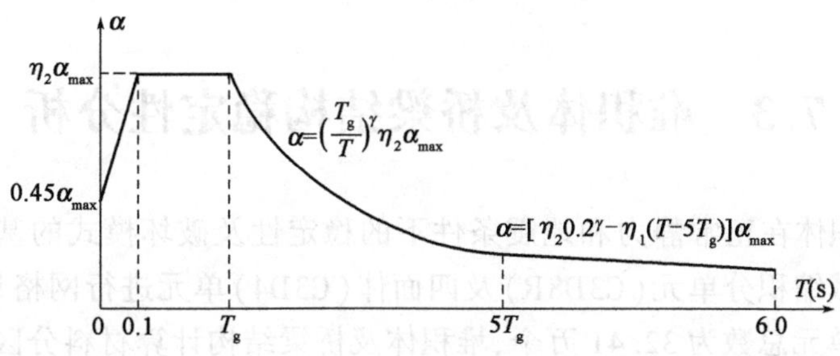

图 7-5　地震影响系数曲线

场地基岩设计规准反应谱特征参数 表 7-3

超越概率	α_{max}	T_g	η_1	η_2	γ
50a 10%	2.5	0.40	0.0055	0.625	1.0

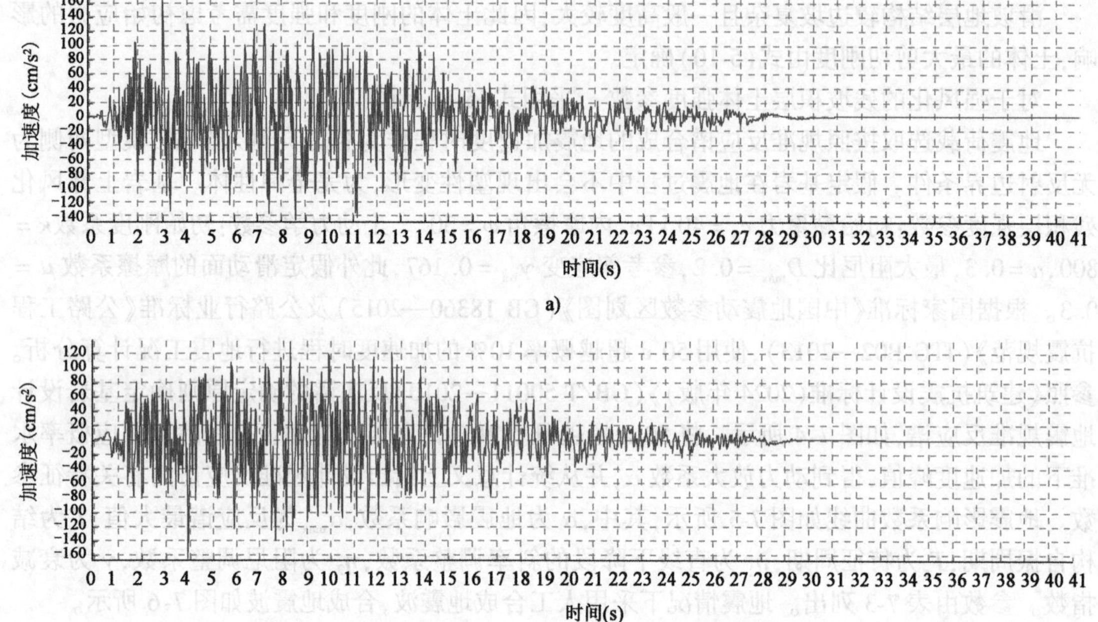

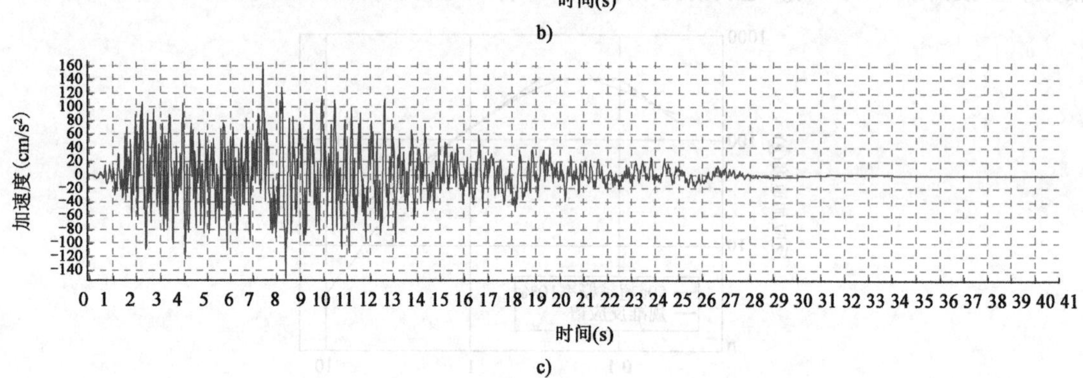

图 7-6 按照规准反应谱合成的地震加速度时程分量

a)地震加速度时程分量 1;b)地震加速度时程分量 2;c)地震加速度时程分量 3

7.3 堆积体及桥梁结构稳定性分析

本节分析堆积体在正常静力和地震条件下的稳定性及破坏模式的基本规律。有限元模型采用六面体减缩积分单元(C3D8R)及四面体(C3D4)单元进行网格划分,其中节点总数为 8.39 万个,单元总数为 32.41 万个,堆积体及桥梁结构计算材料分区及有限元网格划分如图 7-7 所示。地震条件下地震荷载(地震加速度时程)按照水平及竖直方向分别输入堆积体有限元模型底部,两侧为无反射边界条件。通过二维有限元方法分析堆积体及桥台的稳定性。

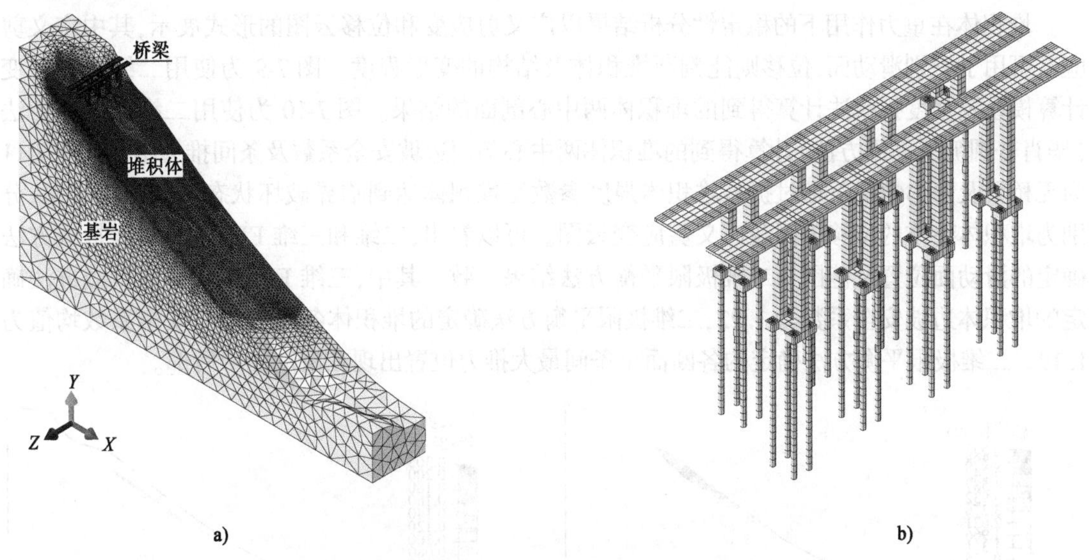

图7-7 堆积体及桥梁结构计算材料分区及有限元网格划分图
a)三维模型;b)桥梁及桥墩桩基础有限元网格划分

计算分析中均采用笛卡儿坐标,以堆积体顺坡向为X轴,指向河谷一侧方向为正,以垂直方向为Y轴,向上为正。边界条件设置:正常及暴雨工况下,分别在有限元模型垂直于X和Z(三维情况下)坐标轴的边界约束其法向自由度,垂直于Y坐标轴的边界约束全部自由度。在进行堆积体及桥梁结构计算分析之前,首先进行堆积体的自重地应力场计算,在重力场作用下进行地应力场平衡后,进行正常静力及暴雨工况的计算。地震工况下,分别在有限元模型垂直于坐标轴的边界加载各地震加速度时程分量。桥梁支护方案计算模型中,抗滑桩采用三维实体单元(六面体减缩积分单元C3D8R)进行网格划分,抗滑桩锚索采用杆单元(线性beam单元)进行计算分析。均采用嵌入单元的方式模拟桥梁桩基础、抗滑桩和锚索在堆积体中的结构-土相互作用。按照堆积体中心$B—B'$剖面建立的二维计算模型如图7-8所示。

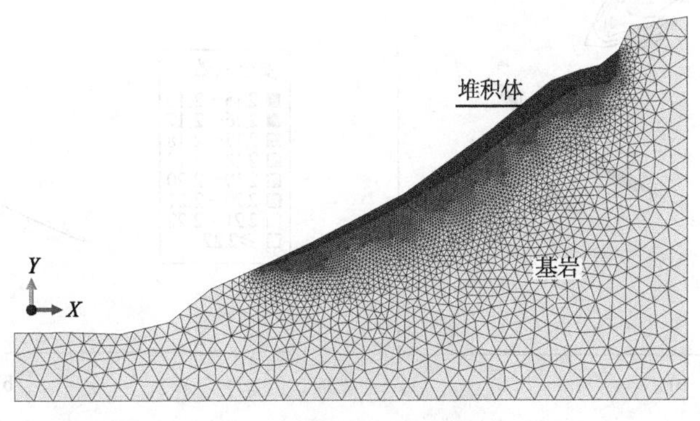

图7-8 堆积体二维计算模型

7.3.1 静力稳定性分析

堆积体在重力作用下的稳定性分析结果以广义剪应变和位移云图的形式展示,其中广义剪应变可用于识别滑动面,位移则能判断堆积体及结构的变形程度。图7-9为使用二维平面应变计算模型及强度折减法计算得到的堆积体两中心剖面的结果。图7-10为使用二维极限平衡法(毕肖普圆弧滑动面方法)计算得到的堆积体两中心剖面边坡安全系数及条间推力结果。图7-11为无桥梁及静力情况下通过折减堆积体强度参数至堆积体达到临界破坏状态时的计算结果,分别为堆积体整体的位移云图及广义剪应变云图。可以看出,二维和三维EFEM及强度折减方法确定的滑动面位置及范围与二维极限平衡方法结果一致。其中,三维EFEM及强度折减方法确定的堆积体边坡安全系数为1.22,二维极限平衡方法确定的堆积体各断面边坡安全系数均值为1.19。二维极限平衡方法确定的各断面土条间最大推力位置出现在滑动面中后部。

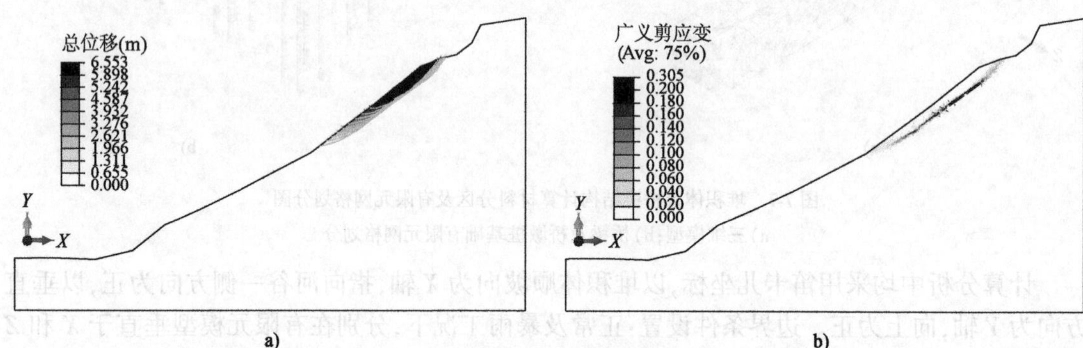

图7-9 静力情况下 *B*—*B*′剖面二维EFEM的计算结果(安全系数FOS=1.17)

a)位移云图;b)广义剪应变云图

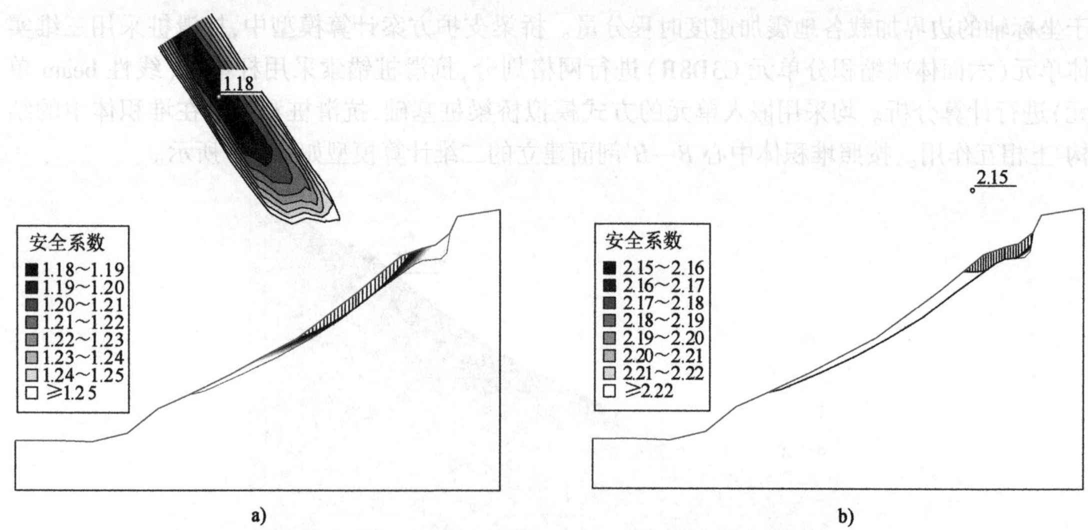

图7-10 静力情况下 *B*—*B*′剖面极限平衡法(毕肖普圆弧滑动面方法)最危险滑动面及安全系数

a)整体堆积体;b)上部堆积体

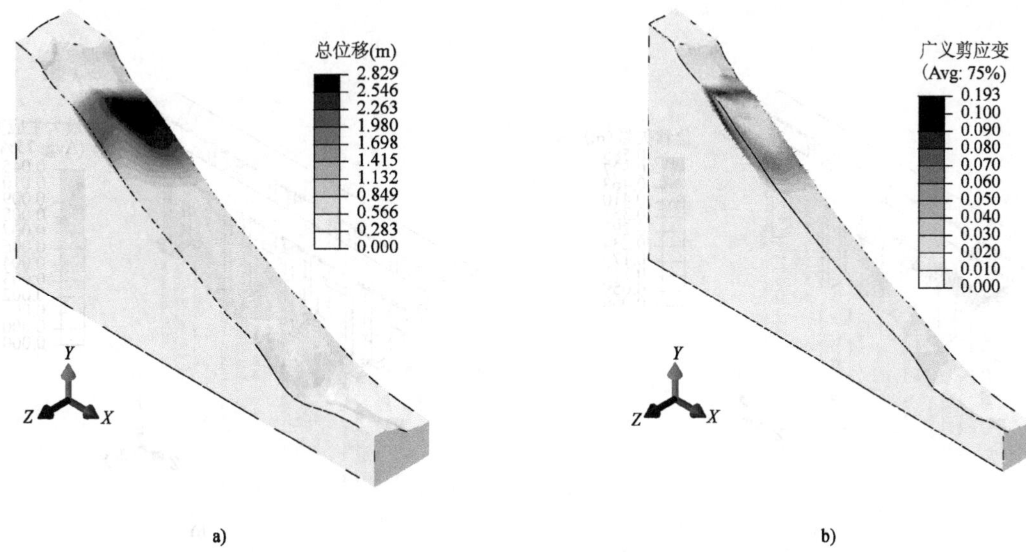

图 7-11 无桥梁静力情况下堆积体临界破坏状态时的计算结果(安全系数 FOS = 1.22)

a)位移云图;b)广义剪应变云图(中心截面)

大桥施工完成后,三维 EFEM 及折减强度参数至堆积体临界破坏状态时堆积体安全系数 FOS = 1.22,桥梁结构和堆积体在重力作用下的稳定性分析结果以广义剪应变和位移云图的形式展示,其中广义剪应变可用于识别滑动面,位移则能判断堆积体及结构的变形程度。图 7-12为折减强度参数至堆积体临界破坏状态时的计算结果,分别为堆积体整体的位移及广义剪应变云图。图 7-13 为折减强度参数至堆积体临界破坏状态时的桥梁结构受力变形计算结果。通过三维 EFEM 及强度折减方法确定的堆积体边坡安全系数为 1.22,与无桥梁情况下堆积体的边坡安全系数一致。其中,按照土体原始参数(未折减强度)计算出的桥梁结构最大位移仅为 0.6 mm,桥梁桩基础最大主应力(拉应力)为 0.087 MPa,桥墩桩基最大拉应变小于 100 个微应变(με)。

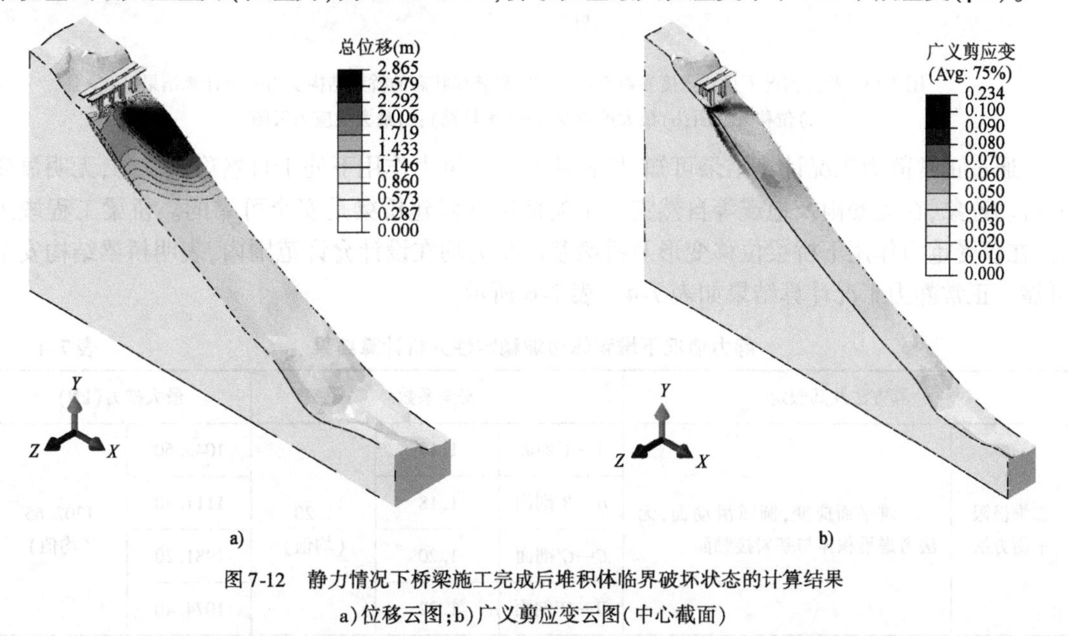

图 7-12 静力情况下桥梁施工完成后堆积体临界破坏状态的计算结果

a)位移云图;b)广义剪应变云图(中心截面)

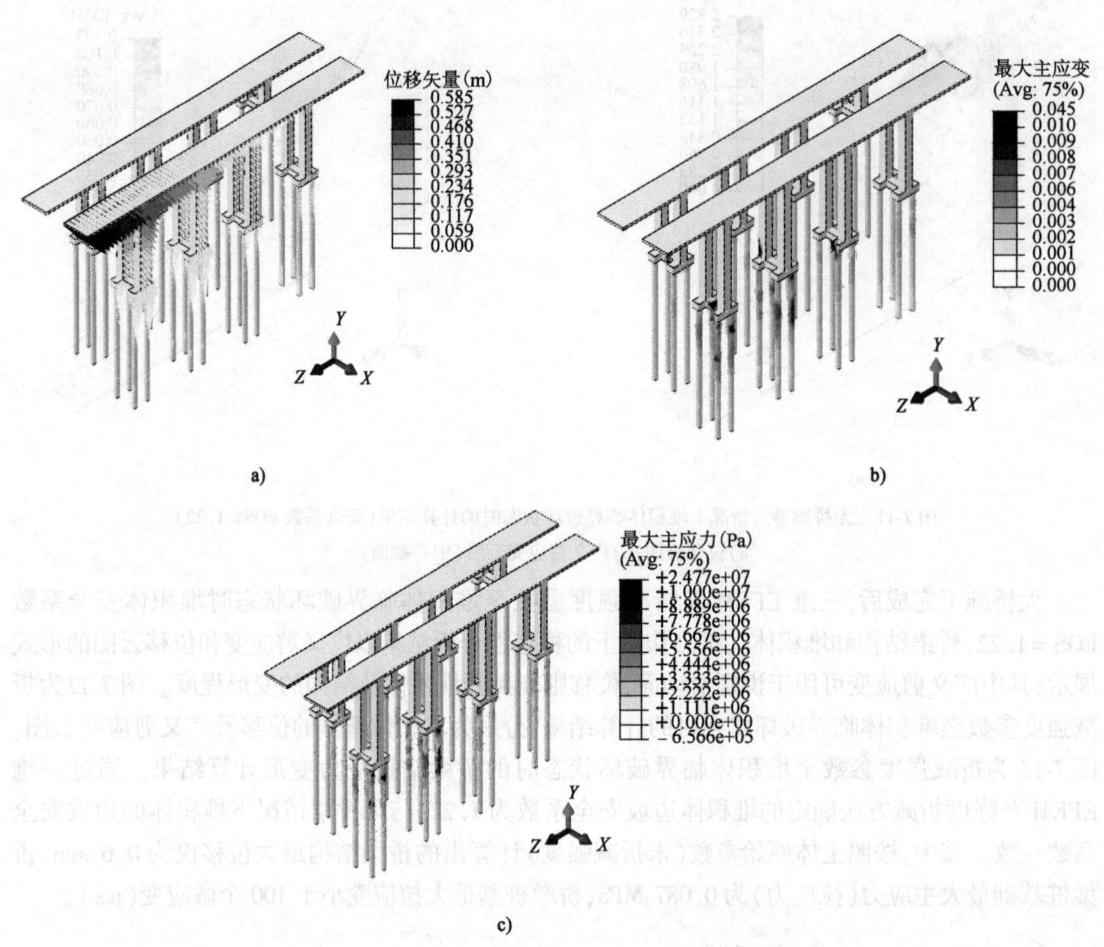

图 7-13 静力情况下折减强度参数至堆积体临界破坏状态的桥梁结构受力变形计算结果

a)位移矢量图;b)最大拉应变云图(无量纲);c)最大拉应力云图

通过正常静力工况计算结果可知,堆积体在仅受重力作用下处于自然稳定状态,无明显变形滑动迹象,在无暴雨及地震等自然灾害影响情况下修建桥梁是安全可靠的。桥梁工程竣工后,在仅受重力作用下桥梁位移变形及桥墩基础受力均在设计允许范围内,表明桥梁结构安全可靠。正常静力工况计算结果如表 7-4 ~ 表 7-6 所示。

静力情况下堆积体边坡稳定性分析计算结果　　表 7-4

计算方法及其假定		安全系数			最大推力(kN)	
二维极限平衡方法	二维平面应变,圆弧滑动面,无法考虑堆积体与基岩接触面	*A—A'*剖面	1.19	1.20(均值)	1043.60	1302.65(均值)
		*B—B'*剖面	1.18		1111.40	
		*C—C'*剖面	1.20		1981.20	
		*D—D'*剖面	1.22		1074.40	

续上表

计算方法及其假定		安全系数			最大推力(kN)
二维 EFEM	强度折减,任意滑动面,考虑堆积体与基岩接触面	*A*—*A*′剖面	1.20	1.21 (均值)	—
		B—*B*′剖面	1.17		
		C—*C*′剖面	1.22		
		D—*D*′剖面	1.24		
三维 EFEM	强度折减,任意滑动面,考虑堆积体与基岩接触面	1.22			—

静力情况下堆积体后缘(桥墩处)稳定性分析计算结果 表 7-5

计算方法	安全系数			最大推力(kN)	
二维极限平衡方法	*A*—*A*′剖面	1.91	1.93 (均值)	660.80	805.95 (均值)
	B—*B*′剖面	2.15		619.10	
	C—*C*′剖面	1.77		1206.40	
	D—*D*′剖面	1.87		737.50	

静力情况下桥梁结构计算结果 表 7-6

计算方法	堆积体状态	桥面最大位移(mm)	桥墩桩基最大拉应力(MPa)	桥墩桩基最大拉应变(με)
三维 EFEM	稳定	0.6	0.087	92
	局部破坏	405	21.5	44900

7.3.2 地震稳定性分析

首先按照堆积体岩土体原始参数(未折减强度)对地震情况下堆积体(无桥梁)稳定性进行计算分析。地震情况下堆积体稳定性分析结果以广义剪应变和位移云图的形式展示,其中广义剪应变可用于识别滑动面,通过位移则能判断堆积体及结构的变形程度。图 7-14 为按照堆积体岩土体原始参数计算得出的地震后堆积体的位移与变形结果。堆积体监测点在地震过程中的位移、速度及加速度时程曲线如图 7-15 所示。堆积体 *B*—*B*′剖面按照二维 EFEM 及极限平衡方法计算出的最危险滑动面及安全系数结果如图 7-16 和图 7-17 所示,采用二维极限平衡及拟静力方法在地震情况下计算得出的堆积体各边坡断面安全系数均值为 1.00。采用二维 EFEM 及强度折减方法在地震情况下计算得出的堆积体各边坡断面安全系数均值为 1.00。三维 EFEM 计算结果显示在地震条件下进行强度折减后最终确定的堆积体安全系数为 1.06。

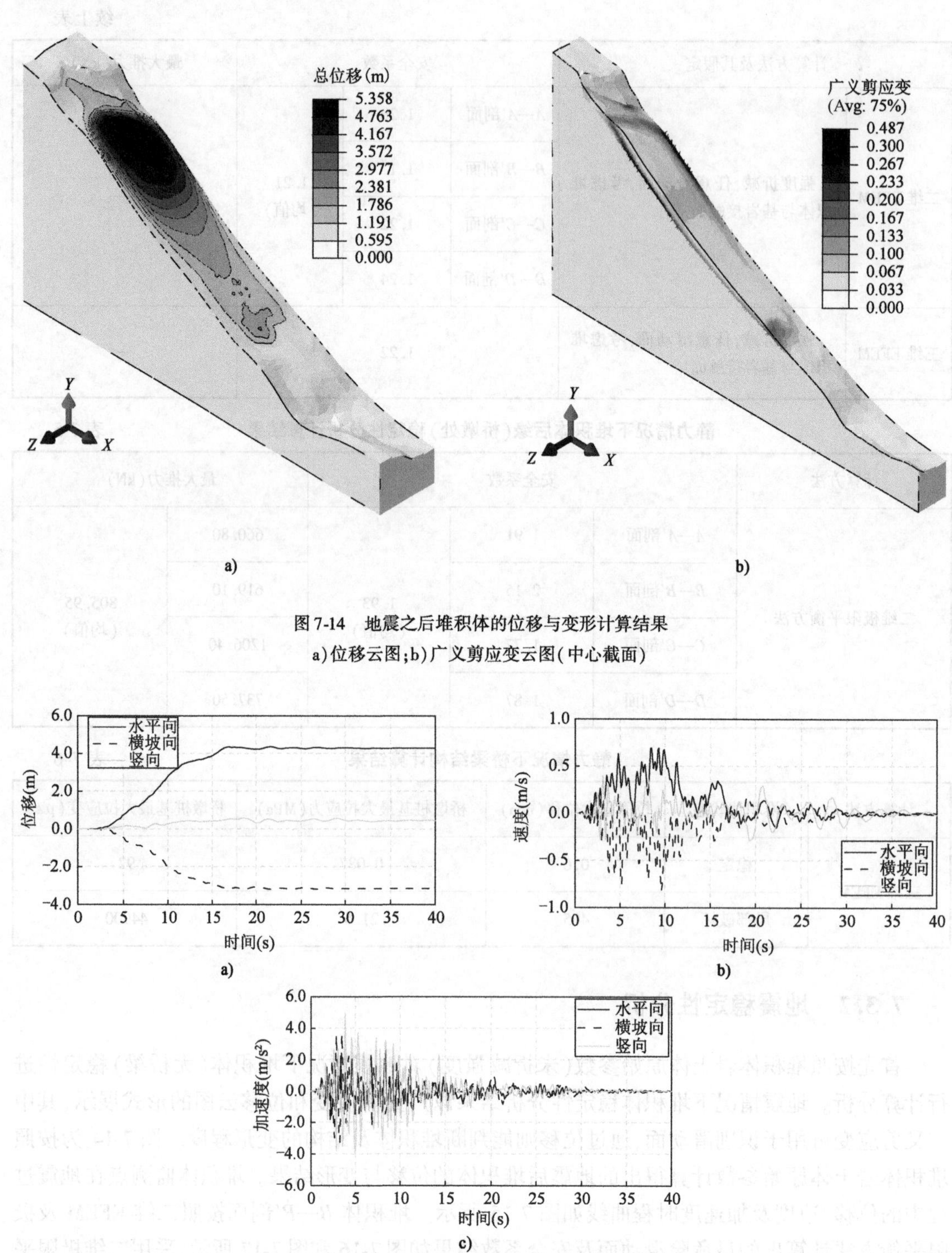

图 7-14 地震之后堆积体的位移与变形计算结果

a)位移云图;b)广义剪应变云图(中心截面)

图 7-15 堆积体监测点在地震过程中的时程曲线

a)位移时程曲线;b)速度时程曲线;c)加速度时程曲线

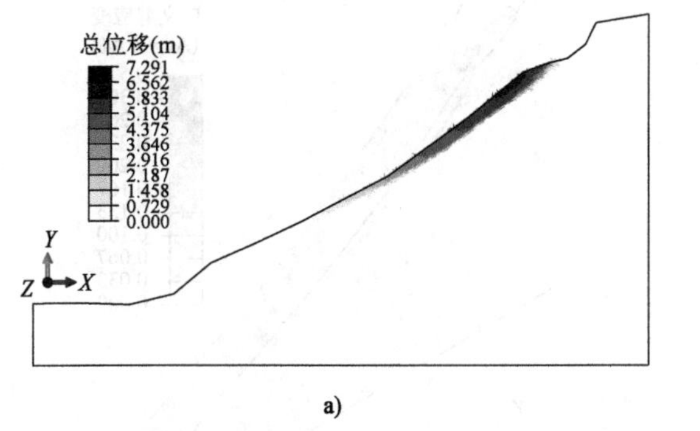

a)

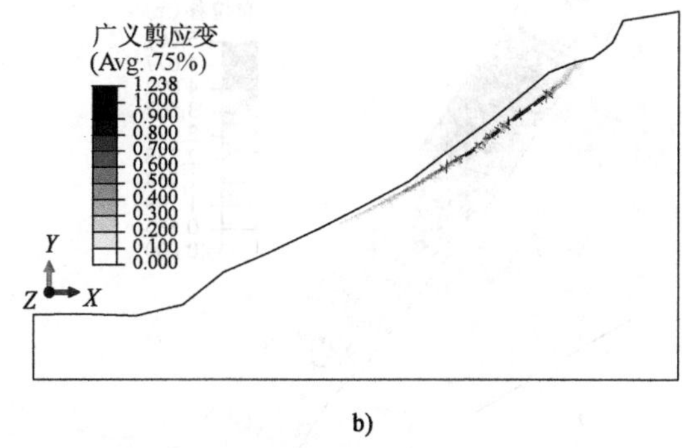

b)

图 7-16 地震情况下 $B—B'$剖面二维 EFEM 的计算结果(安全系数 FOS = 0.95)

a)位移云图;b)广义剪应变云图

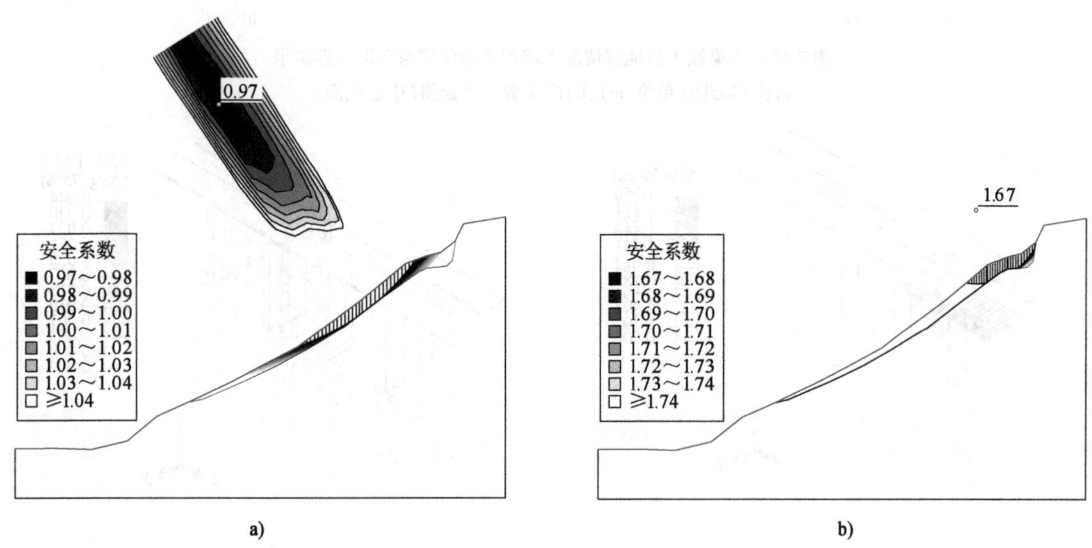

a) b)

图 7-17 地震情况下 $B—B'$剖面极限平衡法(毕肖普圆弧滑动面方法)的计算结果

a)整体堆积体;b)上部堆积体

堆积体桥梁上部结构施工完成后,按照土体原始参数(未折减强度)进行计算,经历 50 a 超越概率 10% 地震之后,堆积体处于不稳定状态,二维及三维 EFEM 计算结果显示,最危险滑动面出现在堆积体沿基岩接触面上,堆积体沿基岩接触面出现大范围滑动变形,属于推移式整体破坏。图 7-18 为桥梁竣工后地震情况下堆积体的位移与变形计算结果,图 7-19 为地震后桥梁结构受力变形的计算结果。在地震情况下桥梁位移变形及桥墩基础受力均超过设计允许范围,2 号、3 号和 4 号桥墩桩基础变形过大导致拉应力超过钢筋混凝土极限抗拉强度,桩身可能断裂。有支护结构的情况下,地震之后桥梁结构的位移变形能够得到有效控制,桥墩桩基础的受力也显著降低,说明支护结构在地震情况下能够对桥梁结构起到明显防护作用。桥面监测点在地震过程中的位移、速度及加速度时程曲线如图 7-20 所示。地震情况下堆积体边坡稳定性计算结果如表 7-7 所示,桥梁结构在地震过程中的各项动力响应极值如表 7-8 所示。

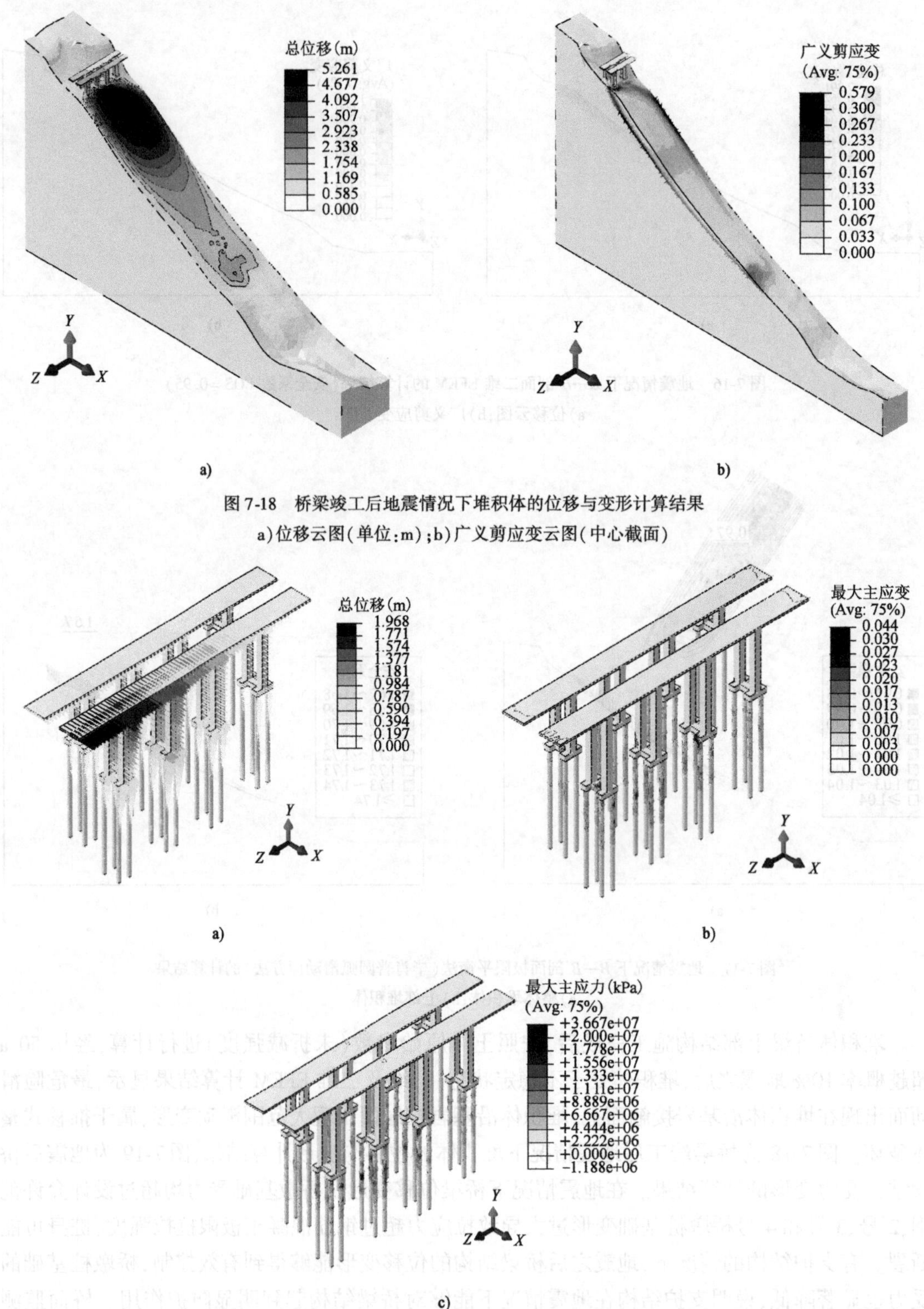

图 7-18　桥梁竣工后地震情况下堆积体的位移与变形计算结果

a)位移云图(单位:m);b)广义剪应变云图(中心截面)

图 7-19　地震后桥梁结构受力变形计算结果

a)位移矢量图;b)最大拉应变云图(无量纲);c)最大拉应力云图

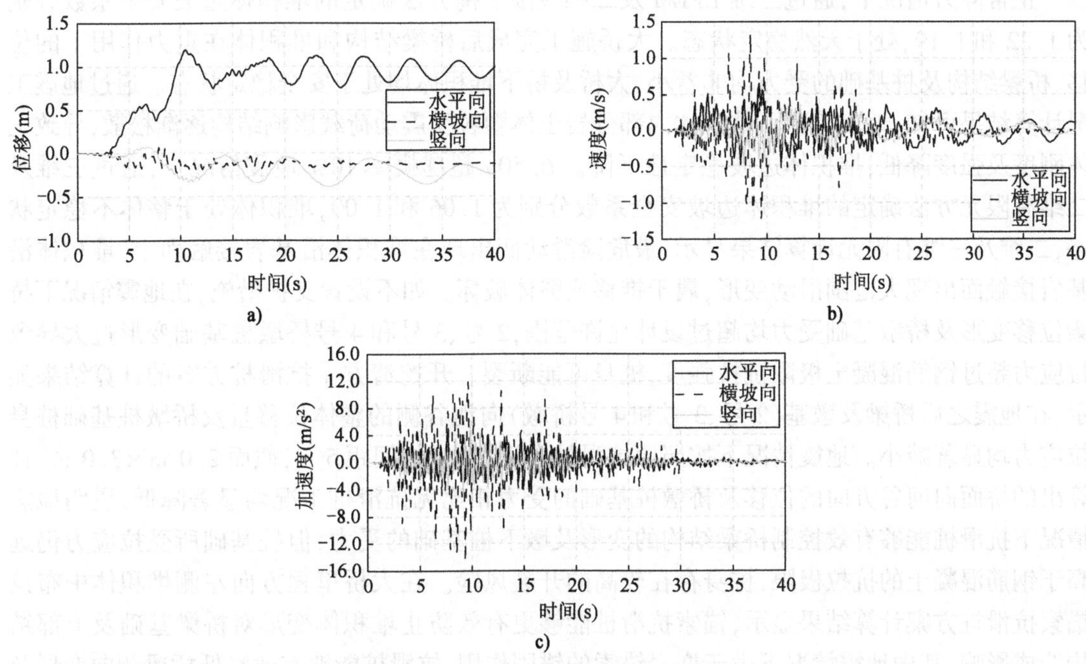

图 7-20 桥面监测点在地震过程中的时程曲线

a)位移时程曲线;b)速度时程曲线;c)加速度时程曲线

地震情况下堆积体边坡稳定性计算结果 表 7-7

<table>
<tr><th colspan="2">计算方法及其假定</th><th colspan="3">安全系数</th><th colspan="2">最大推力(kN)</th></tr>
<tr><td rowspan="4">二维极限平衡+拟静力方法</td><td rowspan="4">二维平面应变,圆弧滑动面,无法考虑堆积体与基岩接触面</td><td>A—A′剖面</td><td>0.99</td><td rowspan="4">1.00(均值)</td><td>1026.5</td><td rowspan="4">1319.9(均值)</td></tr>
<tr><td>B—B′剖面</td><td>0.97</td><td>1113.1</td></tr>
<tr><td>C—C′剖面</td><td>1.01</td><td>2040.4</td></tr>
<tr><td>D—D′剖面</td><td>1.02</td><td>1099.7</td></tr>
<tr><td rowspan="4">二维 EFEM+时程分析方法</td><td rowspan="4">强度折减,任意滑动面,考虑堆积体与基岩接触面</td><td>A—A′剖面</td><td>0.98</td><td rowspan="4">1.00(均值)</td><td colspan="2" rowspan="4">—</td></tr>
<tr><td>B—B′剖面</td><td>0.95</td></tr>
<tr><td>C—C′剖面</td><td>1.03</td></tr>
<tr><td>D—D′剖面</td><td>1.05</td></tr>
<tr><td>三维 EFEM+时程分析方法</td><td>强度折减,任意滑动面,考虑堆积体与基岩接触面</td><td colspan="3">1.06</td><td colspan="2">—</td></tr>
</table>

地震情况下桥梁结构计算结果(极值) 表 7-8

<table>
<tr><th>方法</th><th>处治方案</th><th>桩截面尺寸(m)</th><th>支护结构数量</th><th>桥面最大位移(mm)</th></tr>
<tr><td rowspan="7">三维有限元+强度折减</td><td>桥梁无支护</td><td>—</td><td>—</td><td>3219</td></tr>
<tr><td>抗滑桩间距 5m</td><td>2.0×3.0</td><td>16</td><td>607</td></tr>
<tr><td>大截面抗滑桩</td><td>2.5×3.5</td><td>16</td><td>548</td></tr>
<tr><td>开挖清方+抗滑桩</td><td>2.0×3.0</td><td>16</td><td>464</td></tr>
<tr><td rowspan="3">开挖清方+锚索抗滑桩</td><td>2.0×3.0</td><td rowspan="3">16</td><td rowspan="3">374</td></tr>
<tr><td>2.5×3.5</td></tr>
<tr><td>2.0×2.5</td></tr>
</table>

正常静力情况下，通过三维 EFEM 及二维极限平衡方法确定的堆积体边坡安全系数分别为1.22 和1.19，处于天然稳定状态。大桥施工完成后桥梁结构和堆积体在重力作用下的位移、桥梁结构及桩基础的受力均非常小，大桥及桥下堆积体均处于安全稳定状态。通过地震工况计算结果可知，地震情况下堆积体内部分岩土体颗粒受震动荷载影响结构逐渐松散，导致土体刚度及强度降低，堆积体边坡稳定性下降。在 50a 超越概率 10% 地震情况下，通过三维及二维有限元方法确定的堆积体边坡安全系数分别为 1.06 和 1.00，堆积体处于整体不稳定状态，二维及三维有限元计算结果显示，最危险滑动面出现在堆积体沿基岩接触面上，堆积体沿基岩接触面出现大范围滑动变形，属于推移式整体破坏。如不设置支护措施，在地震情况下桥梁位移变形及桥墩基础受力均超过设计允许范围，2 号、3 号和 4 号桥墩桩基础变形过大导致拉应力超过钢筋混凝土极限抗拉强度，桩身可能断裂。开挖清方 + 抗滑桩方案的计算结果显示，在地震之后桥梁及墩基(2 号、3 号和 4 号桥墩)向河谷侧的整体位移量及桥墩桩基础桩身拉应力均显著减小。地震情况下按照原抗滑桩布设方案(桩间距 5 m，截面 2.0 m×3.0 m)计算出的桥面向河谷方向的位移及桥墩桩基础的受力相比无抗滑桩工况均显著降低，说明地震情况下抗滑桩能够有效控制桥梁结构的变形及墩下桩基础的受力，但桩基础所受拉应力仍远高于钢筋混凝土的抗拉极限，桩身存在较高的开裂风险。在大桥里程方向左侧堆积体中布设锚索抗滑桩方案计算结果显示，锚索抗滑桩能够更有效防止堆积体变形对桥梁基础及上部结构造成影响，其中地震情况下由于嵌岩锚索的锚固作用，抗滑桩能够有效降低桥梁侧向变形及桥墩桩基础的受力。桥墩前三根锚索抗滑桩(桩间距 5 m)以及锚索抗滑桩排桩(桩间距 15 m)情况下桥面向河谷方向的位移相比无抗滑桩情况分别下降了 87% 和 84%，桥墩桩基最大拉应力分别降低至 7.94 MPa 和 8.81 MPa，且只有 3 号桥墩靠河谷一侧桩基础混凝土局部有开裂风险。

综上所述，正常静力情况下大桥引桥下崩塌堆积体整体处于稳定状态，稳定性分析结果显示，堆积体最危险滑动面均位于桥墩之外，桥墩范围内的堆积体不会出现滑动破坏。大桥投入运营之后，为降低在暴雨及地震等极端自然灾害情况下堆积体变形对桥梁上部结构的影响，以《公路工程抗震规范》(JTG B02—2013)中规定的“桥梁可正常使用，桥梁结构性能处于弹性状态，结构不受损坏或不需修复”为原则，建议在 2 号、3 号及 4 号墩附近堆积体适当开挖清方，减小堆积体厚度，并在大桥河谷一侧增设抗滑排桩及部分锚索抗滑桩进行支护，同时桥墩桩基础施工时注意提高桩身抗拉能力，从而保障大桥投入运营后的稳定性及安全性。如果桩身在堆积体内长度较大，可考虑采用埋入式抗滑桩，以减小桩长、降低桩身变形及受力。

本章参考文献

[1] 丘峰，黄乔森，王勇平. 高墩弯桥墩柱倾斜成因及影响分析[J]. 公路交通科技，2023，40(3)：141-149.

[2] 邹威. 某高速公路岩溶钙华堆积体成因及稳定性分析[J]. 铁道标准设计，2014，58(S1)：14-18.

[3] 陈云生，赵子鹏，李林. 某公路桥梁堆积体滑坡稳定性分析及处治方案研究[J]. 西部交通科技，2023，(5)：126-128.

[4] 徐应生,贾森,张涛. 开州湖特大桥开阳岸岸坡稳定性分析及主墩位全清方案评估[J]. 西部探矿工程,2022,34 (9):15-17,27.

[5] 何林城,张玉东. 桂北某高速公路桥区堆积体处理措施分析[J]. 建筑安全,2021,36 (7):46-48.

[6] 赵桂清,夏志杰,朱尚明,等. 桥梁通过不稳定堆积体施工技术[R]. 中国水利水电第十四工程局有限公司,2020.

[7] 王丽君,郑志龙,钟俊辉. 某高速公路古滑坡堆积体稳定性分析及防治措施[J]. 岩土工程技术,2019,33 (6):318-322.

[8] 董秀军,裴向军,黄润秋. 贵州凯里龙场镇山体崩塌基本特征与成因分析[J]. 中国地质灾害与防治学报,2015,26(3):3-9.

[9] 徐今星,杨根兰,梁风,等. 崩积体粒径的图像识别与分析[J]. 科学技术与工程,2021,21(26):11084-11093.

[10] 郭鹏辉,李良勇. 堆积体滑坡典型特征分析及工程防治对策:以贵州习水县某堆积体滑坡为例[J]. 公路交通技术,2022,38(1):7-14.

[11] 姜宁宁,魏安辉,汪传琪. 西南山区公路顺层段某崩塌堆积体的稳定性评价[J]. 工程技术研究,2023,8 (19):217-219.

[12] 中华人民共和国交通运输部. 公路桥涵地基与基础设计规范:JTG 3363—2019[S]. 北京:人民交通出版社股份有限公司,2019.

[13] 赵明华,彭文哲,赵衡. 陡坡段桥梁桩基研究现状及展望[J]. 湖南大学学报(自然科学版),2022,49(7):1-14.

[14] 何习平,华锡生,何秀凤,等. 崩塌堆积体变形分形分区研究[J]. 煤炭学报,2007(7):691-694.

[15] 保华富,唐建华,董泽荣. 崩塌堆积体边坡滑坡安全监测成果分析[J]. 地下空间与工程学报,2006(6):1007-1013.

[16] 吴火珍,冯美果,焦玉勇,等. 降雨条件下堆积层滑坡体滑动机制分析[J]. 岩土力学,2010,31(S1):324-329.

[17] YANG Z J,QIAO J P,UCHIMURA T,et al. Unsaturated hydro-mechanical behaviour of rainfall-induced mass remobilization in post-earthquake landslides[J]. Engineering geology,2017,222:102-110.

[18] 杨宗佶,蔡焕,雷小芹,等. 非饱和地震滑坡堆积体降雨破坏水-力耦合行为试验[J]. 岩土力学,2019,40(5):1869-1880.

[19] 黄润秋. 20 世纪以来中国的大型滑坡及其发生机制[J]. 岩石力学与工程学报,2007,(3):433-454.

[20] 许强,汤明高,徐开祥,等. 滑坡时空演化规律及预警预报研究[J]. 岩石力学与工程学报,2008,(6):1104-1112.

[21] 殷坤龙,汪洋,唐仲华. 降雨对滑坡的作用机理及动态模拟研究[J]. 地质科技情报,2002,(1):75-78.

[22] 黄润秋. 汶川 8.0 级地震触发崩滑灾害机制及其地质力学模式[J]. 岩石力学与工程学

报,2009,28(6):1239-1249.

[23] 陈红旗,黄润秋,林峰.大型堆积体边坡的空间工程效应研究[J].岩土工程学报,2005,(3):323-328.

[24] 左自波,张璐璐,王建华.降雨触发不同级配堆积体滑坡模型试验研究[J].岩土工程学报,2015,37(7):1319-1327.

[25] KIM M S,ONDA Y,UCHIDA T,et al. Effect of seepage on shallow landslides in consideration of changes in topography:case study including an experimental sandy slope with artificial rainfall[J]. Catena,2018,161:50-62.

[26] BORELLA J,QUIGLEY M,KRAUSS Z,et al. Geologic and geomorphic controls on rockfall hazard:how well do past rockfalls predict futuredistributions? [J]. Natural hazards and earth system sciences,2019,19(10):2249-2280.

[27] CHAC K S,UGAI K,WAKAI A. Lateral resistance of short single piles and pile groups located near slopes[J]. International journal of geomechanics,2004,4(2):93-103.

附录1　主要物理量及参数符号表

符号	定义	单位(国际单位制)
b	中间主应力系数	无量纲
c	黏聚力	Pa
λ	塑性因子	无量纲
FOS	边坡安全系数	无量纲
SRF	强度折减系数	无量纲
E	弹性模量	Pa
G/G_{max}	弹性剪切模量/动剪切模量最大值	Pa
H	等向塑性模量	Pa
K	弹性体积模量	Pa
N_c	黏聚力项地基承载力因子	无量纲
N_q	等效超载项地基承载力因子	无量纲
N_γ	重力项地基承载力因子	无量纲
p_a	大气压强	Pa
q	基础埋深土层的等效超载	Pa
ξ	中间主应力影响因子	无量纲
D/D_{max}	土的阻尼比/阻尼比最大值	无量纲
γ_{ref}	土的参考剪应变	无量纲
k	土的渗透系数	m/s
S_w/S_a	土孔隙内的水/气的饱和度	无量纲
P_w/P_a	土孔隙内的水压力和气压力	Pa
s	土颗粒的比表面积	无量纲
η	孔隙水的黏滞系数	无量纲
n/e	土体的孔隙率/孔隙比	无量纲
w	条形基础宽度	m
β	正应力影响参数	无量纲
γ	重度	kN/m^3
ε_p	软岩峰值强度对应的应变	无量纲
θ_b	强度理论屈服面交接处应力角	°
υ	泊松比	无量纲

续上表

符号	定义	单位(国际单位制)
σ_c	压缩强度	Pa
σ_s	屈服强度	Pa
σ_t	拉伸强度	Pa
τ_s	剪切屈服强度	Pa
φ	内摩擦角	°
φ_p/ φ_r	软岩峰值/残余强度对应的内摩擦角	°
ψ	剪胀角	°
μ	颗粒或表面间的摩擦系数	无量纲
k_n/k_s	颗粒间的法向/切向接触刚度	Pa/m

附录2　双剪弹塑性本构模型显式有限差分计算程序(FLAC2D/3D)

C ++头文件 Header file（.h)

```
#ifndef __UST_H
#define __UST_H
#ifndef __CONMODEL_H
#include "conmodel.h"
#endif
classUstModel : public ConstitutiveModel {
  public:
// User must give a number greater than 100 to avoid conflict with inbuilt models.
    enum ModelNum { mnUstModel = 1979 };
    // Creators
    EXPORTUstModel(bool bRegister = true);
    // Use keyword to load model into FLAC/FLAC3D
    virtual const char *Keyword(void) const{ return("ust"); }
// Expanded name for printing purposes
    virtual const char *Name(void) const{ return("Ust"); }
    virtual const char **Properties(void)const;
    virtual const char **States(void)const;
    virtual double GetProperty(unsigned ul) const;
    virtual ConstitutiveModel *Clone(void) const { return(new UstModel()); }
    virtual double ConfinedModulus(void) const { return(dBulk + d4d3 *dShear); }
    virtual double ShearModulus(void) const { return(dShear); }
    virtual double BulkModulus(void) const { return(dBulk); }
    virtual double SafetyFactor(void) const { return(10.0); }
//version control..
    virtual unsigned Version(void) const{ return(2); }
// Manipulators
```

```
        virtual void SetProperty(unsigned ul,const double &dVal);
    //Explicit Copy instead of Copy Constructor
        virtual const char * Copy(const ConstitutiveModel * m);
    //Initialize and Run
        virtual const char * Initialize(unsigned uDim,State * ps);
        virtual const char * Run(unsigned uDim,State * ps);
    //Save Restore
        virtual const char * SaveRestore(ModelSaveObject * mso);
      private:
    //properties
        double dBulk,dShear,dCohesion,dFriction,dDilation,dMid,dYoung,dPoisson;
    ////utility members for ease of calculation
    doubled E1, dE2, dG2, dNPH, dCSN, dSC1, dSC2, dSC3, dSC4, dSC5, dSC6, dSC7, dSC8,
dSF1,dSF2,dSF3;};

    #endif
    // EOF
```

C++源程序 Source program（.ccp）

```
    #include "ust.h"
    #include <math.h>
    //variables used by all model objects. Hence only one copy is maintained for all objects
    static const double d2d3 = 2.0/3.0;
    static const double dPi =
  3.14159265358979323846264338327950288841971694;
    static const double dDegRad = dPi / 180.0;
    // Plasticity Indicators
    static const unsigned longmShearNow   = 0x01;  /* state logic */
    static const unsigned longmShearPast  = 0x04;
    // One static instance isneccessary as a part of internal registration process of the model with
FLAC/FLAC3D
    static UstModel ustmodel(true);
    UstModel::UstModel(bool bRegister)
                  :ConstitutiveModel(mnUstModel,bRegister), dBulk(0.0),
                  dShear(0.0), dCohesion(0.0), dFriction(0.0), dDilation(0.0),
                  dMid(0.0), dYoung(0.0), dPoisson(0.0),
```

```
            dE1(0.0), dE2(0.0), dG2(0.0),dNPH(0.0), dCSN(0.0),
            dSC1(0.0), dSC2(0.0), dSC3(0.0), dSC4(0.0), dSC5(0.0), dSC6
(0.0), dSC7(0.0), dSC8(0.0),
            dSF1(0.0), dSF2(0.0), dSF3(0.0) {
  }
  const char * * UstModel::Properties(void) const {
    static const char * strKey = {
      "bulk","shear","cohesion","friction","dilation",
      "mid","young","poisson", 0
    };
    return(strKey);
  }
  const char * * UstModel::States(void) const {
    static const char * strKey = {
      "shear - n","shear - p",0
    };
    return(strKey);
  }
  /*    * Note: Maintain order of property input/output
   */
  double UstModel::GetProperty(unsigned ul) const {
    switch (ul) {
      case 1:   return(dBulk);
      case 2:   return(dShear);
      case 3:   return(dCohesion);
      case 4:   return(dFriction);
      case 5:   return(dDilation);
      case 6:   return(dMid);
      case 7:   return(dYoung);
      case 8:   return(dPoisson);
    }
    return(0.0);
  }
  void UstModel::SetProperty(unsigned ul,const double &dVal) {
    switch (ul) {
      case 1: {
        dBulk = dVal;
        YoungPoissonFromBulkShear(&dYoung,&dPoisson,dBulk,dShear);
```

```
        break;
    }
    case 2: {
dShear = dVal;
        YoungPoissonFromBulkShear(&dYoung,&dPoisson,dBulk,dShear);
        break;
    }
    case 3:dCohesion = dVal; break;
    case 4:dFriction = dVal;  break;
    case 5:dDilation = dVal;  break;
    case 6:dMid       = dVal;  break;
    case 7: {
dYoung = dVal;
BulkShearFromYoungPoisson(&dBulk,&dShear,dYoung,dPoisson);
break;
    }
    case 8: {
        if ((dVal = =0.5)||(dVal = = -1.0)) return;
        dPoisson = dVal;
        BulkShearFromYoungPoisson(&dBulk,&dShear,dYoung,dPoisson);
        break;
    }
  }
}

const char * UstModel::Copy(const ConstitutiveModel * cm) {
  //Detects type mismatch error and returns error string. otherwise returns 0
  const char * str = ConstitutiveModel::Copy(cm);
  if (str) return(str);
  UstModel * mm = (UstModel * )cm;
  dBulk      = mm- >dBulk;
  dShear     = mm- >dShear;
  dCohesion = mm- >dCohesion;
  dFriction = mm- >dFriction;
  dDilation = mm- >dDilation;
  dMid       = mm- >dMid;
  dYoung     = mm- >dYoung;
  dPoisson   = mm- >dPoisson;
```

```
    return(0);
  }
  const char * UstModel::Initialize(unsigned uDim,State * ) {
    if ((uDim! =2)&&(uDim! =3)) return("Illegal dimension in Ust constitutive model");
    dE1          =dBulk + d4d3 * dShear;
    dE2          =dBulk - d2d3 * dShear;
    dG2          = 2.0 * dShear;
    double dRsin = sin(dFriction * dDegRad);
    dNPH         = (1.0 + dRsin) / (1.0 - dRsin);
    dCSN         = 2.0 * dCohesion / sqrt(dNPH);
    dRsin = sin(dDilation * dDegRad);
    double dRnps = (1.0 + dRsin) / (1.0 - dRsin);
    double dRa = dE1 / ((1.0 + dMid) * dRnps) + dE2 * (dMid / ((1.0 + dMid) * dRnps) - 1.0);
    double dRb = dE1 * dMid / ((1.0 + dMid) * dRnps) + dE2 * (1.0 / ((1.0 + dMid) * dRnps) - 1.0);
    double dRc = dE2 / dRnps - dE1;
    double dRm = dE1 / dRnps - dE2;
    double dRn = dE2 * (1.0 / dRnps - 1.0 / (1.0 + dMid)) - dE1 * dMid / (1.0 + dMid);
    double dRo = dE2 * (1.0 / dRnps - dMid / (1.0 + dMid)) - dE1 / (1.0 + dMid);
    double dRd = (dRb * dMid + dRa) / ((1.0 + dMid) * dNPH) - dRc;
    double dRq = dRm / dNPH - (dRo + dRn * dMid) / (1.0 + dMid);
    dSC1   = dRa / dRd;
    dSC2   = dRb / dRd;
    dSC3   = dRc / dRd;
    dSC4   = dRm / dRq;
    dSC5   = dRn / dRq;
    dSC6   = dRo / dRq;
    dSC7   = 1.0 / dRd;
    dSC8   = 1.0 / dRq;
    return(0);
  }
  const char * UstModel::Run(unsigned uDim,State * ps) {
    if ((uDim! =3)&&(uDim! =2)) return("Illegal dimension in Ust constitutive model");
```

```
/*  ---  plasticity indicator:                                          */
/*       store 'now'info. as 'past'and turn 'now'info off  ---  */
if (ps->mState & mShearNow)
    ps->mState = (unsigned long)(ps->mState | mShearPast);
ps->mState = (unsigned long)(ps->mState & ~mShearNow);
int iPlas = 0;
/*  ---  trial elastic stresses  ---  */
double dE11 = ps->stnE.d11;
double dE22 = ps->stnE.d22;
double dE33 = ps->stnE.d33;
ps->stnS.d11 += dE11 * dE1 + (dE22 + dE33) * dE2;
ps->stnS.d22 += (dE11 + dE33) * dE2 + dE22 * dE1;
ps->stnS.d33 += (dE11 + dE22) * dE2 + dE33 * dE1;
ps->stnS.d12 += ps->stnE.d12 * dG2;
ps->stnS.d13 += ps->stnE.d13 * dG2;
ps->stnS.d23 += ps->stnE.d23 * dG2;
/*  ---  calculate and sortps->incips->l stresses and ps->incips->l directions
---  */
Axes aDir;
double dPrinMin, dPrinMid, dPrinMax, sdif = 0.0, psdif = 0.0;
int icase = 0;
bool bFast = ps->stnS.Resoltopris(&dPrinMin, &dPrinMid, &dPrinMax, &aDir, uDim,
&icase, &sdif, &psdif);
double dPrinMinCopy = dPrinMin;
double dPrinMidCopy = dPrinMid;
double dPrinMaxCopy = dPrinMax;
/*  ---  UST failure criterion  ---  */
double dFsurfa = (dPrinMid * dMid + dPrinMin) / ((1.0 + dMid) * dNPH) -
dPrinMax + dCSN;
double dFsurfb = dPrinMin / dNPH - (dPrinMax + dPrinMid * dMid) / (1.0 +
dMid) + dCSN;
double dFsurfd = (dPrinMid + dPrinMin) / (2.0 * dNPH) - dPrinMax + dCSN;
double dFsurfe = dPrinMin / dNPH - (dPrinMax + dPrinMid) / 2.0 + dCSN;
double dPMid = dPrinMid - (dPrinMax + dPrinMin) / 2.0 - sin(dFriction * dDe-
gRad) * (dPrinMax - dPrinMin) / 2.0;
double dRnps = (1.0 + sin(dDilation * dDegRad)) / (1.0 - sin(dDilation * dDe-
gRad));
dNPH = (1.0 + sin(dFriction * dDegRad)) / (1.0 - sin(dFriction * dDegRad));
```

```
double dJ2 = ((dPrinMax - dPrinMid) * (dPrinMax - dPrinMid) + (dPrinMid - dPrinMin) * (dPrinMid - dPrinMin) + (dPrinMax - dPrinMin) * (dPrinMax - dPrinMin)) / 6.0;
double dJ3 = dPrinMax * dPrinMid * dPrinMin - (dPrinMax + dPrinMid + dPrinMin) * (dPrinMax * dPrinMid + dPrinMid * dPrinMin + dPrinMax * dPrinMin) / 3.0 + 2.0 * ((dPrinMax + dPrinMid + dPrinMin) * (dPrinMax + dPrinMid + dPrinMin) * (dPrinMax + dPrinMid + dPrinMin)) / 27.0;
double dTheta = acos(1.5 * sqrt(3.0) * dJ3 / sqrt(dJ2 * dJ2 * dJ2)) / 3.0;
/* --- WhendPMid=0 , S1 S2 S3 --- */
double dSone = dE2 * (0.5 * dMid * (1.0 / dRnps - 1.0) / (1.0 + dMid) +0.5 * (2.0 + dMid) / (dRnps * (1.0 + dMid))) - 0.5 * dE1 * (2.0 + dMid) / (1.0 + dMid);
double dStwo = dE1 * 0.5 * dMid * (1.0 / dRnps - 1.0) / (1.0 + dMid) + dE2 * 0.5 * (2.0 + dMid) * (1.0 / dRnps - 1.0) / (1.0 + dMid);
double dSthree = dE1 * 0.5 * (2.0 + dMid) / (dRnps * (1.0 + dMid)) + dE2 * 0.5 * (dMid * (1.0 / dRnps - 1.0) / (1.0 + dMid) - (2.0 + dMid)/(1.0 + dMid));
/* --- tests for failure */
if (dPMid < 0.0 && dFsurfa < 0.0) {
  iPlas = 1;
  /* --- shear failure: correction tops -> incips -> l stresses --- */
  ps -> mState = (unsigned long)(ps -> mState | 0x01);
  dPrinMin  -= dFsurfa * dSC1;
  dPrinMid  -= dFsurfa * dSC2;
  dPrinMax  -= dFsurfa * dSC3;
} else if (dPMid > 0.0 && dFsurfb < 0.0) {
  iPlas = 1;
  /* --- failure: correction tops -> incips -> l stresses --- */
  ps -> mState = (unsigned long)(ps -> mState | 0x01);
  dPrinMin  -= dFsurfb * dSC4;
  dPrinMid  -= dFsurfb * dSC5;
  dPrinMax  -= dFsurfb * dSC6;
} else if (fabs(dPMid) < 1.0E-6 && dFsurfa < 0.0 && dFsurfb < 0.0) {
  iPlas = 1;
  /* --- failure: correction tops -> incips -> l stresses --- */
  ps -> mState = (unsigned long)(ps -> mState | 0x01);
  dPrinMin  -= dFsurfa * dSthree / ((dMid * dStwo + dSthree) / ((1.0 + dMid) * dNPH) - dSone);
  dPrinMid  -= dFsurfa * dStwo / ((dMid * dStwo + dSthree) / ((1.0 + dMid)
```

```
* dNPH) - dSone);
        dPrinMax  -= dFsurfa * dSone / ((dMid * dStwo + dSthree) / ((1.0 + dMid)
* dNPH) - dSone);
    } else if (fabs(dTheta) < 1.0E-6 && dFsurfa < 0.0) {
        iPlas = 1;
        /* --- failure: correction tops -> incips -> l stresses --- */
        ps->mState = (unsigned long)(ps->mState | 0x01);
        dPrinMin  -= dFsurfa * (0.5 * dE1 / dRnps + dE2 * (0.5 / dRnps - 1.0)) /
(0.5 * (dE1 / dRnps + dE2 * (1.0 / dRnps - 2.0)) / dNPH + dE1 - dE2 / dRnps);
        dPrinMid  -= dFsurfa * (0.5 * dE1 / dRnps + dE2 * (0.5 / dRnps - 1.0)) /
(0.5 * (dE1 / dRnps + dE2 * (1.0 / dRnps - 2.0)) / dNPH + dE1 - dE2 / dRnps);
        dPrinMax  -= dFsurfa * (dE2 / dRnps - dE1) / (0.5 * (dE1 / dRnps + dE2 *
(1.0 / dRnps - 2.0)) / dNPH + dE1 - dE2 / dRnps);
    } else if (fabs(dTheta - dPi / 3.0) < 1.0E-6 && dFsurfb < 0.0) {
        iPlas = 1;
        /* --- failure: correction tops -> incips -> l stresses --- */
        ps->mState = (unsigned long)(ps->mState | 0x01);
        dPrinMin  -= dFsurfb * (dE1 / dRnps - dE2) / ((dE1 / dRnps - dE2) / dNPH
+ 0.5 * dE1 - dE2 * (1.0 / dRnps - 0.5));
        dPrinMid  -= dFsurfb * (dE2 * (1.0 / dRnps - 0.5) - 0.5 * dE1) / ((dE1 /
dRnps - dE2) / dNPH + 0.5 * dE1 - dE2 * (1.0 / dRnps - 0.5));
        dPrinMax  -= dFsurfb * (dE2 * (1.0 / dRnps - 0.5) - 0.5 * dE1) / ((dE1
/ dRnps - dE2) / dNPH + 0.5 * dE1 - dE2 * (1.0 / dRnps - 0.5));
    }
    if (iPlas != 0) {
        ps->stnS.Resoltoglob(dPrinMin, dPrinMid, dPrinMax, aDir, dPrinMinCopy, dPrinMid-
Copy, dPrinMaxCopy, uDim, icase, sdif, psdif, bFast);
        }
        return(0);
    }
    /** Save all properties for the model
        * Note: It is not necessary to save and restore member variables that would be
          initialized. This reduces the size of save file.
     */
    const char *UstModel::SaveRestore(ModelSaveObject *mso) {
     // Checks for type mismatch and returns error string. Otherwise 0.
        const char *str = ConstitutiveModel::SaveRestore(mso);
    if (str) return(str);
```

```
  // 8 represents 8 properties that are doubles
  // and 0 represents 0 properties that are integers
  mso - >Initialize(8,0);
  mso - >Save(0,dBulk);
  mso - >Save(1,dShear);
  mso - >Save(2,dCohesion);
  mso - >Save(3,dFriction);
  mso - >Save(4,dDilation);
  mso - >Save(5,dMid);
  mso - >Save(6,dYoung);
  mso - >Save(7,dPoisson);
  return(0);
}

// EOF
```

附录3　土动力学本构模型的显式有限元计算程序

ABAQUS 有限元软件自定义子程序(VUMAT)

```
subroutine vumat (
C Read only -
     *     nblock, ndir, nshr, nstatev, nfieldv, nprops, I,
     *     stepTime, totalTime, dt, cmname, coordMp, charLength,
     *     props, density, strainInc, eigVal,
     *     tempOld, stretchOld, defgradOld, fieldOld,
    *     stressOld, stateOld, enerInternOld, enerInelasOld,
     *     tempNew, stretchNew, defgradNew, fieldNew,
C Write only -
     *     stressNew, stateNew, enerInternNew, enerInelasNew )
C
C
      include 'vaba_param. inc'
      dimension coordMp(nblock, * ), charLength(nblock), props(nprops),
     1   density(nblock), strainInc(nblock,ndir+nshr),
     2   eigVal(nblock,I), tempOld(nblock),
     3   stretchOld(nblock,ndir+nshr),
     4   defgradOld(nblock,ndir+nshr+nshr),
     5   fieldOld(nblock,nfieldv), stressOld(nblock,ndir+nshr),
     6   stateOld(nblock,nstatev), enerInternOld(nblock),
     7   enerInelasOld(nblock), tempNew(nblock),
     8   stretchNew(nblock,ndir+nshr),
     9   defgradNew(nblock,ndir+nshr+nshr),
     1   fieldNew(nblock,nfieldv),
     2   stressNew(nblock,ndir+nshr), stateNew(nblock,nstatev),
     3   enerInternNew(nblock), enerInelasNew(nblock)
```

```
C
      character * 80cmname
      parameter( zero = 0. d0, one = 1. d0, two = 2. d0, three = 3. d0,
     *      third = 1. d0/3. d0, half = 0.5d0, op5 = 1.5d0, five = 5. d0,
     *      six =6. d0, nine =9. d0,oapa = 1.01325d5, PI = 3.14159265)
C
      SRF      =props(11)
      xnu      = props(1)
      omiga    = props(2)
      FEN      =props(3)
      kapa1    = props(4) * SRF
      kapa2    = props(5) / SRF
      drmax    = props(6)
*        coh      = props(7) / SRF
      fai      = atan(tan(props(8)/180.0 * PI)/SRF)
      dil      = atan(tan(props(9)/180.0 * PI)/SRF)
      alfa     = (one - sin(fai))/(one + sin(fai))
      alfb     = (one - sin(dil))/(one + sin(dil))
      stmax    = two * coh * cos(fai)/((one + sin(fai)) * (one - alfa))
      cofb     = props(10)
      cofc     = props(12)
C
      if( props(11) . le. zero ) then
         SRF = one
      end if
C
C
      do k = 1,nblock
        if( stepTime . eq. zero ) then
         sone =stressOld(k,1) + stressOld(k,2) + stressOld(k,3)
         sball = sone * third
         smean = (abs(sball) - sball) * half
         if( smean . le. oapa ) then
         smean = oapa
             end if
         stateOld(k,1) = (smean / oapa) * * FEN
        else
           stateNew(k,1) = stateOld(k,1)
```

```
        end if
  * * * * * * * * * * * * * * * * * * * * * * * * * * * * * * * * * * * * *
* * * * * * * * * * * * * * * * * * * * * * * * * * * * * * * * * * *
  * Elastic stress Circulation *
  * * * * * * * * * * * * * * * * * * * * * * * * * * * * * * * * * * * * *
* * * * * * * * * * * * * * * * * * * * * * * * * * * * * * * * * * *
            stateNew(k,2) = stateOld(k,2) + strainInc(k,1)
            stateNew(k,3) = stateOld(k,3) + strainInc(k,2)
            stateNew(k,4) = stateOld(k,4) + strainInc(k,3)
            stateNew(k,5) = stateOld(k,5) + strainInc(k,4)
            e11 = stateNew(k,2)
            e22 = stateNew(k,3)
            e33 = stateNew(k,4)
            e12 = stateNew(k,5)
            strate1 = strainInc(k,1) / dt
            strate2 = strainInc(k,2) / dt
            strate3 = strainInc(k,3) / dt
            strate4 = strainInc(k,4) / dt
            if( nshr . gt. 1 ) then
              stateNew(k,6) = stateOld(k,6) + strainInc(k,5)
              stateNew(k,7) = stateOld(k,7) + strainInc(k,6)
              e23 = stateNew(k,6)
              e31 = stateNew(k,7)
              strate5 = strainInc(k,5) / dt
              strate6 = strainInc(k,6) / dt
            end if
            evlum = strainInc(k,1) + strainInc(k,2) + strainInc(k,3)
            svrate0 = strate1 + strate2 + strate3
            egama = sqrt(two) * third * sqrt((e11 - e22) * * two
     *        + (e22 - e33) * * two + (e33 - e11) * * two
     *          + nine * (e12 * e12 + e23 * e23 + e31 * e31))
        stateNew(k,16) = egama
        stateNew(k,17) = stateOld(k,16)
        stateNew(k,18) = max(stateOld(k,18),egama)
        stateNew(k,19) = egama
        if( stateOld(k,17) . lt. stateOld(k,16)
     *     . and. stateOld(k,16) . gt. egama ) then
          stateNew(k,18) = stateOld(k,16)
```

```
      end if
      if( egama .le. stateNew(k,18) * cofc) then
        stateNew(k,19) = stateNew(k,18) * cofc
      end if
      gamaeq = stateNew(k,19) * 1.d2/stateOld(k,1)
      stateNew(k,14) = stateOld(k,14) + (abs(evlum) + evlum)/six
      evolum = stateNew(k,14) * 1.d2/stateOld(k,1)
      efactor = one / (kapa1 * gamaeq + one)
      sfactor = one / (kapa1 * evolum + one)
   mumax = kapa2 * oapa * stateOld(k,1)
      kumax     = two * mumax * (one + xnu) / (three * (one - two * xnu))
      mu        = mumax * efactor
      ku        = kumax * sfactor
      dratio = drmax * kapa1 * gamaeq * efactor
      lamda  = three * ku * xnu / ( one + xnu )
      tmu    = (two * mu * dratio) / omiga
      tlamda = (two * lamda * dratio) / omiga
      tku    = (two * ku * dratio) / omiga
*
      rgama  = sqrt(two * third) * sqrt((strate1 - strate2) * * two
     *          + (strate2 - strate3) * * two + (strate3 - strate1) * * two
     *          + six * (strate4 * strate4 + strate5 * strate5 + strate6 * strate6))
      if( nshr .eq. 1 ) then
       rgama = sqrt(two * third) * sqrt((strate1 - strate2) * * two
     *          + (strate2 - strate3) * * two + (strate3 - strate1) * * two
     *          + six * strate4 * strate4)
      end if
*
      s11 = stressOld(k,1) + lamda * evlum + tlamda * svrate0
     *          + two * mu * strainInc(k,1) + two * tmu * strate1 - stateOld(k,8)
      s22 = stressOld(k,2) + lamda * evlum + tlamda * svrate0
     *          + two * mu * strainInc(k,2) + two * tmu * strate2 - stateOld(k,9)
      s33 = stressOld(k,3) + lamda * evlum + tlamda * svrate0
    *     + two * mu * strainInc(k,3) + two * tmu * strate3 - stateOld(k,10)
      s12 = two * mu * strainInc(k,4) + two * tmu * strate4
     *          - stateOld(k,11) + stressOld(k,4)
      stateNew(k,8) = tlamda * svrate0 + two * tmu * strate1
      stateNew(k,9) = tlamda * svrate0 + two * tmu * strate2
```

```
      stateNew(k,10) = tlamda * svrate0  + two * tmu * strate3
      stateNew(k,11) = tmu * two * strate4
      if( nshr . gt. 1 ) then
        s23 = two * mu * strainInc(k,5) + two * tmu * strate5
*              - stateOld(k,12) + stressOld(k,5)
        s31 = two * mu * strainInc(k,6) + two * tmu * strate6
*              - stateOld(k,13) + stressOld(k,6)
      stateNew(k,12) = tmu * two * strate5
      stateNew(k,13) = tmu * two * strate6
    end if
    * * * * * * * * * * * * * * * * * * * * * * * * * * * * * * * * * * * * *
* * * * * * * * * * * * * * * * * * * * * * * * * * * * * * * * * * *
    * Principal Stress & strain *
    * * * * * * * * * * * * * * * * * * * * * * * * * * * * * * * * * * * * *
* * * * * * * * * * * * * * * * * * * * * * * * * * * * * * * * * * * *
        sone = s11 + s22 + s33
        sball = sone * third
        stwo = s11 * s22 + s22 * s33 + s11 * s33
*             - (s12 * s12 + s31 * s31 + s23 * s23)
        sthird = s11 * s22 * s33 - s11 * s23 * s23 - s22 * s31 * s31
*             - s33 * s12 * s12 + two * s12 * s31 * s23
      sfour = (sone * sone - three * stwo) / 9. d0
        sfive = (two * sone * sone * sone - 9. d0 * sone * stwo + 9. d0 * three * sthird)
*          / (two * ((sone * sone - three * stwo) * * op5))
      if( sfive .gt. one ) then
        sfive = one
      end if
      if( sfive . lt. -1. d0 ) then
        sfive = -1. d0
      end if
      psmax = two * sqrt(sfour) * cos(acos(sfive) * third) + sball
      psmid = two * sqrt(sfour) * cos((acos(sfive) + two * two * PI) * third)
*       + sball
      psmin = two * sqrt(sfour) * cos((acos(sfive) + two * PI) * third)
*       + sball
      if( nshr . eq. 1 ) then
      psmax = half * (s11 + s22) + sqrt((half * (s11 - s22)) * * two + s12 * s12)
      psmin = half * (s11 + s22) - sqrt((half * (s11 - s22)) * * two + s12 * s12)
```

```
          psmid = sone - psmax - psmin
        end if
        vmises = sqrt(((psmax - psmid) * * two + (psmid - psmin) * * two
     *          + (psmin - psmax) * * two) / six) + 1. d - 3
        sita = acos(sfive) * third
*
          ps1 = e11 + e22 + e33
          ps2 = e11 * e22 + e22 * e33 + e11 * e33
     *              - (e12 * e12 + e31 * e31 + e23 * e23)
          ps3 = e11 * e22 * e33 - e11 * e23 * e23 - e22 * e31 * e31
     *              - e33 * e12 * e12 + two * e12 * e31 * e23
          ps4 = (ps1 * ps1 - three * ps2) / 9. d0
          ps5 = (two * ps1 * ps1 * ps1 - 9. d0 * ps1 * ps2 + 9. d0 * three * ps3)
     *             / (two * ((ps1 * ps1 - three * ps2) * * op5) + 1. d - 5)
          pemax = two * sqrt(ps4) * cos(acos(ps5) * third) + ps1 * third
          pemid = two * sqrt(ps4) * cos((acos(ps5) + two * two * PI) * third)
     *              + ps1 * third
          pemin = two * sqrt(ps4) * cos((acos(ps5) + two * PI) * third)
     *              + ps1 * third
          if( nshr . eq. 1 ) then
          pemax = half * (e11 + e22) + sqrt((half * (e11 - e22)) * * two
     *              + (half * e12) * * two)
          pemin = half * (e11 + e22) - sqrt((half * (e11 - e22)) * * two
     *              + (half * e12) * * two)
          pemid = ps1 - pemax - pemin
        end if
*
        s11 = s11 - sball
        s22 = s22 - sball
        s33 = s33 - sball
* * * * * * * * * * * * * * * * * * * * * * * * * * * * * * * * * * * *
* * * * * * * * * * * * * * * * * * * * * * * * * * * * * * * * * * * *
* Plastic detection *
* * * * * * * * * * * * * * * * * * * * * * * * * * * * * * * * * * * *
* * * * * * * * * * * * * * * * * * * * * * * * * * * * * * * * * * * *
              coh = props(7) * stateOld(k,1) / SRF
*   *               + (tmu * rgama)
              sdiv = psmid - (psmax + psmin) / two
```

```
     *              - sin(fai) * (psmax - psmin) / two
              if (sdiv .lt. zero) then
          Fqa = (one - alfa)
     *           / (alfa * (one - cofb) * sin(sita)/(1 + cofb)
     *            + (two + alfa) * cos(sita)/sqrt(3.0))
          Fqb = (one - alfb)
     *           / (alfb * (one - cofb) * sin(sita)/(1 + cofb)
     *            + (two + alfb) * cos(sita)/sqrt(3.0))
          Fk = (two * coh * cos(fai)/(one + sin(fai)))
     *      / (alfa * (one - cofb) * sin(sita)/(1 + cofb)
     *            + (two + alfa) * cos(sita)/sqrt(3.0))
        else
          Fqa = (one - alfa)
     *      /((alfa + cofb/(one + cofb)) * sin(sita)
     *      + ((two - cofb)/(one + cofb) + alfa) * cos(sita)/sqrt(3.0))
          Fqb = (one - alfb)
     *      / ((alfb + cofb/(one + cofb)) * sin(sita)
     *      + ((two - cofb)/(one + cofb) + alfb) * cos(sita)/sqrt(3.0))
          Fk = (two * coh * cos(fai)/(one + sin(fai)))
     *      / ((alfa + cofb/(one + cofb)) * sin(sita)
     *      + ((two - cofb)/(one + cofb) + alfa) * cos(sita)/sqrt(3.0))
        end if
        Fsurf = vmises + Fqa * sball - Fk
        Flam   = Fsurf / (mu + ku * Fqa * Fqb)
*****************************************************************
* Tests for failure *
*****************************************************************
        pfactor = one
        if( Fsurf .ge. zero
     *       .and. sball .lt. zero ) then
          stateNew(k,15) = one
          vmisn = vmises - mu * Flam
          sball = sball - ku * Fqb * Flam * sfactor
          pfactor = vmisn / vmises
        end if
        if( sball .ge. zero ) then
```

```
        stateNew(k,15) = half
        sball = zero
      end if
  * * * * * * * * * * * * * * * * * * * * * * * * * * * * * * * * * * * * * *
* * * * * * * * * * * * * * * * * * * * * * * * * * * * * * * * * * * *
  * Update the stress *
  * * * * * * * * * * * * * * * * * * * * * * * * * * * * * * * * * * * * * *
* * * * * * * * * * * * * * * * * * * * * * * * * * * * * * * * * * * *
        stressNew(k,1) = s11 * pfactor + sball
        stressNew(k,2) = s22 * pfactor + sball
        stressNew(k,3) = s33 * pfactor + sball
        stressNew(k,4) = s12 * pfactor
        if( nshr .gt. 1 ) then
          stressNew(k,5) = s23 * pfactor
          stressNew(k,6) = s31 * pfactor
        end if
        if( stateNew(k,16) .ge. one
     *           .and. stateNew(k,15) .eq. one ) then
        stateNew(k,20) = zero
      else if( pemax .ge. two
     *       .and. stateNew(k,15) .eq. half ) then
        stateNew(k,20) = zero
        else if( stateNew(k,16) .ge. two
     *         .and. stateNew(k,15) .eq. zero ) then
          stateNew(k,20) = zero
        else if( props(13) .eq. one ) then
          stateNew(k,20) = zero
        end if
  * * * * * * * * * * * * * * * * * * * * * * * * * * * * * * * * * * * * * *
* * * * * * * * * * * * * * * * * * * * * * * * * * * * * * * * * * * *
  * Update the specific internal energy *
  * * * * * * * * * * * * * * * * * * * * * * * * * * * * * * * * * * * * * *
* * * * * * * * * * * * * * * * * * * * * * * * * * * * * * * * * * * *
       if( nshr .eq. 1 ) then
         stressPower = half * (
     *      ( stressOld(k,1) + stressNew(k,1) ) * strainInc(k,1) +
     *       ( stressOld(k,2) + stressNew(k,2) ) * strainInc(k,2) +
     *      ( stressOld(k,3) + stressNew(k,3) ) * strainInc(k,3) ) +
```

```
     *             ( stressOld(k,4) + stressNew(k,4) ) * strainInc(k,4)
             else
                 stressPower = half * (
     *             ( stressOld(k,1) + stressNew(k,1) ) * strainInc(k,1) +
     *             ( stressOld(k,2) + stressNew(k,2) ) * strainInc(k,2) +
     *             ( stressOld(k,3) + stressNew(k,3) ) * strainInc(k,3) ) +
     *             ( stressOld(k,4) + stressNew(k,4) ) * strainInc(k,4) +
     *             ( stressOld(k,5) + stressNew(k,5) ) * strainInc(k,5) +
     *             ( stressOld(k,6) + stressNew(k,6) ) * strainInc(k,6)
             end if
             enerInternNew(k) = enerInternOld(k) + stressPower / density(k)
         end do
*
      return
      end
```